本书为教育部人文社会科学重点研究基地重大项目"共同富裕背景下的数字政府建设研究：数字包容、决策范式与实施路径"（22JJD630024）的研究成果

中山大学 中国公共管理研究中心
CENTER FOR CHINESE PUBLIC ADMINISTRATION RESEARCH, SUN YAT-SEN UNIVERSITY

中山大学 政治与公共事务管理学院
SCHOOL OF GOVERNMENT, SUN YAT-SEN UNIVERSITY

公共治理的数字化转型

（2023）

DIGITAL TRANSFORMATION OF PUBLIC GOVERNANCE（2023）

数字城市的兴起、发展与未来

The Rise, Development, and Future of Digital Cities

郑跃平 等 …………… 著

社会科学文献出版社
SOCIAL SCIENCES ACADEMIC PRESS (CHINA)

编委会

撰写人员

（按姓氏拼音排序）

曹梦冰　曹雅婷　常　乐　陈　瑶　成文琪　程羽熙　邓雅媚
郭雨芊　胡成果　黄源源　孔楚利　赖玺滟　李育衡　刘　茜
刘　特　刘子奕　罗方瑜　吕诗琪　倪溪阳　王思骧　徐珊铭
杨学敏　姚懿恒　余敬航　张曲可　郑柯欣　郑跃平　钟俊妹

前　言

　　人类社会正以前所未有的速度步入全面数字化的新时代，这一变革不仅深刻改变了我们的生活方式和工作方式，更在重新塑造城市——这一人类文明的核心载体。随着大数据、云计算、人工智能和物联网等技术的迅速普及，"数字城市"的概念应运而生，并从理论探讨逐步走向实践，成为推动城市现代化、提升城市治理效能和促进经济社会可持续发展的重要力量。本书旨在深入剖析数字城市的兴起背景、内涵特征、构成要素、运行机制、面临的挑战及未来发展方向，为学术界、实务界及公众提供一个系统、深刻的视角，以共同探索数字城市建设的路径与方向。

　　数字城市是数字化与城市化深度融合的产物，它不仅仅是一个技术概念，更是一种全新的城市发展理念和模式。本书的第一部分详细阐释了数字城市的兴起与内涵。数字城市强调以人为本，依托数字技术的广泛应用，实现城市治理、经济发展和社会服务的全面数字化、智能化与精细化。其核心在于构建一个协同发展的共同体，促进政府、企业、社会组织与公众的信息共享、业务协同与流程再造，从而推动城市治理体系和能力的现代化转型，提升城市运行效率与居民生活品质，实现城市和谐发展与人民美好生活的目标。

　　数字城市的建设是一个复杂的系统工程，涵盖了多个方面，如数据资源和数字基础设施、数字经济、数字社会和数字政府。本书的第二部分深入探讨了数字城市的构成要素与运行机制。数据资源和数字基础设施是数字城市的基础，为其数字化转型提供了坚实的支撑；数字政府通过更便捷的服务提升了公众对政府的信任度与满意度，并提高了政府决策的效率与精准性；数字经济作为数字城市的经济支柱，围绕数字产业化和产业数字化催生了新兴业态和商业模式，为城市经济发展注入了活力；数字社会则通过技术赋能，提升了社会治理能力，提高了民众生活质量。数字城市通过精准的资源调配和高效的公共服务供给，回应了人们对美好生活的向往与需求，促进了城市的和谐与繁荣。

然而，数字城市的建设也面临诸多风险与挑战。本书的第三部分重点分析了隐私泄露、数字安全、数字鸿沟等数字城市发展过程中不可忽视的议题。此外，认知层面的不足、技术短板、治理体系不完善及国际环境的复杂性也给数字城市建设带来了挑战。本书不仅探讨了这些问题，还提出了应对策略和建议，并展望了数字城市未来的发展趋势，强调了技术创新、政策引导、社会参与和国际合作的重要性。

通过梳理和总结当前数字城市建设的最新进展、成功经验与面临的问题，本书为数字城市的发展提供了理论支撑和实践指导。我们相信，随着全社会的共同努力，数字城市将成为推动城市现代化、提升城市治理效能、促进经济社会可持续发展的强大力量。

目 录

第三部分
数字城市的风险、挑战与未来

第一部分

数字城市的兴起与内涵

21 世纪是信息化、网络化、数字化、智能化蓬勃发展的新世纪，数字城市作为城市发展的新典范，正以空前的速度发展。本部分回溯了数字城市兴起的背景，并深入阐释其核心理念与内涵。数字城市不仅仅是技术应用的集合，更是以人为本、协同发展的共同体理念的体现。它强调通过技术创新，全面推动城市治理、经济发展与社会生活的升级与重塑，实现城市功能的智能化转型与人居环境的优化，进而促进城市的可持续发展与和谐繁荣。

第一章　数字城市兴起的背景

随着新技术革命和知识经济浪潮的不断推进，世界各国正共同迎接前所未有的发展机遇、共同面对挑战。数字城市作为新时代的产物，根植于社会进步与技术发展的双重需求，已经成为推动城市现代化、提升城市治理水平、促进经济社会发展的重要力量。它不仅回应了快速城市化背景下的治理需求，还通过数字技术的应用，带来了城市管理效率的显著提升和经济发展模式的深刻变革。

一　数字城市建设的政策背景

在当代中国社会经济发展的宏大叙事中，数字城市建设的兴起反映了国家对数字化转型的深刻承诺。在宏观层面，"数字中国"战略框架下，信息化被赋予了推动社会整体转型的历史使命，旨在通过技术创新加速现代化进程。这一政策背景为数字城市建设奠定了坚实的理论基础和提供了清晰的发展方向。在微观层面，数字城市建设是地方政府、企业和社会各界在探索与创新中共同成长的过程。随着城市化进程的加速，管理、环境和资源等方面的挑战日益突出，而信息技术的融合应用为解决这些问题提供了新的路径。由此，数字城市建设不仅成为践行数字中国理念的重要领域，也充分体现了信息化在推动城市发展中的核心作用，还是实现国家战略目标的具体实践。

（一）数字中国：国家战略的信息化纲领

党的十八大以来，以习近平同志为核心的党中央着眼于信息时代发展大势和国内国际发展大局，牢牢抓住全球数字化发展与数字化转型的历史机遇，高度重视、系统谋划、统筹推进数字中国建设，推动其成为国家战略的信息化纲领。

1. 数字中国建设的现实背景

随着全球经济一体化的加速和科技的飞速发展，信息化已成为推动国家发展的重要力量。作为世界上最大的发展中国家，中国正面临传统发展模式的瓶颈和产业转型升级的迫切需求。我国政府高度重视信息化进程，并将信息化升级至国家战略层面，出台《国家信息化发展战略纲要》，明确提出以信息化驱动现代化，促进经济社会全面转型的战略目标。这标志着中国将信息化作为国家发展的核心动力，通过提升国家信息化水平增强国际竞争力。同时，中国正处于快速城镇化的关键阶段，城市发展面临交通拥堵、环境污染、资源紧张等诸多挑战。新型城镇化规划强调以人为本，致力于提升城市质量和居民生活水平，而信息化成为实现这一目标的重要手段。推动城市信息化、智能化建设，不仅能提高城市治理效率，还能提升市民的生活质量，进而解决城市发展中的种种问题，推动城乡融合发展，实现区域协调。此外，互联网的普及和现代信息技术的应用为中国经济社会发展注入了新的活力。中国政府积极推动互联网、大数据、人工智能等现代技术与经济社会的深度融合，培育新的经济增长点，助力传统产业转型升级。

2. 数字中国的政策发展

2015年12月，习近平主席在第二届世界互联网大会开幕式上首次正式提出推进"数字中国"建设的倡议，向全球宣告"数字中国"新征程的启航。[①] 2017年10月，党的十九大报告明确提出建设网络强国、数字中国、智慧社会，这是数字中国首次被写入党和国家纲领性文件[②]。2018年4月，习近平在致首届数字中国建设峰会的贺信中强调加快数字中国建设，

---

① 《习近平出席第二届世界互联网大会开幕式并发表主旨演讲》，https://www.gov.cn/xin-wen/2015-12/16/content_5024700.htm，最后访问日期：2024年7月26日。

② 《习近平：决胜全面建成小康社会 夺取新时代中国特色社会主义伟大胜利——在中国共产党第十九次全国代表大会上的报告》，https://www.gov.cn/zhuanti/2017-10/27/content_5234876.htm，最后访问日期：2024年7月26日。

就是要适应我国发展新的历史方位，全面贯彻新发展理念，以信息化培育新动能，用新动能推动新发展，以新发展创造新辉煌。① 2020 年 10 月，《中共中央关于制定国民经济和社会发展第十四个五年规划和二〇三五年远景目标的建议》经党的十九届五中全会审议通过，进一步强调"坚定不移建设数字中国"②。2021 年 12 月，中央网络安全和信息化委员会印发的《"十四五"国家信息化规划》指出，"十四五"时期，信息化进入加快数字化发展、建设数字中国的新阶段，明确到 2025 年，数字中国建设取得决定性进展，信息化发展水平大幅跃升。数字基础设施体系更加完备，数字技术创新体系基本形成，数字经济发展质量效益达到世界领先水平，数字社会建设稳步推进，数字政府建设水平全面提升，数字民生保障能力显著增强，数字化发展环境日臻完善③。2022 年 10 月，党的二十大报告再次强调建设现代化产业体系，要坚持把发展经济的着力点放在实体经济上，加快建设数字中国④。2023 年 2 月，中共中央、国务院印发《数字中国建设整体布局规划》，明确数字中国建设按照"2522"的整体框架进行布局，即夯实数字基础设施和数据资源体系"两大基础"，推进数字技术与经济、政治、文化、社会、生态文明建设"五位一体"深度融合，强化数字技术创新体系和数字安全屏障"两大能力"，优化数字化发展国内国际"两个环境"⑤（见图 1-1）。

　　总之，数字中国从在国家层面首次提出到正式写入党和国家的纲领性文件，逐步成为我国国家战略中的核心信息化纲领；随后又作为独立单元纳入"十四五"规划，明确了未来的发展目标，并印发了整体布局规划，

---

① 《习近平致首届数字中国建设峰会的贺信》，https://www.gov.cn/xinwen/2018-04/22/content_5284936.htm，最后访问日期：2024 年 7 月 26 日。
② 《中共中央关于制定国民经济和社会发展第十四个五年规划和二〇三五年远景目标的建议》，https://www.gov.cn/zhengce/2020-11/03/content_5556991.htm，最后访问日期：2024 年 7 月 26 日。
③ 《"十四五"国家信息化规划》，https://www.cac.gov.cn/2021-12/27/c_1642205314518676.htm，最后访问日期：2024 年 7 月 26 日。
④ 《习近平：高举中国特色社会主义伟大旗帜 为全面建设社会主义现代化国家而团结奋斗——在中国共产党第二十次全国代表大会上的报告》，https://www.gov.cn/xinwen/2022-10/25/content_5721685.htm，最后访问日期：2024 年 7 月 26 日。
⑤ 《中共中央 国务院印发〈数字中国建设整体布局规划〉》，https://www.gov.cn/zhengce/2023-02/27/content_5743484.htm，最后访问日期：2024 年 7 月 26 日。

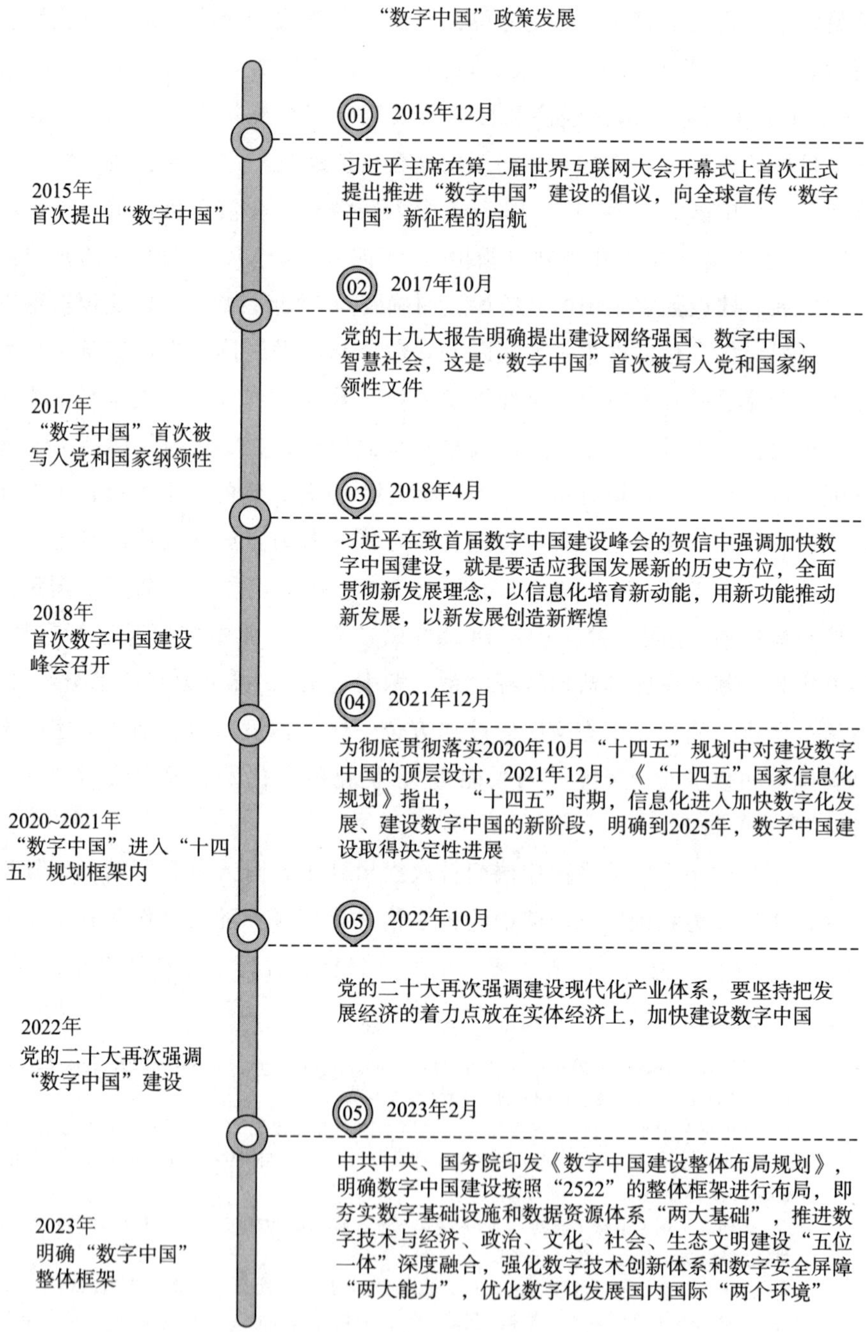

"数字中国"政策发展

01 2015年12月

2015年
首次提出"数字中国"

习近平主席在第二届世界互联网大会开幕式上首次正式提出推进"数字中国"建设的倡议，向全球宣传"数字中国"新征程的启航

02 2017年10月

2017年
"数字中国"首次被写入党和国家纲领性

党的十九大报告明确提出建设网络强国、数字中国、智慧社会，这是"数字中国"首次被写入党和国家纲领性文件

03 2018年4月

2018年
首次数字中国建设峰会召开

习近平在致首届数字中国建设峰会的贺信中强调加快数字中国建设，就是要适应我国发展新的历史方位，全面贯彻新发展理念，以信息化培育新动能，用新功能推动新发展，以新发展创造新辉煌

04 2021年12月

2020~2021年
"数字中国"进入"十四五"规划框架内

为彻底贯彻落实2020年10月"十四五"规划中对建设数字中国的顶层设计，2021年12月，《"十四五"国家信息化规划》指出，"十四五"时期，信息化进入加快数字化发展、建设数字中国的新阶段，明确到2025年，数字中国建设取得决定性进展

05 2022年10月

2022年
党的二十大再次强调"数字中国"建设

党的二十大再次强调建设现代化产业体系，要坚持把发展经济的着力点放在实体经济上，加快建设数字中国

05 2023年2月

2023年
明确"数字中国"整体框架

中共中央、国务院印发《数字中国建设整体布局规划》，明确数字中国建设按照"2522"的整体框架进行布局，即夯实数字基础设施和数据资源体系"两大基础"，推进数字技术与经济、政治、文化、社会、生态文明建设"五位一体"深度融合，强化数字技术创新体系和数字安全屏障"两大能力"，优化数字化发展国内国际"两个环境"

图1-1　数字中国政策发展时间轴

资料来源：作者中国政府网相关信息整理。

细化了具体的实现路径。数字中国从一个设想到国家战略，从宏观目标转化为详细规划，从党的主张上升为国家共识，逐步实现了从"可想"到"可见可感"的转变，推动着蓝图不断变为现实。

（二）数字城市：城市管理与服务的现代化转型

数字中国的宏观愿景为数字城市的微观实践奠定了坚实的政策基础、提供了广阔的发展前景。在数字中国战略框架下，建设数字城市成为落实国家信息化发展战略的重要举措，旨在通过数字化转型推动城市管理和公共服务的效率提升，优化资源配置，提升市民的生活质量，最终实现城市的可持续发展。

1. 数字城市的现实背景

根据国家统计局数据，到 2023 年末我国城镇常住人口达 93267 万人，比 2022 年增加 1196 万人；常住人口城镇化率为 66.16%，比 2022 年提高 0.94 个百分点，我国城镇化进入历史新阶段①。同时，随着我国城市化进程的不断加速，城市正面临着日益增多的挑战和压力，如交通拥堵、环境污染、资源短缺、经济分化，以及生育率低和老龄化等问题，这些问题在一定程度上威胁着经济的可持续发展和市民生活质量的提升。然而，传统的城市管理模式已难以有效应对这些新兴的发展问题，传统的政府履职方式也无法应对管理和服务超大城市的巨大压力。因此，亟须探索和引入新型的城市管理模式，以应对这些复杂的挑战，实现城市的高效、可持续发展。

此外，随着人民对美好生活的需求日益增长，发展不平衡不充分的矛盾日益凸显。一方面，公民对更高效、更智能、更便捷的新型城市发展提出了更高的期望和要求；另一方面，城市化问题在不同地区的表现各异，亟须更加精准的城市决策与管理。此外，市民权利意识的觉醒促使政府履职方式必须更加协同高效，为公众享有城市公共服务和参与城市治理营造便捷、可得、公平、透明的环境。因此，数字城市借助数字化和信息化技

---

① 《中华人民共和国 2023 年国民经济和社会发展统计公报》，https://www.stats.gov.cn/sj/zxfb/202402/t20240228_1947915.html，最后访问日期：2024 年 7 月 26 日。

术，提供高效智能的问题解决方案，以更好地处理城市与人之间的关系，已然成为城市管理与服务现代化转型的趋势之一。

2. 数字城市的政策发展

党和中央始终把人民群众的关切放在心上，积极回应人民的期待和需求，以实际行动践行为人民服务，着力解决"城市病"问题，并不断强调数字化转型的顶层设计，推动"数字城市"建设。首先，在顶层设计上，国家既注重对数字基础设施、数据资源、数据要素、数字技术等方面进行政策支持，又着力推动数字经济、政务智能化、数字文化、数字社会和数字生态文明等多领域的协调发展，同时不断完善与数字安全相关的法律法规。其次，各部委结合自身职能，相继出台相关领域的数字化转型政策，形成了"数字化转型"的政策矩阵。例如，工业和信息化部重点关注城市基础设施建设、数字产业发展及物联网、区块链等技术标准的制定；交通运输部关注物流服务、交通网络规划及铁路科技创新等领域；住房和城乡建设部将数字技术引入城市管理，先后发布《城市信息模型（CIM）基础平台技术导则》和《城市信息模型基础平台技术标准》；自然资源部侧重于数字城市的资源信息整合与规划，发布了《实景三维中国建设技术大纲》和《自然资源三维立体时空数据库建设总体方案》。

数字城市建设是城市管理与服务现代化转型的显著标志，也是我国持续重视并推进建设的重点领域。2023年，国家不断出台有关数字城市的政策，不断完善数字化治理体系，推动国家治理体系和治理能力现代化。2023年1月，工信部等16部门联合印发《关于促进数据安全产业发展的指导意见》[①]；2月，中共中央、国务院印发《数字中国建设整体布局规划》[②]；4月，工信部、文旅部联合印发《关于加强5G+智慧旅游协同创新发展的通知》[③]；9月，工业和信息化部办公厅、教育部办公厅、文化和旅游

---

① 《工业和信息化部等十六部门关于促进数据安全产业发展的指导意见》，https://www. gov. cn/zhengce/zhengceku/2023-01/15/content_5737026. htm，最后访问日期：2024年7月26日。

② 《中共中央 国务院印发〈数字中国建设整体布局规划〉》，https://www. gov. cn/zhengce/ 2023-02/27/content_5743484. htm，最后访问日期：2024年7月26日。

③ 《工业和信息化部 文化和旅游部关于加强5G+智慧旅游协同创新发展的通知》，https:// www. gov. cn/zhengce/zhengceku/2023-04/12/content_5751000. htm，最后访问日期：2024 年7月26日。

部办公厅、国务院国资委办公厅、国家广播电视总局办公厅联合印发《元宇宙产业创新发展三年行动计划（2023—2025 年）》；12 月，商务部等 12 部门印发《关于加快生活服务数字化赋能的指导意见》①。

由此可见，推进数字城市建设是积极响应党中央和国务院关于数字中国建设目标的重要举措。该举措立足于我国城市发展的实际需求，顺应信息化和城镇化的发展趋势，有助于提升城市管理与服务水平，推动城市治理向现代化和智能化迈进。这不仅能够有效应对城市发展中面临的各类复杂问题，还为建设宜居、智能、韧性城市提供了坚实的技术支撑，进一步推动了社会的可持续发展。

二　数字城市建设的技术背景

在探讨数字城市建设的技术动因时，不可避免地要关注其基础设施的建设及技术创新的应用。一方面，数字城市的基础设施是建设数字化城市生态的基石。信息通信网络、数据中心和智能感知设施等新型基础设施的部署，为城市的数字化转型提供了坚实的物理支撑，确保了城市运行的连续性和效率。这些基础设施不仅仅是技术组件的集成，更奠定了数字城市存续与发展的核心物质基础，打通了信息流通与资源配置的关键通道。另一方面，数字城市的发展潜力源于持续的技术创新。云计算、大数据、人工智能等前沿技术的突破为数字化转型提供了无限可能。这些技术的融合与应用，推动了城市服务、管理、经济发展与居民生活方式的深刻变革，从而加速了城市治理的现代化和智能化，实现了更高效、更智慧的城市运行模式。

（一）数字基建夯实数字城市底座

随着信息化和智能化时代的到来，城市数字化趋势愈发显著，数字基础设施作为数字城市建设的核心支撑，已成为产业格局转型、经济发展提质、社会生态优化的重要保障，其重要性获得了广泛共识。近年来，我国不断加强数字基础设施的整体布局，统筹推进网络基础设施、算力基础设

---

① 《商务部等 12 部门关于加快生活服务数字化赋能的指导意见》，https://www.gov.cn/zh en-gce/zhengceku/202312/content_6921525.htm，最后访问日期：2024 年 7 月 26 日。

施和应用基础设施等方面的建设，积极推动数字基础设施体系化发展与规模化部署，在多个领域取得了显著成效。这一发展不仅为推动城市数字化转型奠定了基础，也为我国经济的高质量发展注入了强大动力。

1. 网络基建奠定全民数字化时代基础

据第53次《中国互联网络发展状况统计报告》，截至2023年6月，我国网民规模达10.79亿人，互联网普及率达76.4%，IPv6活跃用户数达7.67亿个，网络覆盖率进一步提高，城乡差距不断缩小。此外，5G建设引领发展。截至2023年12月，我国移动通信基站总数达1162万个。其中，5G基站总数达337.7万个，占移动通信基站总数的29.1%，较2022年12月提高7.8个百分点。其中，超过90%的5G基站实现了共建共享，这说明我国的基站建设不仅仅注重规模和速度，更注重质量和效益，为数字城市建设向集约高效转型奠定了坚实基础。同时，千兆光纤宽带网络建设稳步推进。截至2023年12月，我国互联网宽带接入端口数达到11.36亿个，较2022年12月净增6486万个[1]。多个城市跻身"千兆城市"行列，全面推动数字化服务创新，重塑数字生态系统，促进数字化生活和工作方式的全面推广，带动企业实现数字化转型升级和创新变革，夯实新型基础设施建设的承载底座。

2. 算力基建筑牢数字城市运行基底

随着数字经济时代的到来，人工智能蓬勃发展，算力已经成为全球紧缺的战略性资源，不仅是传统产业转型升级的重要支点，也催生了一大批新的经济增长点。近年来，全球不断提高对算力资源的重视程度，而我国的算力基础设施建设已达到世界先进水平，算力总规模位居世界第二。截至2023年底，我国提供算力服务的在用机架数超过810万标准机架，算力规模达到230 EFLOPS，就是每秒230百亿亿次浮点运算[2]。不仅整体保持了持续快速增长，智能计算领域更是实现了高速发展。在不断扩大算力

---

① 《第53次〈中国互联网络发展状况统计报告〉》，https://www.cnnic.cn/n4/2024/0322/c88-10964.html，最后访问日期：2024年7月26日。

② 《国新办举行2024年一季度工业和信息化发展情况新闻发布会》，https://www.miit.gov.cn/xwdt/gxdt/ldhd/art/2024/art_7c3695b480144be9821514c10133c7b5.html，最后访问日期：2024年7月26日。

基础设施规模的同时，我国也重视全国算力体系的布局与优化，加快推进"东数西算"工程，将京津冀、长三角、粤港澳大湾区、成渝地区等作为全国一体化算力网络的国家枢纽节点。目前，8个国家算力枢纽节点的建设方案均已进入深化实施阶段，持续为"数字中国"战略的宏伟蓝图增添助力。

3. 应用基建提高数字城市管理精度

面对当前城市治理的诸多难题，我国持续探索搭建更加高效智能的综合管理信息化平台，并已取得阶段性成果。以生态环境监测与管理为例，近年来我国的数字化环境监测能力显著提升。目前，我国已基本形成了陆地遥感卫星体系，在自然资源多要素动态监测和监管方面发挥了重要支撑作用，有效推动了数字城市自然资源事业的高质量发展。2022年，我国自主研发的北斗导航卫星系统实现了全球覆盖及规模化应用，为全球两百多个国家和地区提供精准服务，成为世界上第三个独立拥有全球卫星导航系统的国家，为国家安全和发展提供了有力保障。此外，我国在数据收集与分析之外，同样重视数据存储与共享，推动全国实体数据联网和基础数据库建设，为各地数字城市建设提供了标准化、科学化的数据库支撑。

（二）数字技术创新能力激发数字化转型潜能

在数字城市建设过程中，数字基础设施作为其物质基础和底座，为城市的数字化转型提供了必要的硬件支撑。然而，单靠数字基础设施并不足以支撑数字城市的长期发展。数字城市的真正潜力在于持续的技术创新。只有通过不断推动云计算、大数据、人工智能、物联网等前沿技术的创新和应用，才能激发数字城市的更大潜力，提高其建设的深度与广度，从而实现城市治理和公共服务的现代化、智能化，提升城市的运行效率和居民的生活品质。持续的技术创新是推动数字城市走向未来的关键动力。

1. 关键数字技术的突破

数字城市的建设与发展离不开关键技术的突破。在过去几年里，大数据、人工智能、移动互联、云计算、区块链等前沿技术飞速发展，形成了一个强大的"数字工具箱"，使生产、生活及城市治理方式发生了巨大变化。中国在这些关键技术领域取得了显著进展，为数字城市建设奠定了坚实的技术基础。首先，在通信技术方面，中国在 5G 产业和应用领域处于全球领先地位，5G 网络的大规模应用为数字城市的网络基础设施提供了强有力的支持。高性能计算能力的提升，使中国在全球超级计算机排名中保持前列，这为城市的大数据处理和人工智能应用奠定了坚实的计算基础。此外，随着中国芯片自主研发能力的逐步增强，国产操作系统性能显著提升，进一步增强了数字城市的自主可控能力。在人工智能领域，中国在语音识别、计算机视觉、自然语言处理等技术方面取得了显著进展，这些技术广泛应用于智能城市建设，推动了公共服务和城市管理的数字化和智能化。云计算和大数据技术的快速发展，使城市能够更高效地进行数据管理、优化资源配置，并提升服务效率。区块链技术的创新，带来了更加透明、安全的城市治理模式，通过去中心化的方式提升了城市管理的可信度和数据安全性。此外，中国在量子信息领域的研究成果，正为未来的通信和计算开辟新的发展格局。这些关键技术的突破共同驱动了数字城市的建设，为城市的现代化、智能化和可持续发展提供了强大动力，推动了城市管理和公共服务水平的整体提升。

2. 技术创新活力的迸发

中国城市的数字技术为数字城市建设提供了坚实的技术支撑。首先，科技研发投入持续加大，许多城市逐年增加对研发的资金支持，研发投入占 GDP 的比例稳步上升。这为技术创新提供了充足的资源保障，推动了数字城市技术的快速发展。其次，高科技企业集群在一些城市迅速崛起，如深圳、北京等城市凭借政策支持和创新氛围，吸引了大量高科技企业入驻，形成了具有全球竞争力的创新生态系统。这些企业不仅带动了数字技术的研发和应用，也为数字城市建设提供了重要的技术储备。再次，专利数量显著增加且质量显著提升，尤其是在信息技术、人工智能、5G 通信等领域，许多城市的专利申请和授权数量位居全球前列。这些专利的积累进一步推动了技术的自主创新，增强了中国城市在全球数字技术领域的竞争力，为数字城市的可持续发展奠定了坚实的基础。2023 年，中国继续蝉联最大 PCT 专利申请国，共有 69610 件 PCT 申请。从技术领域来看，计算机技术在已公布的 PCT 申请中占比最高，为 10.2%，[①] 其次是数字通信，占 9.4%。[②] 与此同时，创新人才的集聚也为数字城市的发展注入了强劲动力。通过实施各类政策和激励措施，城市吸引并留住了大量创新人才，这些人才为技术突破和数字化转型提供了智力支持。最后，城市的创业生态系统日益完善，孵化器、加速器和创业投资等资源丰富，为初创企业提供了广泛支持，推动了技术创新和市场化应用的快速实现。技术发展的指数级增长不仅促进了数字城市的持续创新，还大幅加速了城市管理、公共服务和组织方式的变革。这种技术与创新的活力为数字城市的未来发展带来了无限可能，使其成为现代城市建设的重要方向和发展趋势。

3. 新型数字技术的兴起

2023 年被视为人工智能全面爆发的元年，新型技术在多个领域取得突破性进展，并开始加速渗透到城市管理中。在国家战略规划和政策支持下，我国的人工智能技术逐渐形成了从基础研究到应用实践的全方位发展格局，尤其是在深度学习、计算机视觉、自然语言处理等关键领域实现了重大突破。同时，我国在智能制造、智慧城市、智能医疗、自动驾驶等应用领域积极探索，推动了人工智能技术的产业化和商业化，为经济社会发展注入了新动能。在产业规模方面，我国人工智能核心产业规模已达到 5000 亿元，企业数量超过 4400 家，展现了强大的市场活力。国内领先企业如百度、阿里巴巴、华为等纷纷推出自有 AI 大模型，与国际竞争对手展开激烈竞争，从而进一步加速了我国 AI 技术的发展步伐。与此同时，随着 AI 与制造业等实体经济的深度融合，"AI+"新业态和新模式迅速孕育，为数字城市中的智能创造、智能安防、智能交通等多个领域的创新与发展注入了强劲动力。这些成就和技术突破不仅展示了我国在人工智能领域的科研实力和技术开发能力，还彰显了数字城市在产业应用方面的活力和潜力，共同推动了数字城市的建设与发展。

---

① 《2023 年中国专利调查报告》，https://www.cnipa.gov.cn/art/2024/4/15/art_88_191587.html，最后访问日期：2024 年 10 月 16 日。
② 《世界知识产权组织公布去年全球知识产权申报统计数据 中国是国际专利申请最大来源国》，https://www.gov.cn/yaowen/liebiao/202403/content_6939177.htm，最后访问日期：2024 年 7 月 26 日。

三　城市发展数字化转型的趋势

在全球化背景下，我国城市数字化转型的实践呈现地方政府、国家层面与国际社会多维度互动与协作的特点。首先，我国各地方政府积极探索推进城市数字化转型，通过建设智慧城市、应用大数据和人工智能等技术，不断提升城市治理效率，完善公共服务。这些地方实践为其他地区提供了有益的经验借鉴，也为国家层面的政策制定奠定了实证基础。其次，国家层面出台了一系列顶层设计和规划政策，推动全国范围内的标准化和区域协同，旨在实现资源共享和优势互补。《关于深化智慧城市发展 推进城市全域数字化转型的指导意见》强调，围绕总体要求、全领域推进城市数字化转型、全方位增强城市数字化转型支撑、全过程优化城市数字化转型生态及保障措施等五个方面着力推进城市全域数字化转型。这些全国性的标准统一为城市数字化转型提供了指导框架，促进了整体发展的协调性[①]。此外，我国城市数字化转型还与国际实践和合作密切相关。部分中国城市与国际城市在数字化转型领域开展合作，互相分享经验与做法，共同应对城市化进程中的挑战。这种国际合作不仅拓宽了我国城市数字化转型的视野，也为全球城市数字化建设提供了具有中国特色的智慧和解决方案。

（一）地方性探索发展的多元化

在数字中国建设和数字城市建设等宏观国家政策的引领下，各地根据自身的经济发展水平、城市发展战略、地方资源禀赋、文化和社会环境等因素，展开了多元化的政策探索与实践。这种多样化的探索不仅反映了地方政府对数字化转型的重视，也凸显了各地因地制宜、灵活应对的战略选择。

1. 先发城市创新探索

城市发展数字化转型的早期探索可追溯至 21 世纪初。2000 年 5 月，

---

① 《关于深化智慧城市发展 推进城市全域数字化转型的指导意见（发改数据〔2024〕660 号）》，https://www.ndrc.gov.cn/xxgk/zcfb/tz/202405/t20240520_1386326.html，最后访问日期：2024 年 7 月 26 日。

随着"数字浙江"社会公共信息应用平台的成功搭建，"数字浙江"这一概念开始广泛传播。该平台的搭建标志着浙江在推动信息化进程方面迈出了关键一步，开启了数字化转型的探索之路。到 2002 年 1 月，浙江省在第九届人大第五次会议上正式提出打造"数字浙江"的战略，旨在通过推动信息化全面融入国民经济和社会发展各个领域，提升政府治理效率、促进产业转型升级，并提升公众生活品质。2003 年，习近平同志在任职浙江期间，在政府工作报告中全面阐述了"数字浙江"的蓝图，并进行了相应的战略部署，引领浙江成为数字化发展的先锋[1]。与此同时，2000～2002 年，在福建工作期间，习近平同志同样提出了建设"数字福建"的构想，强调"实施科教兴省战略，必须占领科技的制高点。建设'数字福建'，就是当今世界科技竞争的关键制高点之一"。随后，"数字福建"的概念被纳入福建的"十五"计划纲要建议中，开启了福建推进信息化建设的进程[2]。

2. 重点城市政策领先

进入 21 世纪，伴随着科技的飞速进步和公共服务需求的不断增长，众多城市在国家政策的积极引导下，开始加快推动数字城市建设的步伐。在此过程中，经济发达地区的城市成为数字化转型的先行者。北京、上海、深圳等经济发达且数字要素活跃的城市表现尤为突出，这些城市不仅率先探索数字化转型的路径，并走在了全国前列，还建立了各具特色、分工明确且较为完善的政策体系，为其他城市的数字化转型提供了可参考的经验与实践范例。这些先行者的成功经验为全国数字城市建设树立了典范，推动了城市治理模式的现代化与智能化进程。例如，北京是我国的政治、文化、国际交往和科技创新中心，也是我国总体上最具数字经济竞争力的城市。北京汇聚了全国最多的人工智能核心企业，其国际人工智能城市排名从 2020 年的第七位逐年攀升至 2023 年的第五位，不仅在国内树立了标杆，也在全球范围内力争成为典范，先后发布政策推动高精尖产业、工业互联网、通信行业的发展，尤其是在 2021 年 3 月印发了《北京市"十四五"

---

① 《数字中国战略的浙江溯源与实践》，https://zjnews.zjol.com.cn/zjnews/202312/t20231219_26525864.shtml，最后访问日期：2024 年 7 月 26 日。

② 《"数字福建"建设的重要启示——习近平同志在福建推动信息化建设纪实》，https://www.workercn.cn/32841/201804/20/180420052012642.shtml，最后访问日期：2024 年 7 月 26 日。

时期智慧城市发展行动纲要》①，进一步激发了社会各方共同推动数字城市建设的活力。上海作为数字需求最旺盛、数字基础建设最完善的城市，制定了一系列政策，以加速城市数字化转型发展。以《上海市促进城市数字化转型的若干政策措施》② 与《推进治理数字化转型实现高效能治理行动方案》③ 为指引，上海尤其注重企业的数字化转型与数字经济的市场监管，为数字城市的经济发展保驾护航。深圳作为经济特区更是勇当先锋，敢为人先，成为最早一批建设与发展数字城市、数字政府的试点城市。

3. 特色城市开拓优势

除大型综合性城市在全国数字城市建设中发挥领导作用，一些区域性城市也在探索自身特色，因地制宜制定并执行数字化政策，推动数据要素在城市发展中释放乘数效应。广西立足自身天然区位优势，创新发展"数字丝绸之路"，2021年11月印发《广西面向东盟的"数字丝绸之路"发展规划（2021—2025年）》④，将自身城市发展融入国家战略之中，既有利于城市与国家以"数字化"形式加强对外交流，也有利于自身城市的数字化转型。而贵州发挥自身地理位置优势，建设国家大数据综合试验区，于2021年先后印发《贵州省"十四五"新型基础设施建设规划》⑤《国家大数据（贵州）综合试验区"十四五"建设规划》⑥，助力全国算力体系布局，加速自身数字城市建设。此外，浙江发挥当地支柱产业优势，创新

---

① 《北京市大数据工作推进小组关于印发〈北京市"十四五"时期智慧城市发展行动纲要〉的通知》，https://www.beijing.gov.cn/zhengce/zhengcefagui/202103/t20210323_2317136.html，最后访问日期：2024年7月26日。

② 《关于印发〈上海市促进城市数字化转型的若干政策措施〉的通知》，https://fgw.sh.gov.cn/fgw_gfxwj/20211123/860adadd275f43d9acef0488e72b396d.html，最后访问日期：2024年7月26日。

③ 《推进治理数字化转型实现高效能治理行动方案》，https://www.shanghai.gov.cn/nw12344/20220113/b4752dcf13764c06914b0475f5f4818a.html，最后访问日期：2024年7月26日。

④ 《广西壮族自治区人民政府办公厅关于印发广西面向东盟的"数字丝绸之路"发展规划（2021—2025年）的通知（桂政办发【2021】113号）》，http://www.gxzf.gov.cn/zfwj/zxwj/t10807438.shtml，最后访问日期：2024年7月26日。

⑤ 《贵州省"十四五"新型基础设施建设规划》，https://www.guizhou.gov.cn/ztzl/gzsswgh/zxgh/202208/P020220829593504364416.pdf，最后访问日期：2024年7月26日。

⑥ 《国家大数据（贵州）综合试验区"十四五"建设规划》，https://www.guizhou.gov.cn/zt-zl/gzsswgh/zxgh/202208/P020220830335238695251.pdf，最后访问日期：2024年7月26日。

建设"城市大脑",2019 年印发《浙江省"城市大脑"建设应用行动方案》①。杭州市早在 2016 年就联手阿里云用人工智能治理城市,在萧山区首次实践"城市数据大脑"以解决交通问题。2021 年杭州市施行《杭州城市大脑赋能城市治理促进条例》②,以此提高城市的运行效率,解决城市运行中面临的复杂问题,更好地满足市民的不同需求。

4. 后发城市挖掘潜力

至于其他大部分城市,它们在数字城市建设中属于后发型城市,这意味着它们拥有巨大的提升空间。这些城市通常具备传统产业优势、自然资源禀赋或区位优势,因此在本地特色产业、能源和生态领域充满发展潜力。首先,一些城市正通过将数字化与实体经济相结合,利用新一代信息技术和创新模式,重新激发传统产业的活力。其次,部分城市依托自身的能源优势,积极面向全国,特别是东部地区,提供数据备份、算力供应及生态数据等非实时算力服务。最后,一些生态环境优良的城市正在探索"互联网+生态经济"的价值创造路径,推动生态产业的数字化转型。这些城市正在抓住长三角一体化、数字湾区建设、中部崛起、西部开发等国家战略机遇,积极加大对数字城市重点项目的支持,吸引人才和技术,加强与先进地区的联系与合作,展现出巨大的发展潜力。

(二)全国发展的标准化、协同化与全域化

数字城市建设是一个全面而深入的进程,不仅需要在国家层面实施统一的标准化战略,确保技术、政策和法规的一致性和协调性,还需促进区域间的协同发展和创新合作。从中央到地方,构建出规范化的发展框架,而区域一体化发展推动各地资源共享、优势互补,共同形成数字城市可持续发展的多维度框架。这种多层次的协作机制,不仅提升了城市治理的效率,还为城市间的互联互通和集体发展奠定了基础,使数字城市建设更加稳固和长远。

---

① 《关于印发〈浙江省"城市大脑"建设应用行动方案〉的通知》,https://jxt.zj.gov.cn/art/2019/6/4/art_ 1229123405_ 627864.html,最后访问日期:2024 年 7 月 26 日。
② 《杭州城市大脑赋能城市治理促进条例》,https://www.hzrd.gov.cn/art/2021/1/14/art_ 1229690462_11439.html,最后访问日期:2024 年 7 月 26 日。

1. 全国性标准与地方规划

从中央到地方，各级政府出台了系列标准和政策，以实现数字城市建设的标准化，并布局好短期和长期的规划。2021 年，中共中央、国务院印发的《国家标准化发展纲要》提出，要推动新型城镇化标准化建设、推动行政管理和社会治理标准化建设、推进基本公共服务标准化建设等，将"加快数字社会、数字政府、营商环境标准化建设"写入文件①。随后，各省（自治区、直辖市）为响应号召，纷纷发布相应的实施意见，如 2021 ~ 2022 年上海市相继出台《关于全面推进上海城市数字化转型的意见》②《上海市全面推进城市数字化转型"十四五"规划》③《上海城市数字化转型标准化建设实施方案》④，尝试构建具有系统性、协调性、开放性的城市数字化转型标准体系。各地级市为贯彻落实中央和省级政府的政策，也启动了"标准化+数字化"的顶层设计工作，其中苏州市率先开启了这一进程，于 2022 年 6 月发布了《数字苏州标准化建设实施方案》，确立了数字苏州标准化建设的总体要求，确定了三个方面的主要目标，明确了四个方面的 14 项重点任务，提出到 2025 年要通过构建"数字经济、数字社会、数字政府"三位一体的数字苏州标准体系，为苏州打造全国数字化发展标杆城市提供标准化支撑⑤。

2. 区域发展协同创新

随着新型城镇化的逐步推进，国家战略越来越强调区域一体化发展，并将城市群建设作为推动区域一体化的主要依托。伴随城市数字化转型的趋势愈加明显，数字城市群在缩小区域发展差距、实现区域协同与均衡化

---

① 《中共中央 国务院印发〈国家标准化发展纲要〉》，https://www.gov.cn/zhengce/2021-10/10/content_5641727.htm，最后访问日期：2024 年 7 月 26 日。

② 《上海市人民政府办公厅关于印发〈上海城市数字化转型标准化建设实施方案〉的通知》，https://www.shanghai.gov.cn/nw12344/20220420/ff051a984ba34d74abf95dacdd2031b0.html，最后访问日期：2024 年 7 月 26 日。

③ 《上海市全面推进城市数字化转型"十四五"规划》，https://dt.sheitc.sh.gov.cn/cms/szzc/1069.jhtml，最后访问日期：2024 年 7 月 26 日。

④ 《上海城市数字化转型标准化建设实施方案》，https://www.shanghai.gov.cn/nw12344/20220420/ff051a984ba34d74abf95dacdd2031b0.html，最后访问日期：2024 年 7 月 26 日。

⑤ 《〈数字苏州标准化建设实施方案〉出台》，https://www.suzhou.gov.cn/szsrmzf/szyw/202206/8efec07746ff4ce291553acf28219f8c.shtml，最后访问日期：2024 年 7 月 26 日。

发展中发挥着日益重要的作用。特别是在长三角和珠三角地区，这些城市群内部整体发展水平较高，数字基础设施完善，协同效应显著，数字城市群建设已成为区域一体化发展的重要亮点，进一步推动了区域间的互联互通和共同繁荣。2019 年 12 月，中共中央、国务院印发《长江三角洲区域一体化发展规划纲要》，为长三角区域一体化描绘了蓝图①；2020 年 12 月科技部印发《长三角科技创新共同体建设发展规划》②，进一步强调数据要素和科技创新在推动城市群高质量发展中的重要作用。2019 年 2 月，中共中央、国务院印发《粤港澳大湾区发展规划纲要》③，强调要构建开放型区域协同创新共同体，加速粤港澳及珠三角地区城市的数字化转型；2021 年9 月，中共中央、国务院印发《横琴粤澳深度合作区建设总体方案》，进一步构建与澳门一体化高水平开放的新体系，强调如大数据、人工智能、物联网等新产业的协同发展，为城市群发展注入持久活力④。

此外，我国在全领域推进城市数字化转型的实践动态中，也展现出了积极的政策导向和创新实践。2024 年 4 月，国家发改委等就《关于深化智慧城市发展 推进城市全域数字化转型的指导意见》向社会公开征求意见，明确了数字化转型的目标和路径。该文件围绕总体要求、全领域推进城市数字化转型、全方位增强城市数字化转型支撑、全过程优化城市数字化转型生态、保障措施等五个方面提出了十八项举措。目标是到 2027 年，全国城市全域数字化转型取得明显成效，形成一批横向打通、纵向贯通、各具特色的宜居、韧性、智慧城市，有力支撑数字中国建设。城市数字经济创新活跃，数字治理高效精细，数字服务畅享便捷，数字应急韧性安全，生态环境智慧绿色；适数化制度机制实现突破创新、长效化运营确保可持续发展、协同化发展格局联动内外；数字设施大动脉畅通优化，数据资源大

---

① 《中共中央 国务院印发〈长江三角洲区域一体化发展规划纲要〉》，https://www.gov.cn/zhengce/2019-12/01/content_5457442.htm，最后访问日期：2024 年 7 月 26 日。
② 《科技部关于印发〈长三角科技创新共同体建设发展规划〉的通知》，https://www.gov.cn/zhengce/zhengceku/2020-12/30/content_5575110.htm，最后访问日期：2024 年 7 月 26 日。
③ 《中共中央国务院印发〈粤港澳大湾区发展规划纲要〉》，https://www.gov.cn/zhengce/2019-02/18/content_5366593.htm#1，最后访问日期：2024 年 7 月 26 日。
④ 《中共中央国务院印发〈横琴粤澳深度合作区建设总体方案〉》，https://www.gov.cn/zhengce/2021-09/05/content_5635547.htm，最后访问日期：2024 年 7 月 26 日。

循环活力释放，城市发展成果惠及全民①。这一实践动态体现了我国在城市数字化转型方面的坚定决心和积极作为，为建设具有全球竞争力的中国式现代化城市奠定了坚实基础。

（三）国际合作趋势不断加强

随着数字化转型在全球范围内的不断深入，中国城市正积极拥抱这一变革，通过创新实践推动城市管理和服务的现代化。然而，这一转型过程并非孤立进行，而是要在更广阔的国际视野中寻找学习与合作的机会。通过与全球各大城市交流经验、共享知识、协同创新，中国城市不仅能够更有效地应对数字化转型过程中面临的挑战，还能够为全球智慧城市的发展提供"中国智慧"和"中国方案"，在国际舞台上展示中国的创新能力和治理经验。

1. 国际城市的数字化转型实践

观察全球趋势，众多国家正积极迎接技术进步和公共部门改革的挑战，推出并执行以信息通信技术或数据为核心推动力的数字政府转型与创新战略。例如，美国实施了《数字政府战略》（2012 年）、《联邦数据战略2020 年行动计划》（2019 年），英国发布了《政府转型战略（2017—2020）》（2017 年），澳大利亚推出了《数字化转型战略（2018—2025）》（2018 年），加拿大则颁布了《数字加拿大 150（2.0 版）》（2015 年）、《服务与数字政策》（2020 年）及《服务与数字指令》（2020 年）等关键文件（章燕华、王力平，2020）。这些城市的实践不仅体现了各自的城市特色，也为全球其他城市提供了宝贵的经验和启示。

荷兰的阿姆斯特丹是全球最早启动数字城市建设的城市之一，其核心理念体现在四个方面：可持续生活、可持续交通、可持续工作和可持续公共空间（见表 1-1）。在这些理念的指引下，阿姆斯特丹致力于通过智能技术优化资源利用和减轻环境负担。在可持续建筑方面，阿姆斯特丹推出了智能大厦项目，旨在高效利用能源并优化办公和居住环境。这个项目通

---

① 《国家发展改革委 国家数据局 财政部 自然资源部关于深化智慧城市发展 推进城市全域数字化转型的指导意见》，https://www.ndrc.gov.cn/xxgk/zcfb/tz/202405/t20240520_1386326.html，最后访问日期：2024 年 7 月 26 日。

过数据分析大厦能源使用情况，提升电力系统的运行效率，从而在不影响日常使用的情况下最大限度减少能耗。其中，ITO Tower 作为该项目的试验性示范大厦，总面积达 38000 平方米，体现了智能技术在建筑中的应用潜力。在交通领域，阿姆斯特丹实施了 Energy Dock 项目，在其港口的 73 个靠岸电站安装了 154 个电源接入口，供使用清洁能源的游船和货船充电，从而替代传统燃油发动机，显著减少了污染物排放。这些举措展现了阿姆斯特丹在推动城市可持续发展和环境保护方面的创新与实践。此外，为了打造可持续的公共空间，荷兰还推出了气候街道（the Climate Street）项目，旨在缓解乌特勒支大街（Utrecht Street）的交通拥堵问题[①]。

表 1-1　部分国家的数字化转型实践

国家	数字化转型实践项目	数字化转型特征
荷兰	清洁能源、智能大厦、气候街道	可持续的生活、交通、工作与公共空间
新加坡	先进公共交通、智慧建筑、能源管理	全面智能化、环境友好型、数字创新
美国	智能监测、开放信息与数据、参与平台	市民互动、治理创新、绿色发展

新加坡是世界上最具代表性的数字城市之一。在交通领域，新加坡实施了先进的交通管理系统，涵盖实时交通控制、智能车辆管理和高效的公共交通系统，有效提升了交通效率并减少了拥堵和污染。在建筑方面，新加坡拥有众多智慧建筑，它们采用节能技术和智能控制系统，实现了资源的节约和环保效益。同时，新加坡的能源管理系统能够监控城市的能源使用，通过实时调整能源分配策略，提高了能源利用效率并减少了浪费[②]。

作为数字化建设的先锋，美国各大城市在数字城市建设中注重数据驱动的决策与服务，并大力推动市民参与。在这些城市中，数据开放与市民互动的网络平台已经成为数字化治理的核心要素。以纽约市为例，多个创新项目有效提升了城市管理效率和市民生活质量。纽约市的"城

---

① 《阿姆斯特丹：欧洲智慧城市建设的典范》，http://cn.chinagate.cn/experts/2014-03/27/content_31917850.htm，最后访问日期：2024 年 7 月 26 日。

② 《从新加坡"智慧国"建设看城市数字治理》，https://www.lejucaijing.com/news-6973236436946698215.html，最后访问日期：2024 年 7 月 26 日。

市扫描仪"项目，通过在车辆顶部安装传感器节点，实时采集各种环境数据，精准识别空气污染热点、高排放区和主要污染源，为环境监测和改善提供了有力的数据支持。同时，纽约市交通部门通过覆盖全市的13000个交通信号灯、摄像头和传感器网络，实时感知和监控道路使用情况及交通流量。一旦出现拥堵，系统就即时调整信号灯配时，快速缓解交通压力。在便民服务方面，纽约市城市规划部门开发了"土地利用检索"工具，使市民可以轻松查询和筛选全市的土地利用项目信息。纽约市还推出了"城市滨水空间"地图，帮助市民和游客快速找到向公众开放的滨水空间，并了解不同滨水区可提供的水上娱乐活动。这些数字化工具和平台大大提高了市民对城市资源的获取与利用效率，促进了城市治理的透明化与高效化。此外，纽约市城市规划部门利用"良好城市设计"在线参与平台，邀请市民就城市规划项目提交自己的意见和反馈，并询问市民对城市公共空间和城市设施的感受及希望有什么改变，同时，基于市民反馈调整城市设计的原则，使其符合市民的需求和期望（张燎、李文钊，2023）。

在数字城市建设的过程中，对技术层面内容的借鉴固然重要，但同样值得借鉴的还有国际城市在数字化转型中的理念与目标（见表1-2）。首先，许多国际城市强调以市民为中心的服务理念，通过在线政务服务、数据开放平台以及市民反馈工具，提升市民的参与感和体验感，让市民不仅仅成为数字城市的受益者，更成为参与者。例如，纽约市通过在线政务平台，让市民能够轻松获取各类公共服务，增强了市民在城市治理中的主动性和参与性。其次，数字化转型的目标还应与可持续发展相结合，推动绿色建筑、智能交通、清洁能源等项目的落地，以提升城市的可持续性和宜居性。比如，荷兰阿姆斯特丹通过智能建筑和能源管理系统，减少能耗并提高城市资源的利用效率；新加坡通过智能交通网络，减少城市拥堵和减少碳排放，促进绿色出行。在全球人口老龄化日益加剧的背景下，数字化战略还必须具备包容性，以确保不同群体都能从中受益，避免数字鸿沟的扩大。例如，英国格洛斯特的智能屋试点，通过先进的医疗设备和自动传输系统，实时监测老年人的健康状况，必要时迅速联系医生；新加坡的远程医疗系统，通过手机或电脑为老年人提供医疗咨询服务；韩国首尔和日本东京也通过定位装置和服务机器人等技术，确保老年人与残疾人在数字化时代享受到更全面的照护服务。这些国际城市的成功经验，不仅展示了数字化转型在技术应用之外的广阔前景，也为其他城市提供了在城市治理和服务方面创新的思路和方向。

表1-2　国际城市在数字化转型中的理念与目标

		服务导向
	以市民中心	数据透明
		市民互动
		绿色转型
理念与目标	可持续发展	生态平衡
		环境友好
		无障碍接入
	包容性	平等机会
		跨代数字融合

2. 国际合作全方位、多领域加强

2023年2月，中共中央、国务院印发了《数字中国建设整体布局规划》，提出要构建开放共赢的数字领域国际合作格局，并不断拓展数字领域国际合作空间，积极参与联合国、世界贸易组织、二十国集团、亚太经合组织、金砖国家、上合组织等多边框架下的数字领域合作，高质量搭建数字领域开放合作新平台，积极参与数据跨境流动等相关国际规则建立①。中国正积极推动与国际伙伴的合作，出台了多项政策，鼓励在智慧城市建设项目上共同开展技术、经验和资源的共享合作。通过加强国际合作，中国城市不仅能够在确保数据安全的前提下与国际伙伴共享城市数据，还可以有效推动数据驱动的智慧城市发展。与此同时，国际人才交流项目和国际组织的参与也成为促进城市数字化转型的重要渠道。通过引进国际人才，借鉴国际上成功的智慧城市建设案例，并结合中国的实际情况进行本土化改进和应用，中国城市的数字化转型进程显著加速。这种国际合作模

---

① 《中共中央 国务院印发〈数字中国建设整体布局规划〉》，https://www.gov.cn/zhengce/2023-02/27/content_5743484.htm，最后访问日期：2024年7月26日。

式不仅提升了中国智慧城市建设的全球竞争力，还为全球城市数字化发展提供了合作典范。

在借鉴国外先进城市的数字化转型经验的同时，我国也在制定具有中国特色的数字城市建设方案，并在国际舞台上获得了认可与奖项。2023年"全球智慧城市博览会·上海"（SCESH）开幕，上海的"两张网"建设被评为全球智慧城市数字化转型最佳案例，不断为全球的数字城市建设贡献中国智慧①。无独有偶，无锡同样入围2023世界智慧城市大奖·中国区"使能技术大奖"，其中"e路通"交通事故一体化处理新机制入围了"场景驱动倡议大奖"十大案例，世界智慧城市大奖组委会认为其建设将会带动一批数字技术产业落地。这为打造新型智慧城市"无锡样板"提供了丰富的创新场景应用实践②。

此外，在数字化建设的细节上，中国正积极接轨国际化标准，持续开展重点领域的标准比对分析，积极采用国际标准，并大力推进中外标准体系的兼容。例如，在信息通信行业，中国在标准认证、认可和检验检测等方面与国际全面接轨。此外，中国的城市数字化转型国际合作主要通过参与国际会议、论坛、项目合作、标准制定、人才交流和国际组织活动等多元化方式进行。这种合作不仅促进了国际技术、经验和资源的共享，还提升了中国城市在全球智慧城市建设中的竞争力和影响力，加速了中国城市数字化转型的步伐，推动了与国际接轨的进程，确保了中国在全球智慧城市发展中的领先地位。

（四）挑战与机遇的依存共生

尽管我国在数字城市建设方面取得了一定的成就，但仍面临新形势和新挑战。这些挑战包括数据安全、数字鸿沟、技术创新等。为了应对这些挑战，我国需要在未来的发展中加强创新和合作，积极探索解决方案，以实现数字城市的可持续发展。

1. 新形势与新形态的兴起

目前，我国城市数字化转型正在快速迈向智能化、网络化和绿色化，

---

① 《全球智慧城市博览会开幕》，https://www.shanghai.gov.cn/nw4411/20231013/11b1de2bc 55b4fb4a39c8c97db00b013.html，最后访问日期：2024年7月26日。

② 《数字无锡建设斩获世界级奖项》，https://www.jiangsu.gov.cn/art/2023/8/31/art_87819_ 11003507.html，最后访问日期：2024年7月26日。

依托 5G、大数据、人工智能等技术，加速智慧城市建设，推动产业升级，实现高质量发展。在不同历史阶段，数字城市的发展受到不同驱动因素的影响，而在当今时代，创新已成为数字城市发展的核心推动力，且正在从以新兴技术为主导的驱动力向以数据为核心的驱动力转变。未来，优化城市服务的切入点将聚焦多元化数据的应用。

数据作为一种新的资产，正通过政府与社会的双向流动，推动城市构建大数据体系，形成许多新型治理模式。"数字乡村"和"数字孪生城市"概念的兴起正是这一趋势的生动体现。在数字乡村领域，数据驱动的治理模式可帮助农村地区实现现代化。通过收集和分析农业产量、气象数据和市场需求等信息，农民可以获得更加精准的种植建议，政府也能够制定更具针对性的农业政策和实施乡村振兴战略。而"数字孪生城市"这一更为前沿的概念，则通过创建城市的虚拟副本，实现对城市运营的实时模拟和分析。这种模式使城市规划者和决策者可以在虚拟环境中测试不同的政策和管理策略，在实际应用之前评估其潜在影响，从而有效提升城市管理的科学性与决策精准度。

2. 固有局限与现实挑战的交织

尽管数字城市的兴起显著提升了城市治理效率和市民生活的便捷性，但它的局限性同样不可忽视。首先，数字城市技术的工具性限制十分显著。算法依赖的数据往往来自带有偏见的人类行为，这不仅可能加剧已有的社会偏见，还可能导致数字城市在识别和解决问题时偏向短期目标，忽视长期的结构性变革需求。其次，数字城市的发展可能削弱个体的自主性。市民在使用数字服务时需要分享个人数据，这不仅缩小了隐私空间，还可能导致个体偏好被过度迎合与固化，从而削弱其自主选择的能力。最后，数字鸿沟问题日益加剧。数字技术的不平等分布使部分群体，尤其是低收入、偏远地区的人群和老年人群体，难以享受到数字城市带来的便利，导致数字红利的分配不均，进一步扩大区域、城乡和代际差异。

此外，我国在推进数字城市建设的过程中还面临多重现实挑战，主要包括信息安全、数据孤岛和经济效益三方面的困境。首先，信息安全问题亟须解决。随着城市数字化程度的提升，大量敏感数据在网络上传输和存储，增加了数据被非法获取和滥用的风险。如何确保数据安全、有效防范信息泄露和网络攻击，是数字城市建设中至关重要的议题。其次，数据孤岛现象限制了数据的共享与整合，不同部门、行业和企业之间的壁垒导致数据资源的利用效率低下，进而阻碍了城市智能化水平的提升。打破数据孤岛，实现数据的互联互通是未来必须攻克的难题。最后，经济效益的可持续性也是一大挑战。数字技术的快速发展需要持续的迭代更新，一些城市在推进数字化建设时未能全面评估成本效益，导致资金投入呈现一次性特征，难以应对后续的技术升级需求。因此，如何平衡短期投入与长期收益，确保数字城市建设的可持续发展，是政府和企业需要重点考虑的问题。

3. 在挑战中把握新机遇

数字化转型如同汹涌澎湃的海浪，虽然充满挑战，但我国正站在这股浪潮之巅，把握着新的发展机遇。首先，推动技术创新与融合发展。我国正加速5G、人工智能、区块链等前沿技术的集成应用，致力于打造全面互联的智慧城市生态系统。这不仅将大幅提升城市治理的智能化水平，还将孕育新的经济增长点和就业机会，为社会发展注入活力。其次，建立健全数据治理体系、完善数据安全和隐私保护机制，是确保数据资源高效利用与安全管理的关键。政府通过提升数据治理能力，可以增强公众对数字服务的信任，为数字城市的深入发展奠定坚实基础。此外，制定并推广统一的技术标准和规范，对于推动数字城市各领域的标准化建设至关重要。这有助于提高技术应用的一致性和规范性，降低技术应用门槛，使更多中小城市和企业积极参与到数字城市建设中。同时，加强政府各部门之间的协同合作，推动社会各界广泛参与，是应对数字城市建设复杂问题的有效途径。跨部门合作不仅能够整合资源，避免重复建设，还能提升整体效率，共同推动社会治理能力的提升。最后，提升市民的数字素养和技能是实现社会全面数字化发展的关键。政府通过教育培训和宣传推广，可使更多人掌握并使用数字技术，从而能够有效缩小数字鸿沟。数字教育不仅仅是技术普及的过程，更是培养公众数字思维与创新能力的重要途径。

在挑战中抓住机遇，中国将逐步构建一个更加智慧、高效和可持续的数字城市体系，为全球数字城市建设提供宝贵经验。未来的数字城市，不仅仅是科技的结晶，更是社会治理和经济发展的新引擎，将推动城市迈向更加繁荣和美好的未来。

第二章　数字城市的理念与内涵

"数字城市"一词最早由 Rheingold 于 1993 年在他的《虚拟社区》一书中提出。在这本书中，Rheingold 描绘了一个基于计算机中介通信的虚拟社区（张桦，2024），为后来的研究奠定了基础。随后，学者们对数字城市的定义进行了广泛的探讨和阐述。数字城市的核心理念在于融合技术与城市生活，确保技术进步能够切实服务于人类的需求。这一概念要求数字城市在建设中不仅仅是对技术的展示，更要深入理解和满足人类需求，促进人的全面成长和社会的整体发展。

一　数字城市的理念：以人为本的协同发展共同体

"以人为本"意味着数字城市的建设始终围绕人的需求展开，关注人的全面发展；而"协同发展"则强调城市内技术与技术之间、人与技术之间、多元主体之间及区域之间的协同合作，各主体共同推动城市的可持续发展。

（一）以人为本的数字城市

以人为本的数字城市强调在建设过程中始终将人民的需求放在中心，顺应并促进人的发展，确保城市建设为人民服务，城市发展成果惠及每一位市民。这意味着在整个建设过程中，每个决策和实施都紧密围绕人的需求展开，确保技术的进步真正服务于提升生活质量和幸福感。

1. 为人民而建的数字城市

人民是城市建设的主体，也是城市建设成果的共享者。1933 年通过的世界第一个城市规划纲领性文件《雅典宪章》强调，"对于从事城市规划的工作者，人的需要和以人为出发点的价值是衡量一切建设工作成功的关键"，并要求以人的尺度和需求来评估功能分区的划分与布局，为现代城市规划的发展指明了以人为本的方向（秦红岭，2009）。1981年，国际建筑师联合会第十四届世界会议通过的《华沙宣言》强调，"经济计划、城市规划、城市设计和建筑设计的共同目标，应当是探索并满足人们的各种需求"，这些需求包括生理、智能、精神、社会和经济等多个方面，且都同等重要，必须同时得到满足（秦红岭，2009）。在中国，党的二十大报告提出的"坚持人民城市人民建，人民城市为人民"，以及强调"推进以人为核心的新型城镇化"[①]，都体现了以人为本的城市发展理念。城市作为一个以"人"为核心的上位集合概念，其发展以"人的发展"为基础；一个城市中人们"可行能力"的发展水平，反映着这座城市的整体发展水平（马长发等，2020）。

数字城市作为一种新型的城市发展模式，其核心在于以人为本，即将人的需求置于城市发展的中心。在这种城市中，来自不同背景、文化和经济状况的多元人群，都能获得平等的发展机会。这一理念不仅关注居民的生产和生活需求，而且从宜居、宜业、宜创的多维度出发，全面考虑居民的各种需求和期望。数字城市通过打通政府后台数据，实现不同部门、不同行业场景和不同产业领域之间的数据共享与共治。数字城市为居民提供了一个高效、便捷的生活环境，使每个人都能在这个环境中找到适合自己的生存、生活和发展空间。

2. 数字城市要重视人的发展

以人为本的数字城市重视人的发展。城市的数字化转型不仅要推动数字技术赋能人们的生产和生活，为人们提供便捷高效的服务，还应增强人们的数字素养，促进城市居民的全面发展。一方面，数字城市建设应关注人们的发展需求，利用数字技术解决居民在生产和生活中遇到的痛点、堵点和难点，帮助他们获取更多发展机会与资源；另一方面，数字城市不仅

[①] 《习近平：高举中国特色社会主义伟大旗帜 为全面建设社会主义现代化国家而团结奋斗——在中国共产党第二十次全国代表大会上的报告》，https://www.gov.cn/xinwen/2022-10/25/content_5721685.htm，最后访问日期：2024年10月14日。

要体现以人为核心的发展导向，还应彰显人们在城市建设与发展中的主体地位，充分利用数字技术降低参与城市治理的成本，拓宽参与渠道，确保每位居民都能参与到城市数字治理进程中。此外，数字城市的发展还需警惕技术主义和数字形式主义的陷阱。首先，应避免技术应用带来的额外操作和繁复流程，这些可能会增加市民的技术使用负担。例如，过度数字化可能迫使居民学习新技能或适应新操作方式，尤其是对老年人等技术接触较少的群体，其生活负担可能因此加重。因此，数字城市的建设需要充分考虑用户体验，确保技术的易用性和包容性。其次，城市数字化转型应确保"脱虚向实"，即有效实现理论概念到实际应用的转变，避免过分关注技术形式而忽视实际效果和用户的真实需求。例如，某些城市可能过于注重技术的展示，在公共场所设置高级互动屏幕，而缺乏实用内容或友好的用户界面。这意味着数字城市建设不仅仅要追求技术的先进性，更要关注技术如何真正解决市民的实际问题，满足他们的需求。

数字城市作为城市建设的重要手段和发展必然阶段，应让数字技术与城市建设为人们服务。一方面，数字城市应厘清人们与技术的关系。在建设内容上，数字城市应从人们的实际需求出发，开发相应的数字技术以匹配服务场景，提升城市数字技术的转化率。在建设形式上，数字城市不仅应充分考虑数字优势群体与弱势群体的使用能力，兼顾线上与线下等多种服务渠道，还应兼顾服务效率与服务体验，以切实解决问题为落脚点，尊重不同群体的使用习惯，融合智能与人工等多种服务方式。另一方面，数字城市应脚踏实地、因地制宜。尽管数字技术具有普适性与通用性，但城市治理存在异质性与复杂性。因此，城市数字化转型应结合本地区发展目标、建设资源、数字基础和人们的需求等因素，有针对性地开发适合的数字治理技术，形成本地化的数字城市建设方案，避免由"唯数字化"和"唯技术论"导致的"千城一面"。

（二）协同发展是数字城市的特性

数字城市的协同发展依赖于技术的紧密整合，这是确保数据流畅流通和系统高效运转的关键。技术与人的协同发展需着眼于如何使技术更自然地融入人类的互动之中。此外，数字城市的协同还涵盖了政府、企业、社会组织和居民之间的有效合作。城市间和区域间的相互交流与经验借鉴，也是推动协同发展的重要方面。

1. 技术与技术的协同

在数字城市的快速发展中，新技术的协同作用正成为推动城市创新的关键。人工智能、物联网、大数据、区块链等前沿技术已逐步进入实用化阶段，并开始相互交织融合，共同创造出智慧城市的新场景。这些技术的交叉应用不仅拓宽了智慧城市的应用范围，还提升了城市管理的效率，增强了城市管理的效果。以智能交通为例，人工智能与物联网的结合可以实现交通流量的实时监控和预测，在通过安装在道路和车辆上的传感器收集交通数据后，人工智能可以分析这些数据，预测交通流量，并自动调整交通信号灯，从而优化交通流并减少拥堵。同时，区块链技术可以确保这些数据的真实性和安全性，防止数据被篡改。大数据与人工智能在智慧能源管理中的协同是另一个典型例子。通过收集和分析城市中各种能源使用的数据，人工智能可以识别能源消耗的模式和效率低下的区域。这些例子展示了不同技术之间是如何相互补充、共同推动数字城市的发展和进步的。通过这种协同作用，数字城市能够提供更高效、更可持续的服务。

2. 人与技术的协同

在数字城市中，人能够与智能技术及系统形成良好的交互与协作关系，从而使人的长处与技术的优点相结合，开启更多的可能性。一方面，人工智能具备卓越的数据处理和分析能力，通过快速分析大量数据、识别模式和趋势，可为人类提供深入的洞察和决策支持，并在处理复杂问题时增强人类的认知能力；另一方面，在面对组织决策中的不确定性和模糊性时，人类能够提供更全面、直观的解决策略（Jarrahi，2018），因为人类拥有丰富的经验和直觉，能够理解和处理复杂的人际关系与情感因素。例如，在城市安全和监控中，人类专家与人工智能系统可以共同参与决策与指挥。人工智能提供数据分析、模式识别和结果预测，而人类专家则运用自身的经验和直觉进行综合判断与决策。同时，人类可以预设规则和策略，使人工智能在遇到常见的安全事件时能够自动响应和处置。总之，数字城市中的人机协同不仅提高了人类的工作效率和决策质量，还拓展了人类的能力范围，使人类拥有更多的可能性。

3. 多元主体间协同

数字城市的发展需要多元主体共同参与城市建设与社会治理，以构建共建、共治、共享的城市数字社会治理体系。首先，数字城市要求政府发挥统筹协调作用，政府不仅要设立城市数字化转型工作小组等以提供组织保障，还需给予财政资金等要素支持，系统规划数字城市的发展目标及阶段，建立健全跨区域、跨部门、跨层级的联动机制，充分调动其他社会主体的积极性。其次，数字城市需要激发市场主体的活力，既要扶持具有独特竞争优势和强大创新能力的数字产业和数字企业，做大、做强、做优城市数字经济，也要引导科技型企业积极参与数字城市的技术研发与应用，以为城市数字治理提供技术支撑。最后，数字城市的建设离不开市民的广泛参与，需要充分激发市民的主体性和主人翁精神。一方面，市民是数字城市的使用者和受益者，市民的诉求和在事务办理过程中的反馈意见将成为数字城市改进工作的重要依据；另一方面，借助数字城市建设提供的包容性、多元参与渠道，不同群体可以发挥自身的认知优势和行动优势，促成自下而上的基层探索。此外，社会组织、科研机构等也是数字城市建设的关键行动主体，它们为更好地实现数字城市的发展目标提供技术支持和建设方案。

4. 区域合作与协同

在数字城市的发展中，区域间的协作与合作已成为推动城市进步的核心动力，主要体现在先进城市间的合作与城市群之间的协同两个方面。对于先进城市而言，这种协作主要体现在以下几个方面。首先，加强交流与合作。通过定期举办联席会议和签署合作协议，先进城市可明确各自在共同发展中的角色、责任和合作模式。这种交流机制促进了城市间的共识形成，加快了协同发展的步伐。其次，共享数字资源。通过建立资源共享平台，先进城市可实现数据、算法和计算能力的互通与共享。这种资源共享不仅提高了城市间的协作效率，还推动了创新技术的快速发展。再次，构建数字产业链。围绕产业链的关键环节，先进城市可加强上下游企业间的合作，形成完整的数字产业链，提升整体竞争力。这种合作推动了产业链的优化和升级，促进了数字经济的持续增长。最后，联合进行数字技术研发。先进城市可设立联合研发基金和共建研发机构，加强科研合作，促进技术成果的转化和应用。这种研发合作推动了科技创新，为数字城市的发展提供了持续的动力。

在先进城市与中小城市构成的城市群中，协同效应主要体现在大城市对中小城市的带动和引领作用等方面。作为区域经济发展的核心，大城市通过共享资源、技术和经验，积极推动中小城市的数字化进程。例如，大城市的高新技术企业和研发机构可以通过合作项目、技术转移等方式，帮助中小城市提升产业技术水平，推动产业升级。同时，中小城市依托数字技术，突破了传统产业在时间和空间上的限制，融入更广泛的市场，并与大城市共享发展成果。此外，数字技术的应用还促进了中小城市的旅游、文化等服务业的发展，吸引了更多游客和投资，从而进一步推动了经济增长。这些发展可帮助中小城市克服地理劣势，增强对人才的吸引力，实现区域内城市的共同繁荣与发展。

二 数字城市的内涵：技术驱动的城市变革与重塑

在技术驱动下，数字城市在生产生活、公共服务和城市治理等方面迎来了深刻变革。在生产生活方面，智能化技术的应用为居民提供了更便捷、更舒适的生活，同时大幅提升了生产效率与智能化水平。在公共服务方面，数字城市的建设革新了居民获取政务服务的方式，使技术能够赋能多种生活场景，提升服务的便捷性与效率。在城市治理方面，数字城市重塑了治理模式，通过融合社会服务与政府管理，推动智能决策与公众参与，实现了更高效的城市管理和治理效果。

（一）生产生活的变革

对于个人而言，技术带来的变革主要体现在生活方式的改变上。技术极大地提升了市民生活的便捷性、灵活性和丰富性，从而有效提高了生活质量。对于产业而言，生产的全流程在技术的支持下焕然一新，生产力得以进一步解放，经济因此迸发出强大的活力。

1. 个人生活的变革

新技术的飞速发展为个人生活带来了前所未有的革新。在劳动关系方面，机器和人工智能的发展使越来越多的人从繁重的体力劳动中解放出来，催生了许多脑力型、线上型、创造型的新型工作岗位。人们可以通过云办公在家工作，不再需要每天往返于公司和家庭之间，从而能够更灵活地安排工作和生活。在家居生活中，物联网技术的应用使家居设备能够实现互联互通，人们可以远程控制家中的电器设备，实现智能化管理，从而显著提高了生活的便利性和品质。在交通出行方面，5G 服务的高速率和低延迟特性促进了自动驾驶技术的发展，使人们能够通过智能交通系统实时查询路况、进行智能导航，从而大大提高了出行效率。在信息服务领域，多样化的应用程序和小程序已成为日常生活中不可或缺的工具，信息化服务模式在公共服务领域的广泛应用逐渐取代了传统服务方式，极大地提升了生活的便捷性。在生活娱乐方面，VR 和 AR 技术为个人娱乐、教育和购物体验带来了革命性的变化。VR 在教育和医疗领域的应用为个性化学习和心理治疗提供了新的途径，而 AR 技术则使现实世界变得更加丰富和智能。随着新技术的不断发展，人们在数字城市中的生活将更加美好。

2. 产业变革

在数字城市中，产业正经历着深刻的变革，这一变革不仅体现在企业层面，还深刻影响了整个城市的经济系统。首先，企业在研发和设计环节实现了智能化。通过数据分析技术和人工智能算法，企业能够更加精准地把握市场需求，快速研发出符合市场需求的产品，从而缩短产品研发周期，并为城市经济提供数据驱动的决策支持。其次，制造环节的智能化和自动化进一步推动了企业生产效率的提升。智能制造技术和自动化设备的引入不仅使定制生产成为可能，还为整个产业链的智能化升级奠定了坚实的基础。在企业运营环节，智能化的应用同样取得了显著进展。通过虚拟运维技术，企业可以实时监控设备运行状态，及时发现并解决问题，提高设备的运行效率和使用寿命。这不仅提升了单个企业的运营效率，也增强了城市经济系统的整体稳定性。再次，数据平台的应用使市场运行状态能够实时、全景式呈现，可帮助企业制定更加精准的市场策略，也为政府提供了监控和管理城市经济的有力工具。最后，产业链协作加强，并通过数据平台实现了信息共享和协同工作，不仅提升了单个企业的竞争力，还促进了城市经济系统内资源的优化配置和产业的协同发展。通过这些变革，数字城市中的产业体系得以不断优化，进而推动城市经济的整体进步。

（二）公共服务提供方式的重塑

在数字城市中，公共服务对居民来说变得触手可及、更加人性化且多样化。通过智能技术，城市能够充分考虑并满足不同生活场景中的居民的需求，使城市生活变得更加便捷和舒适。为了深入理解这一变革，可从两个关键方面进行探讨：一是政府服务模式的革新，二是数字科技在各种生活场景中的赋能。这两个方面相辅相成，共同推动了数字城市公共服务的进步和城市治理的现代化。政府服务模式的革新不仅为科技赋能的新生活模式的出现和普及提供了必要的数字基础设施和政策支持，还进一步促进了政府服务的持续创新。

1. 政府服务模式革新

在数字城市的背景下，政府服务的提供形式正在经历深刻变革。首先，通过物联网技术和智能传感器等数字化手段，政府能够更加精准地监测和管理城市环境基础设施，实时收集和分析城市运行数据，从而实现基础设施的科学配置与优化管理。这些技术的应用不仅提升了城市管理的效率，还增强了公共服务的透明度和可访问性。其次，政府通过整合和分析海量信息，建立起了一套高效的应急管理机制。这套机制包括对各类突发事件的快速响应、对潜在风险的预警、对应急资源的合理调配及对科学应急决策的支持。基于数据的决策支持系统极大地提升了政府在应对紧急情况时的反应速度和决策质量。此外，各省份积极推动政务服务向移动端延伸，实现了政务服务事项的"掌上办""指尖办"。这意味着政务服务不再局限于实体政府和服务大厅，而是转变为"线上政府"和"24小时不打烊"的虚拟政府形式，使市民可以随时随地办理各类政务服务事项，不再受时间和空间的限制。这种转变不仅提高了政务服务的效率，还提升了公众对政府工作的满意度。数字城市中的政务服务将变得更加智能化、便捷化和个性化，可为市民提供更高质量的服务体验。

2. 数字科技赋能生活场景

在数字城市的浪潮中，数字科技正为居民的各种生活场景注入新的活力，普惠应用在医疗、教育、养老、抚幼、就业、文体、助残等多个领域。首先，在线医疗的兴起使居民能够足不出户便享受优质医疗服务。通过在线咨询、远程诊断和电子处方等功能，居民可以随时随地与医生沟通，获得专业的医疗建议和治疗方案。其次，云上教育的推广打破了地域和时间的限制，使学习变得更加灵活、便捷。居民可以通过在线教育平台，根据个人需求和兴趣，选择合适的学习内容和时间，从而实现优质教育资源的共享，提升教育的公平性和质量。再次，数字养老服务的推出让老年人的生活更加舒适和安心。智能设备和健康管理系统使子女和养老服务人员能够实时了解老年人的健康状况和生活需求，从而提供个性化的养老服务。最后，线上和线下融合的新零售模式和智慧文旅服务为居民带来了全新的购物和旅游体验。新零售模式通过线上和线下的结合，为居民提供更便捷的购物体验；而智慧文旅服务则通过智能导览和虚拟现实体验，让居民在旅游过程中获得更丰富的文化体验和更高效的服务。总之，数字城市正在深刻改变居民的生活场景，利用数据和算法的力量，主动、精准、个性化地为居民提供更智能、更便捷、更贴心的服务体验。

（三）城市治理模式的革新

在数字城市的背景下，城市的治理模式正经历深刻的变革。一方面，人们享受着数字社会带来的便利；另一方面，市民的生活逐渐融入数字政府的治理框架中。数字社会致力于构建以人民为中心的智慧治理体系，而数字政府则专注于提升政府管理和服务的智能化水平。尽管数字经济也是数字城市的重要组成部分，但本节的讨论主要聚焦治理模式，因此不包括数字经济的内容。

1. 多元主体参与

在数字社会方面，多元主体通过智能化基础设施和网络平台，共同推动智慧社区的建设和公众参与，实现城市治理模式的创新与转型。首先，物联网感知设备和通信系统等被纳入公共基础设施的统一规划和建设，以实现城市基础设施的智能化和高效化。其次，依托社区数字化平台和线下社区服务机构，智慧社区让人们能够生活在便民惠民的智慧服务圈中，享受线上和线下融合的社区生活服务、社区治理和公共服务。再次，在公众参与和民主监督层面，借助网络平台，公众可以进行交流，并实时向政府提出关于城市发展和治理的建议。网络平台提供了一个平等的沟通空间，有效降低了信息交换的成本，促进了社会群体对社会治理和公共事务的更广泛参与，保障了民主决策和监督的过程。最后，社会组织在数字社会中扮演着更加积极的角色。它们利用数据驱动的环境，通过创新社会服务和管理模式，与政府和企业合作，共同推动数字城市治理模式的转型和发展。

2. 治理精准化、智慧化

在数字政府方面，城市治理正迈向精准监控与智慧治理的新高度。目前，政府正在完善城市信息模型平台和运行管理服务平台。前者是一个集成化的信息管理平台，能够收集并分析城市中的各类数据，包括交通、环境、人口、经济等多个领域的信息。后者则是一个更加动态、实时的平台，能够实时监控城市运行状态，及时响应和处理各种城市问题。此外，政府正在构建城市数据资源体系，推动城市数据大脑的建设，实现对城市运行数据的实时收集、分析和应用。通过这些平台和体系，政府可以更加精准地把握城市运行状态，制定更科学合理的城市治理策略，并有效提供定制化的公共服务。同时，数字孪生技术的应用为城市治理模式的创新提供了新的思路。数字孪生技术是一种基于虚拟现实和大数据分析的技术，它能够创建一个与物理世界相对应的虚拟城市，即"数字孪生城市"。通过"数字孪生城市"，政府可以在虚拟空间中模拟和优化城市治理，从而实现对城市运行状态的智能监测和预警。这种模拟和预警功能能够帮助政府提前发现问题，从而更加精准和高效地进行城市治理。

第二部分

数字城市的构成要素与运行机制

数字城市的构建是一个系统工程,它依赖于多个关键要素的紧密配合与高效运行。本部分将详细阐述数字城市的构成要素与运行机制:数据资源与数字基础设施作为底层支撑,为城市的运作提供源源不断的动力;数字经济、数字社会与数字政府构成了数字城市的主体框架,它们之间相互促进、深度融合,共同推动城市的数字化转型。

第三章　数字城市的结构与功能

数字城市是城市发展的必然趋势，推动了城市治理与服务方式的变革。数字城市以数据资源和数字基础设施为基础，通过构建城市数字底座，为城市治理提供有力支撑。数字城市的治理体系涵盖数字经济、数字社会和数字政府三个重要领域。数字经济是数字城市的经济支柱，通过数字产业化和产业数字化，促进城市经济的高质量发展；数字社会是数字城市的社会基础，通过构建数字化公共服务体系，提升城市居民的生活品质；数字政府是数字城市的治理核心，通过政府的数字化转型，提高城市的治理能力和治理水平。数字城市的最终目标是通过数字化手段，优化城市资源配置，提供优质公共服务，推动城市和谐发展，以满足人民对美好生活的需求（见图3-1）。

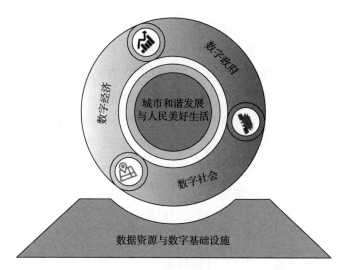

图3-1　数字城市的结构

一 基础：数据资源和数字基础设施

数据资源和数字基础设施是数字城市的基础，分别构成了数字城市的血液和骨架。数据资源作为数字城市的血液，源源不断地为城市的运行和发展提供动力；数字基础设施作为数字城市的骨架，支撑着城市的结构和形态，并确保数据资源在城市中的高效流动。这两者相辅相成，为各个治理领域提供了坚实的支撑，为城市的数字化转型注入了持续的动力。

（一）数字城市的核心要素

数据资源是数字城市的核心要素，既是基础性资源，也是战略性资源，更是重要的生产力。它承载着城市各领域的海量信息，蕴含着巨大的价值和潜力。通过有效挖掘和利用数据资源，城市能够更加准确、科学地把握发展方向，优化资源配置，推动产业升级，从而提升城市的治理能力和治理水平。这种数据驱动的方式不仅为城市的可持续发展提供了强有力的支撑，也为居民带来了更加智能化和便捷的生活体验。

1. 数据资源的内涵及特征

数据资源是指所有可供人类利用并产生效益的记录信息的总称，属于一种社会资源。作为一种储备，数据资源侧重于原始数据和信息的集合，而经过处理、分析并能带来经济利益的数据资源则被称为数据资产。这些具有明确经济价值的数据资源也是数据资产的重要组成部分。数据资源的出现标志着人类社会从工业社会向信息社会的转变。

数据资源作为一种新型资源，具有与传统资源不同的特性，包括无形性、可变性、社会性和共享性等。在无形性方面，数据资源因其非物质性和无形性而被传统物权所排斥，因而可以近乎零成本、快速、无限次地复制，并可以突破时空限制为社会公众所共享。在可变性方面，数据资源总是处于变化之中，数据流通过程中的每一个事物特征和活动状态都有可能形成新的数据资源。同时，数据资源也会根据市场主体的不同需求或数据生命周期发生相应的变化。在社会性方面，数据资源参与到整个社会关系中，但其获取、处理及利用总是与对数据资源有需求的社会主体密切相关。人类认识和掌握数据资源的过程也是一个社会化的过程。在共享性方面，数据资源在使用上具有非竞争性和非排他性，即一个人使用特定数据资源并不会妨碍他人使用相同的数据资源。因此，数据资源可以被视为一种公共物品，其本质在于分享与流通。

2. 数据资源与数字城市的关系

数据资源是发展数字城市的基础资源和关键要素。在推进数字化建设方面，数据资源是支撑数字城市发展的关键，建设城市数字底座的核心任务就是梳理海量复杂的城市管理数据。

数字城市需要在一定的基础设施和公共服务的支撑下，通过对海量数据资源进行多维度的存储、记录、加工运算和流转运用，提升经济社会发展的质量和治理服务水平。数据资源作为新型生产要素，将深刻影响城市的经济发展、社会运行和公共治理方式。

首先，数据资源的开发和运用有助于提升城市公共服务及合作治理水平（见图3-2）。数字城市在建设过程中，要注重数据资源的安全有序开放与共享，为数据要素的汇集和资源整合应用提供平台。这有助于推进城市数据资源的开发利用与价值实现。此外，数据资源也有助于提升政府的治理水平与服务效能。通过与企业、社会组织等深入合作，政府能够基于跨部门、跨系统的数据统筹管理，搭建支持精准化决策的"城市大脑"等智能平台，从而提升城市在公共交通、医疗、教育、文化及政务服务等各领域的公共服务水平。数据资源可使在线和实体的各类民生保障服务场景更加紧密地连接，使居民需求得到及时响应和反馈，从而进一步提升政务服务质量。

其次，数据资源开发过程中的要素深度融合可能会改变城市原有的由要素禀赋结构所决定的比较优势，催生新的产业发展机遇，如形成数字制造、数字服务等新兴的数字产业集群。数据资源的开发能够推动传统产业的数字化改造，激发企业在智能化制造、个性化定制及网络化协同等方面的创新能力，带动产业在生产模式和组织形态等方面的变革，实现产业优化升级。城市数据资源的海量汇集与交互，可以持续支持人才及团队在市场中广泛开展创造性尝试，成为创新的关键动力。依托城市的基础设施投入、交流合作环境及空间区位优势，数据资源能够在数字经济条件下进一步发挥成本优势和提升信息辐射能力，从而有助于城市在开放条件下形成新的竞争优势。

最后，数据资源不断推动城市管理智能化应用场景的开发与城市创新生态的培育，为数字城市的发展创造机遇。数字城市建设借助数字基础设施和数据资源的优势，按照提高生产能效、改变工作方式、方便群众生活等主要标准，推动打造一批可复制、可推广的智能化应用场景。这些应用场景涵盖交通管理、环境保护、公共安全、民生服务等多个领域，为提升城市治理能力奠定了坚实的基础。例如，城市通过分析实时交通数据，可以优化交通信号灯的控制策略，减少交通拥堵；通过分析空气质量监测数据，可以精准预测空气质量的变化，并及时发布预警信息。

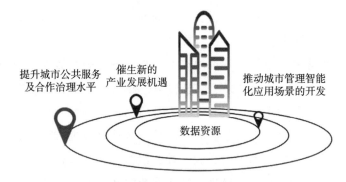

图 3-2 数据资源与数字城市的关系

（二）数字城市的底层架构

数字基础设施是数字城市的底层架构，顺应了网络化、数字化、智能化的发展趋势。它贯穿于城市的各个角落，为数字城市的多领域、全方位发展提供了坚实的平台和可靠的保障。同时，数字基础设施为数据的采集、传输、存储、分析和应用提供了技术支撑，促进了信息的流通与应用。

1. 数字基础设施的内涵及特征

数字基础设施是在新一代信息通信技术蓬勃发展的背景下被提出的，主要包括信息基础设施建设和物理基础设施改造两个部分（见图 3-3）。它主要涉及以网络通信、大数据、云计算、区块链、人工智能、量子科技、物联网及工业互联网等数字技术为核心应用的新型基础设施。数字基础设施是信息基础设施建设和物理基础设施数字化、网络化、智能化转型所构成的新型基础设施体系，也是现代化经济体系的重要支撑。

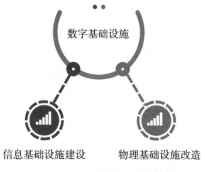

图 3-3　数字基础设施的构成

随着新一代信息技术与实体经济的深度融合，数字基础设施将呈现以下几个显著特征。

一是网络基础设施将从泛在互联向高速优质互联演进。经过多年的建设，我国网络覆盖范围的扩大和网络性能的提升，为数以亿计的数据快速交互提供了条件。万物互联带来的网络效应愈发凸显，这为工业互联网、远程医疗、智慧城市等领域带来了巨大的想象空间。在 5G 网络的高速率、低时延、大容量应用特性的驱动下，不仅通信领域的芯片、模块、基站、运营等产业链环节将迎来更新，各行业数字化转型需求也将快速增长。以 5G 为代表的数字基建，将成为我国经济持续增长和高质量发展的重要动力源。

二是数据基础设施将从计算资源供给向数据价值交互转变。云计算作为一种优化资源配置和按需获取的服务方式，不仅推动了数据中心建设数量的增长，也因其高度灵活、易于扩展的优势迅速改变了诸多行业的应用模式。区块链、智能合约、数据沙盒等技术的普及，进一步丰富了数据基础设施的内涵，为数据安全可信交换、数据价值度量与传递，以及数据的全生命周期管理与治理提供了新的工具。新型数据基础设施将为数据所有者（数据拥有主体、数据生产者）、管理者（数据传输者、算法管理者、数据治理者）与使用者（数据应用者）构建起实时精准、可信交换、全程全景、完整可溯的数据支持体系。这不仅意味着更强的数据采集、传输、处理、应用和安全能力，也意味着为数据赋值、为管理赋权、为应用赋能将成为现实，以数据为核心要素的数字经济将蓬勃发展。

三是应用基础设施的平台化、智能化、服务化特征将更加明显。泛在和高速的网络互联与安全可信的数据交互为行业数字化转型奠定了基础，人工智能与行业应用的融合度将进一步提升，面向垂直行业的数字化平台将快速兴起。数字化企业将围绕工业生产和设备运维，将数据利用的重心从企业管理向生产控制和产品服务侧转移。依托状态感知、数据关联、智能算法和强大的算力，工业生产效率、产品工艺水平和系统运维水平都将得到极大提升，面向细分行业应用的智能化软件和平台化服务将迎来良好的发展机遇。

2. 数字基础设施与数字城市的关系

数字中国建设要求夯实数字基础设施和数据资源流动这"两大基础"。数字基础设施通过发挥"数字"生产要素的显著纵深渗透和集约整合功能，对传统基础设施进行改造和赋能。而数据资源流动则立足于数据要素的资源化、资产化、资本化的价值转变，实现数据的高效配置。数字基础设施作为数据资源流动的物质载体，为数据资源流动提供了底层架构和技术支持，保障了数据资源的使用价值。与此同时，数据资源流动也放大了数字基础设施的资产价值，为数字基础设施建设布局提供了战略指引，将数字基础设施引向数据资源流动的堵点、痛点、难点。两者共同构成了数字中国建设的动脉循环系统，有力支撑起数字中国建设的全局。

加强数字基础设施建设有利于推进数字底座的构建，为城市数字化转型提供数据支撑、技术赋能和平台服务。加强数字基础设施建设可筑牢数字城市建设的基石。目前，我国以 5G、光纤宽带、数据中心等为代表的数字基础设施建设正不断加快，已经建成了全球最大规模的 5G 网络及光纤网络，为数字城市建设提供了重要支撑，畅通了各类城市服务渠道，整合了资源并提升了资源利用效率，推动了城市治理的数字化转型，提高了居民的生活质量。

在全球范围内，在以新一代信息技术为代表的科技革命加速演进的背景下，数字基础设施的战略地位和基础作用日益凸显。一方面，数字基础设施赋能城市治理与产业升级。随着数字化技术的不断涌现和数字基础设施的日益完备，许多新兴技术正在涌现，这些技术正在改变城市建设思路及治理模式，全面开启数据价值化的红利空间。在此过程中，数字城市建设中现代化治理平台的涌现与不断优化，实现了城市数据与资源的融合，形成了共融共生的发展生态，为经济发展和数字政务提供了源源不断的动力。同时，数字基础设施也为产业升级提供了强大动能。作为数字经济发展的核心驱动，数字产业正在成为各地谋划产业发展的共同选择。其中，各地对云计算、人工智能、工业互联网等领域的政策支持和资金投入持续增加。另一方面，数字基础设施也助推了"双碳"目标的实现。在"双碳"背景下，数字基础设施能够与众多民生产业形成联动，从数据中心向超级能源综合体迭代升级，直接或间接产生的产业增加值将成倍增长，并赋能市政管理、城市储能管理、生态农业、体育休闲等多个领域，形成数据中心与多场景的能源交互、联动发展。各地可顺应推进数字基础设施的绿色化、智能化、集约化发展，打造绿色、低碳数据中心，通过氢能源、液冷、分布式供电等新技术，强化存量数据中心的绿色技术应用和改造。

二　体系：数字经济、数字社会、数字政府

数字城市治理体系包括数字经济、数字社会和数字政府三大关键内容。数字经济为数字社会和数字政府提供技术条件和经济支持，数字社会是数字经济和数字政府的落脚点，而数字政府则为数字经济和数字社会提供良好的制度支持和发展环境。三者紧密结合，推动城市数字化转型，为城市的可持续发展和人民美好生活提供有力支撑。

（一）数字经济

数字经济作为经济发展的新引擎，为数字城市建设提供了强大的技术支撑和产业支持。它推动城市强化技术应用，促使城市管理更加智能化、精细化和高效化。同时，数字经济推动了城市产业升级，激发了城市的创新活力，最终提升了城市的竞争力、创新力和可持续发展能力。

1. 数字经济的内涵

数字经济以数据资源为关键要素，以现代信息网络为重要载体，以数字技术创新应用和全要素数字化转型为主要驱动力，深度嵌入各行业、各

领域，促进结构优化、效率提升和治理转变，全方位变革发展模式，形成了新型经济形态。1996年，唐·塔普斯科特在《数字经济：智力互联时代的希望与风险》一书中提出了"数字经济"的概念。2016年，G20杭州峰会通过的《二十国集团数字经济发展与合作倡议》进一步明确了数字经济的概念，这也标志着我国正式提出数字经济的概念。

数字经济包括产业数字化和数字产业化。数字产业化是指实现数据要素的产业化、商业化和市场化，将数字技术应用于非生产性增值活动，催生一批新型产业，如信息技术服务业、互联网行业等。产业数字化则是指将数字技术应用于生产性增值活动，利用现代数字技术对其他产业活动进行全方位、全角度、全链条的改造，使数字技术与实体经济深度融合，推动产业模式变革，实现降本增效。数字产业化是数字经济的基础，是数字技术的产业化演进；产业数字化则是数字经济的延伸和实践应用，是数字化成效的体现。

数字经济作为一种新型经济形态，是信息经济的高级阶段。它与传统经济在基础设施、生产要素、生产和服务方式等方面存在显著差异，与农业经济、工业经济等经济形态并列，对整个经济社会具有革命性、系统性和全局性影响。数字经济不仅通过数字技术的应用推动经济发展模式的变革升级，还能促进技术创新，实现更深层次的工具智能化和数据要素化，提供智能化的创新性生产服务。数字经济通过数据挖掘匹配个性化需求和跨产业数据融合共享，推动更深层次的商业变革和产业创新。

2. 数字经济与数字城市的关系

数字经济是城市创新和高质量发展的重要动能。以数字技术为基础支撑、以数字经济为发展引擎、以城市数智化为运行基础的新型数字城市成为城市发展的新方向。一方面，数字经济是数字城市建设的核心，数字技术的持续应用可以促进数字技术与实体经济的深度融合，赋能传统产业转型升级，推动城市经济发展。同时，数字经济中的数字化变革还催生了新兴产业和新业态，如电子商务、人工智能和云计算等，为城市经济注入了新的活力。此外，数字经济的发展为城市提供了更多的就业岗位和机会，推动了居民生活水平的提升，从而保障了城市治理的稳定有序。另一方面，数字城市是数字经济的舞台和载体。数字城市利用数字技术，实现城市治理、公共服务、交通运输和能源管理等领域的智能化和信息化，从而提升城市运行效率和管理水平。数字城市夯实了包括智慧交通系统、智能能源网络和大数据中心等在内的新兴数字基础设施基座，为建立更加公平透明、扁平高效、协同共赢的生产关系提供了坚实的支撑。同时，数字城市也为企业发展提供了创新的生态环境和舞台，促进了数字经济的健康发展。

　　数字经济与数字城市密不可分、相辅相成，共同推动城市的发展与变革（二者关系见图3-4）。伴随数字经济的发展，城市产业结构不断得到优化升级，资源浪费和环境污染问题得到缓解，从而进一步推动了城市经济的绿色转型。数字城市的建设提升了城市的智能化水平，提高了资源利用效率，从政策环境和基础设施等方面为数字经济的发展提供了保障。数字经济与数字城市的互动促进了城市的发展与变革，实现了经济增长与生态保护的双赢。

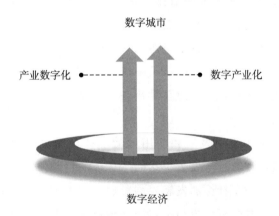

图3-4　数字经济与数字城市的关系

　　数字经济在产业数字化和数字产业化两方面为城市发展带来了机遇，也给城市发展带来了挑战。一方面，通过互联网新技术对传统产业进行全方位、全链条的改造，能够有效提高全要素生产率，发挥数字技术对经济发展的放大、叠加和倍增作用。另一方面，数字经济不仅改变了传统生产方式、提高了资源配置效率，还创造了全新的产品和服务模式，形成了新的经济增长点。数字经济是未来的发展方向，在新一轮科技革命和产业变革中，城市要立足新发展阶段，贯彻新发展理念，构建新发展格局，顺应数字技术的特点，遵循数字经济发展规律，以科技创新和数字化变革催生新的发展动能，不断获得科技创新能力的支持，实现数字中国建设的目标。

（二）数字社会

数字社会作为社会发展的新形态，为数字城市提供了精准化、智能化的公共服务，促进了城市运行的和谐与稳定。通过数字社会建设，城市管理者能够实时收集和分析各类生产、生活数据，从而提供多样化和个性化的公共产品和公共服务，做出更加科学、合理的决策。城市市民和组织能够通过数字平台参与城市建设，实现"人民城市人民建"的目标。

1. 数字社会的内涵

数字社会旨在满足群众对高品质生活的需求，并实现社会治理的现代化。它通过与社会治理相关的数据、模块及应用手段，为群众提供全链条、全周期的多样化、均等化、便捷化的社会服务，并为社会治理者提供系统化、及时、高效和开放的管理方式，最终形成一个更加公平、安全和美好的社会形态。"十四五"规划明确指出，要适应数字技术全面融入社会交往和日常生活新趋势，促进公共服务和社会运行方式创新，形成全民畅享的数字生活。

现代信息技术的迅速发展和应用推动了社会向数字化和智能化的转变。数字社会基于现实社会发展，拓展了传统的物理空间，实现了传统空间的数字化重构。数字社会的发展深刻影响了个人的生活方式和政府的治理方式，优化了资源配置，提高了资源利用效率，促使各种社会力量参与城市治理，提升了城市治理的民主化和科学化水平。

在数字社会转型的背景下，城市治理逐渐呈现不同于以往的发展趋势。信息技术为城市治理提供了有力的工具，并推动了传统治理模式的转变，主要体现在以下两个方面。一是参与治理主体的增加与参与积极性的提升。在数字社会，人们可以依托网络平台进行互动，及时向政府反馈治理问题和提出城市发展建议，实现更广泛的民主参与和监督。网络平台提供了一个平等协商的空间，降低了信息交流成本，提高了社会治理主体的参与度，促进了多元化参与主体的形成，激发了社会力量参与治理的积极性。二是政府提供精准公共服务的能力增强。网络空间的匿名性使得居民的意见和诉求更加真实，政府可以收集这些数据，以此调整公共服务的供给，营造更为舒适和精准的数字城市环境。城市治理形式逐渐摆脱了物理空间的限制，表现为在特定场景下提供适配的信息或服务。社会组织也可以在这一数据环境下更好地参与社会治理，实现协同治理下的数字城市转型发展。

2. 数字社会与数字城市的关系

数字社会为城市治理提供了先进的技术工具，为城市市民提供了更优质的公共服务、创造了更便捷和更舒适的生活环境，也为市民和有关组织的社会参与提供了广泛的机会，进而促进了数字城市的发展。数字社会与数字城市的关系见图3-5。

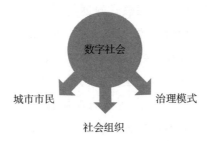

图3-5 数字社会与数字城市的关系

首先，数字社会的兴起为城市中的市民个体提供了更加便捷、高效的服务，主要体现在以下三个方面。一是丰富民众的日常生活。商贸服务业的数字化水平提升、传统商贸服务业的数字化转型、新兴生活服务平台的兴起，有助于满足民众的个性化需求；文旅领域的数字化转型使数字化体验产品不断更新，文化旅游场所的数字化改造也有利于实现更好的文旅体验。二是提升民众的生活品质。数字技术推动了生活服务社区的建设和数字便民街道的打造，为市民营造了更智慧、更便捷的生活环境；同时，数字技术推动适老助残应用和服务平台的开发，为社会弱势群体提供了更为便捷的公共服务渠道。三是促进城市服务共享。教育的数字化融合能够向民众提供优质的数字培训资源，加快知识信息的流动，提升全民的数字素养与技能水平，进而推动数字城市的建设；数字技术与医疗服务的结合，优化了医疗信息流通流程，为医用机器人、智能急救车、智能巡诊车、智能医疗设备等产品的研发提供了支持，从而更好地满足了人民群众对医疗服务的需求。

其次，数字社会为社会组织提供了更加高效、智慧的运作方式，主要体现在以下两个方面。一是推动社会组织自身战略转型。数字社会平台的建设推动了社会组织规范性的提升；数字技术还可以监测社会组织的健康有序运转，为社会组织的决策者提供了一站式支持。二是提升社会组织参与社会治理的能力。通过数字化平台，社会组织可以更快速地传播信息，吸引成员参与活动，扩大自身影响力。同时，社会组织可以更好地管理内部事务，提高治理效能，实现自身使命。此外，数字社会为社会组织提供了更多资源获取渠道，如网上众筹、公益捐赠等，从而使社会组织能够更加有效地筹集资金和资源，推动城市社会的发展。

最后，数字社会对城市治理模式的创新起到了重要的推动作用，与数字社会相伴而生的是治理价值的转变，这一转变推动了政府部门在社会治理模式上的创新，进而推动了数字城市的建设和发展，主要体现在以下三个方面。一是治理价值的转型。在技术赋能的背景下，多元主体通过数字技术手段，改革社会治理方式，创新治理流程，推动社会治理创新与变革。二是推动政府内部的治理升级。数字技术使政府能够更加精准地了解民众的需求和意见，制定更加符合民意的政策，更快速地响应民众的需求，并更精确地预测未来社会治理中可能存在的风险。三是提供更多治理手段和工具。大数据分析、人工智能等技术，使政府、组织、公民等多元主体能够更加科学地发现问题、共同应对，赋予民众更多的参与权，从而提升社会治理的效能和水平。

（三）数字政府

数字政府作为现代城市治理的重要手段，为数字城市提供了科学化、精细化、智能化的治理方式，促进了数字城市的稳步发展。通过技术应用，数字政府能够全面收集、整合和分析城市运行数据，从而提升城市治理的能力、效率和水平。

1. 数字政府的内涵

数字政府是数字中国的重要组成部分，是政府治理现代化的标志与载体。从定义上看，数字政府是将政府事务活动数字化并存储于云端，保障政府事务在数字化、网络化的环境下展开的政府存在状态和政府活动实现形式（何圣东、杨大鹏，2018）。数字政府是信息技术革命的产物，也是工业时代向信息时代演变所产生的新型政府形态（王伟玲，2019）。与电子政务相比，中国的数字政府建设在核心目标上立足于推进治理现代化，在顶层设计上依循数据范式，并将"对数据的治理"纳入政策议题范围，在业务架构上日益趋向平台化模式，在技术基础上则向智能化升级（黄璜，2020）。基于此，数字政府的概念可以重新被界定为：在技术层面，数字政府是基于数字技术以更有效率的方式分配信息的体现；在组织层面，数字政府是政府基于数字基础设施进行赋能、协同与重构的结果。

从内容上看，数字政府涵盖了多个方面的内容，如政府办公自动化、政府实时信息发布、各级政府间的可视远程会议、网上公共服务、网上查询政府信息、数据开放、电子化民意调查、社会经济运行监测、预警和调控，以及社会防攻击、防泄露、防窃取等风险的监测、预警、控制和应急处置等（何圣东、杨大鹏，2018）。数字政府是一个通过网络交互不断完善政府与民众及其他治理主体之间关系，提供订单化服务并预见社会需求，具有服务前瞻性、机动性和互动性的多部门社交化网络协同的高效政府（张晓、鲍静，2018）。周文彰（2020）也指出，数字政府是信息化政府、管理网络化政府、办公自动化政府、政务公开化政府、运行程序优化的政府。数字政府对于国家治理现代化的作用和意义在于，它不仅推动了政府决策的科学化、社会治理的精准化，还助力实现了公共服务的高效化和政府治理的民主化，并在许多方面压缩了腐败的滋生空间。

2. 数字政府与数字城市的关系

数字政府与数字城市建设都以实现数据互通共享、促进部门合作与多主体协同治理为目标，以新一代信息技术应用为手段，重点在于打破城市系统内各部门间的信息壁垒，推进各部门和各系统的信息平台数据融合进程及相应效率提升。然而，数字政府聚焦政府对整个社会的"智治"，数字城市则聚焦重点城市系统的"智慧化运行"，两者在建设目标、建设主体与服务对象、应用场景、运营管理模式等方面各有侧重。数字城市的核心在于通过物联网、云计算等新一代信息技术，智慧地改变政府、企业和人们的交往方式，对包括民生、环保、公共安全、城市服务、工商业活动等在内的各种需求做出快速、智能的响应，提高城市运行效率，为居民创造更美好的城市生活。总体而言，数字政府是数字城市建设体系中不可缺少的一环，二者之间是不可分割、辩证统一的关系。

数字政府对数字城市建设具有引导作用，从新基础和新关系两个基本方向引导数字城市发展模式的升级（见图3-6）。从新基础来看，数字政府引导城市关键数字基础要素实现公共服务化。在数字化时代，算力、数据、存储、AI等新型资源与城市发展息息相关。推动这些资源的公共服务化（如同水、电、气、热一样），一方面，可以让全社会以较低的价格和便利的方式获取这些资源，促进智慧创新，使城市智慧从"规划"转变为"涌现"；另一方面，城市集中化、规模化运营这些服务资源，从根本上降低了边际成本，最终趋向收敛和固定。从新关系来看，数字政府引导城市多主体间实现更紧密的数字化协同。随着城市数智化的加速，政府、企业、社会等各方面力量需要共同发挥作用的复杂场景（如信用就医、灾害联防、基层自治等）越来越多。场景中多元主体间的差异性决定了很难仅靠政府"一纸动员"的行政命令或简单自发的市场机制来实现主体间的高效协同。这时，政府需要通过数字化方式引导建立某种社会化的"契约"，凝聚各方共识，发挥各方主观能动性，进而形成一个正向、可持续的数字化协同关系，并保证过程的规范性。

图3-6　数字政府与数字城市的关系

三　目标：城市和谐发展与人民美好生活

数字城市建设是一项系统性工程，需要在数据资源和数字基础设施的基础上，构建包括数字经济、数字社会和数字政府在内的综合治理体系。数字城市是数字技术与城市治理深度融合的成果，其最终目标是促进城市和谐发展，实现人民美好生活。

（一）数据资源和数字基础设施赋能城市治理

城市和谐发展与人民美好生活实现要求数字城市坚持以人为本的发展理念。以人为本意味着城市治理应从人的需求和使用习惯出发，进行技术应用和价值创造。这要求城市治理精准且充分掌握以人为核心的相关数据，因此，数据资源和数字基础设施能够为城市治理奠定坚实的信息基础，丰富城市治理场景，提高城市治理能力。

1. 以数据为基础开发城市治理场景

数字城市利用数字基础设施，依据人民的生活和生产需求，充分开发数据资源，打造多样化的数字城市治理场景，有效解决影响人民美好生活实现的痛点、堵点和难点，为人们提供更加便捷、高效、丰富的公共服务。首先，数字城市动态跟踪城市经济发展、自然环境、公共交通、医疗卫生、文化教育和社会保障等基础数据，合理配置城市资源，监控并预警潜在风险，及时响应突发情况，保障城市安全运行。其次，数字城市在数据收集的基础上开发数据应用场景，搭建数字治理平台，通过数据资源的迁移、整合、重组形成适用于不同领域的新数据资源，完善城市治理体系。最后，数字城市以开放包容的态度积极回应人们的诉求，将人们的所需和所急转化为城市治理的重要民生数据，不仅为人们链接生产生活所需的信息数据，也为城市治理提供改进的方向。

2. 依托数字基础设施提高城市治理能力

数字城市依托"城市大脑"等智能平台，提升城市治理的精细化、智能化和人性化水平。首先，数字城市通过数字基础设施建设延伸了城市治理的边界，将散落在城市各领域、各区域、各环节的数据汇总，抓住城市治理的末梢，提升城市治理的精度。其次，数字城市借助数据平台实现城市治理数据的结构化、可视化，利用算法优势挖掘大规模数据中的有用信息点，从横向和纵向上寻找数据之间的关联，通过数据演算和城市模拟做出科学的决策，从而弥补人力的不足。最后，数字城市通过建立标准化的治理流程，利用数字技术监控服务环节，提高城市治理和公共服务供给的专业性和规范性，保障治理效率和公共服务质量，提升公众的满意度。

（二）数字经济、数字社会、数字政府助力城市发展

数字经济、数字社会和数字政府是数字城市的三大核心治理领域，直接影响着城市的治理模式与发展路径，也深刻影响着人们的生产生活实践。因此，数字经济、数字社会和数字政府的建设与完善，对于实现城市和谐发展与人民美好生活的目标至关重要。

1. 数字经济催生发展动能

随着数字经济的发展，产业数字化和数字产业化为城市注入了新的发展动能，增强了城市发展的潜力，为人们提供了更优质的生产生活环境。首先，数字经济通过前沿数字技术的应用，改变了传统的生产和交易方式，为城市经济运行和消费市场带来了革命性的变革。其次，数字经济推动传统产业转型升级，催生了新兴产业，不仅为人们创造了新的就业机会和创业平台，还提升了城市的创新能力和产业竞争力。最后，数字经济加强了城市内部及外部的经济联系与合作，优化了资源配置，促进了信息共享和优势互补，推动了城市产业集群的发展及区域间的共生发展，进一步促进了多领域的协同进步。

2. 数字社会改善人民生活

随着数字社会的不断发展，城市为人们提供了更多元的参与渠道和更加多样化的公共服务，落实了以人为本与协同治理的发展理念。首先，通过数字社会建设，城市为人们提供了丰富的数字服务和数字产品，不仅满足了人们的基本生活需求，还满足了更高层次的个人发展需求。其次，社会治理的数字化转型通过服务整合和资源共享，提供了更加便捷高效的服务，实现了社区建设和居家生活的智能化与精细化，提高了公共服务的可及性和针对性，保障了不同群体美好生活需求的满足。最后，数字社会提升了城市的基层治理能力，在提高人们生活品质的同时，也增强了社会的响应能力和调控能力，保障了城市的平稳运行与和谐发展。

3. 数字政府提升治理效能

随着数字政府的发展，城市治理的精细化、智能化和协同化水平显著

提升。首先，通过实时跟踪城市运行中的各类数据，数字政府能够精准感知和监测城市各领域的情况，掌握城市运行的实时动态，预测发展趋势，优化资源配置。其次，数字政府通过挖掘历史数据、对比相关信息，能够为城市治理提供更具科学性和更精准性的政策建议与治理策略，并通过演算和模拟降低实际推行的风险，提高城市治理的效率。最后，数字政府通过一体化平台建设，促进了城市各治理部门间的信息共享与协同共治，增强了城市治理工作的整体性和协调性。此外，数字平台还拓宽了人们的参与渠道，不仅实现了"人民城市人民建"的发展目标，提高了城市治理的透明度和公信力，还能够及时回应社会关切，促进城市治理的良性循环。

第四章　数字城市的"新基建"

——推动协同治理信息化和现代化

传统基础设施，如道路、桥梁、水电供应等，为城市的正常运行提供了坚实的物质基础。然而，在信息化、网络化、智能化的今天，这些传统基础设施已难以满足城市高效、协同、可持续发展的需求。新型基础设施作为数字城市建设的核心驱动力，正逐步成为推动城市治理信息化、现代化的关键力量。

一　传统基础设施与新型基础设施

过去，传统基础设施作为我国经济社会发展的重要支撑，对提升生产效率和人民生活质量起到了巨大的促进作用。但随着社会生产生活模式的不断进化升级，原有基础设施难以满足社会高效运作的需求，新一代基础设施建设的呼声越来越高。2023年，中共中央、国务院印发了《数字中国建设整体布局规划》，并在其中强调了数字基础设施建设这一"新基建"的重要组成部分对于数字中国建设的基础性含义。不过，两者间并非简单的替代关系，而是既有紧密的联系，又存在本质上的不同。

(一)"新基建"与传统基建的定义

传统基础设施一般指的是铁路、公路、机场、港口城市设施、管道、通信、电网、水利、市政、物流等传统工业化的基础设施，基本上是基于上一轮工业革命的机械技术、电气技术、通信技术等应用的结果。[①] 2018

---

① 《从高质量发展看新型基础设施建设》，http://www.sasac.gov.cn/n2588025/n2588134/c202 24304/content.html，最后访问日期：2024年7月27日。

年中央经济工作会议提出：要促进形成强大国内市场，我国发展现阶段投资需求潜力仍然巨大，要发挥投资关键作用，加快 5G 商用步伐，加强人工智能、工业互联网、物联网等"新基建"。"新型基础设施"这一概念首次在中央层面被提出。① 随后，2019 年的政府工作报告提出加强新一代信息基础设施建设。2019 年 7 月 30 日中央政治局会议针对下半年经济工作再次强调，要加快推进信息网络等"新基建"。②

2021 年，国务院国有资产监督管理委员会在发布的相关文件中指出，一般技术研究机构将新型基础设施的定义局限于新一代智能化信息基础设施，无法诠释其"新型"的全部内涵。文件指出，"新型"应与"传统"相对应，新型基础设施的"新"是相对于传统基础设施而言的。故新型基础设施指的是新型工业化的基础设施，新型工业化则是在传统工业化基础上增加了信息化、数字化、网络化、智能化、绿色化等要求，是新一轮科技和工业革命的信息技术、智能技术、新能源技术等产生和应用的结果。新型基础设施既包括新一代智能化信息基础设施和新能源基础设施，也包括传统基础设施的信息化、智能化、绿色化改造后的设施。③

因此，新型基础设施应该是新型工业化的基础设施，不仅包括新一代智能化信息基础设施，还包括与绿色化相关的各类基础设施；不仅包括当前资本市场上的流行观点所认为的七大领域，即 5G 基建、特高压（电力物联网）、高铁（轨道交通）、充电桩（新能源汽车）、数据中心（云计算）、人工智能、工业互联网，还包括支撑新型工业化不断深化拓展的新一轮科技和产业革命的各种基础设施。

（二）"新基建"与传统基建的联系

基础设施为经济发展和社会进步提供了基础性条件，随着经济社会的

---

① 《从政府工作报告中的十个"新"看中国经济走势》，https://www.forestry.gov.cn/lyj/1/xxyd/20240306/548744.html，最后访问日期：2024 年 7 月 27 日。
② 《从高质量发展看新型基础设施建设》，http://www.sasac.gov.cn/n2588025/n2588134/c20224304/content.html，最后访问日期：2024 年 7 月 27 日。
③ 《从高质量发展看新型基础设施建设》，http://www.sasac.gov.cn/n2588025/n2588134/c20224304/content.html，最后访问日期：2024 年 7 月 27 日。

不断发展，"设施"形式日益多样，但"基础"作用并未改变。① 信息时代的到来对经济社会发展产生了不可估量的影响。"新基建"是我国推动基础设施随着经济社会发展不断升级，以持续发挥支撑作用的重要举措。基础设施的重要地位决定了其建设既要适应当下又要面向未来、既要科学安排又要适度超前。故"新基建"的出现主要是为了面向数据和信息等当前经济社会发展的关键要素，传统基建在固有领域仍发挥着重要作用，两者相辅相成，缺一不可。

在定义方面，传统基建为"新基建"奠定了基础。"新基建"并非对传统基础设施的另起炉灶、推倒重来，而是对传统基础设施进行充分利用。在传统基建中，各种要素与基础设施之间彼此分立，时空相隔，协同效应较差，而新型基础设施将以信息技术为基础设施的整体迭代作为基础，带动社会基础设施的联通联动，在云网端一体、新旧基础设施互补的新平台上，通过优化社会资源流动速度和配置模式提升全要素生产率。② "新基建"不仅为传统基础设施提供了改造思路，吸纳了其在新型基础设施理念（如信息化、智能化、绿色化）指导下的改造结果，还囊括了新一轮科技和工业革命的信息技术、智能技术、新能源技术等产生与应用的成果。

在理念层面，"新基建"与传统基建共同服务于我国高质量发展的目标。当前，我国经济已进入高质量发展阶段，面临适应新型城镇化建设、实施乡村振兴战略以及调整优化产业布局的迫切需求，传统基础设施的改造升级势在必行。同时，新一轮科技革命和产业变革正在加速推进，抢占未来发展的制高点，基础设施建设必须走在前列。强调加快推进"新基建"并不意味着要弱化传统基建，而是要基于当前经济社会发展的实际需求，既合理扩大基建规模，又加快补齐基建短板；既加强传统基础设施的改造升级，又加快推进新型基础设施建设，着眼于推动经济的高质量发展，统筹推进"新基建"和传统基建，使两者共同发力。只有构建现代化基础设施体系，才能为我国高质量发展奠定坚实基础，为满足人民群众对

---

① 《统筹推进传统基建和新基建》，https://www.cac.gov.cn/2020-04/20/c_1588932289251619.htm，最后访问日期：2024年7月27日。

② 《"十四五"新型基础设施建设解读稿之三：积极打造网络化、智能化、服务化、协同化的融合基础设施体系》，https://www.ndrc.gov.cn/fzggw/jgsj/gjss/sjdt/202111/t20211129_1305569.html，最后访问日期：2024年7月27日。

美好生活的需要提供有力支撑。

"新基建"与传统基建的联系如表 4-1 所示。

表 4-1　"新基建"与传统基建的联系

	传统基建	"新基建"
定义	铁路、公路、机场、港口城市设施、管道、通信、电网、水利、市政、物流等传统工业化的基础设施，基本上是基于上一轮工业革命的机械技术、电气技术、通信技术等应用的结果	不仅为传统基础设施提供改造思路，吸纳了其在新型基础设施理念（如信息化、智能化、绿色化）指导下的改造结果，还囊括了新一轮科技和工业革命的信息技术、智能技术、新能源技术等产生与应用的成果
理念	当前，我国经济已进入高质量发展阶段，面临着适应新型城镇化建设、实施乡村振兴战略以及调整优化产业布局的迫切需求，传统基础设施的改造升级势在必行	新一轮科技革命和产业变革正在加速推进，要求加快推进"新基建"，抢占未来发展的制高点
目标	统筹推进"新基建"和传统基建，构建现代化基础设施体系，为我国高质量发展奠定坚实基础，为满足人民群众对美好生活的需要提供有力支撑	

（三）"新基建"与传统基建的区别

基础设施作为我国经济社会发展的重要支撑，对提升生产效率和人民生活质量起到了巨大的促进作用。但随着社会生产生活模式的不断进化升级，传统基础设施难以满足社会高效运作的需求，新一代基础设施建设应运而生。

一方面，新型基础设施既能"保增长"，又能"调结构"。铁路、公路、机场等交通运输设施及电力、通信、水利等传统基础设施对经济增长的边际效应正在日益减弱。"新基建"因其规模大、外部性强、上下游关联范围广，加之很强的网络效应、平台效应和赋能效应，从而获得更大的乘数效应。除了拉动投资，"新基建"还可以降低交易成本、扩大有效投资、提高生产效率、增加有效供给，同时创造更多的就业机会并稳定经济增长。①

---

① 《关注｜完善金融支持体系 发挥新基建乘数效应》，https://baijiahao.baidu.com/s？id=1752290020914793533&wfr=spider&for=pc，最后访问日期：2024 年 7 月 27 日。

"新基建"作为准公共物品，具有较强的外部性。它不仅能刺激市场增加对智慧农业、智能制造等的生产型投资，推动传统产业数字化、智能化改造，还能增加以智能、绿色、高效为特征的消费型投资需求，以及对教育、医疗、娱乐等民生消费领域的基建投资需求。此外，强外部性、效用外溢性、公共产品属性、受益范围广、规模经济等特点决定了"新基建"的基础地位，要求其适度超前，走在经济社会发展的需要前面。①

"新基建"更多聚焦 5G 技术、物联网、大数据、人工智能等领域应用，具有强大的"产业触变"功能和属性，有助于推动传统基础设施转型升级，并不断激发更多的投资需求和更强的增长动力，实现产业链上下游联动。以要素共融、资源共享、价值共创为核心的数字赋能作用将持续渗透至生产生活的方方面面，新模式新业态将加速传统产业裂变与重构，未来消费者充分参与、全社会资源优化配置、全生产流程智慧化管理的产业开放模式将迎来新的发展。②

另一方面，新型基础设施以推动数字基础设施建设为核心，而推动数字基础设施建设，以支撑传统产业朝着网络化、数字化、智能化方向发展，实际上是一个由物理世界向信息世界、由信息世界向智能世界不断扩展的过程。

数字基础设施建设强调构建"政府引导、市场主导、多方参与"的共建共投共享体制机制，使"有为政府"和"有效市场"协同发力，完善政府顶层设计和加强规划引领，让市场起决定性作用，扩大对数字基础设施建设的有效投资。推进数字基础设施建设，关键要厘清政府与市场的关系，兼顾自上而下的供给推动和自下而上的需求拉动，坚持供给侧结构性改革的主线，增强投资建设的有效性与可持续性。

数字基础设施建设强调"建设"与"应用"并重。加快关键核心技术的创新，强化应用导向，提升数字基础设施对数字经济的服务能力。数字基础设施建设可以为数字城市的发展奠定坚实基础，而数字城市则为数字

① 《任泽平：中国新基建研究报告 2022》，https://baijiahao. baidu. com/s？id = 1732147608499611955&wfr = spider&for = pc，最后访问日期：2024 年 7 月 27 日。

② 《中国数字经济聚焦新基建、技术创新和数字赋能》，http://www. chinadevelopment. com. cn/news/cj/2021/05/1724947. shtml，最后访问日期：2024 年 7 月 27 日。

基础设施建设创造了丰富的应用场景。聚焦数字基础设施建设所需的高端芯片、关键器件、工业软件等关键核心技术攻关，推动信息技术、运营技术等多种技术的融合创新，有助于夯实数字城市的技术底座。数字基础设施建设的价值不仅体现在"建设"上，而且体现在"应用"上。

围绕数字城市建设，数字基础设施建设持续推进信息化、工业化与城镇化的深度融合，实现公共服务供给与数字化治理能力的有机结合，进一步强化数字时代的治理能力。数字基础设施建设通过持续推进数字城市建设，构建适应数字政府、数字经济、数字社会发展需求的基础设施体系，提升公共服务水平。数字基础设施建设通过搭建数字城市管理平台，将其与交通、教育、商务、医疗、金融、安防等城市智能场景相结合，提高市民生活质量。同时，数字基础设施建设围绕优化统筹协调城市资源的功能，提升城市的应急响应和应急保障能力，促进公共服务智慧化、社会治理精细化和安全监管精准化。

"新基建"的特点如图4-1所示。

作用："保增长"+"调结构"　　　　　　核心：推动数字基础设施建设
●强外部性　　　　　　　　　　　　　●政府引导、市场主导、多方参与
●"产业触变"功能和属性　　　　　　　●"建设"与"应用"并重
　　　　　　　　　　　　　　　　　　●围绕数字城市建设

图4-1 "新基建"的特点

二 数字城市"新基建"的内容及层次

（一）内容

1. 数字城市"新基建"的重要面向

自2018年中央经济工作会议提出"新型基础设施"这一概念以来，它经历了从概念拓展到实际应用、从技术探索到理念优化的演变。目前，新型基础设施在我国经济社会发展进程中扮演着重要角色，不仅促进了经济的稳定增长，而且为城市的数字化转型提供了坚实基础。随着人们对数字城市"新基建"认识的不断深入，其与城市发展的整体布局紧密联系，

作为发展底座的作用日益突出。数字城市中的新型基础设施如同一张有生命的网络，秉承智慧治理的理念，延伸到城市的各个角落，具体体现在城市的生产、生活和管理三个方面。

在城市生产方面，首先是产业活动的数字化转型。数字城市"新基建"推动了传统产业的升级和新兴产业的发展，为居民提供了更多的就业机会和创业平台。同时，数字经济的发展给消费者带来了多样化的商品和服务选择。其次，在推动经济发展的同时，兼顾了生态环境的改善。数字城市"新基建"助力打造生态宜居城市，技术赋能智能监测和管理，有效监测废气污染物排放情况，提升城市绿化水平，改善空气质量，促进可持续发展。

在城市生活方面，首先，居民生活品质得到整体提升。各领域的技术发展不再停留在理论层面，而是通过数字城市"新基建"加速落地，助力教育、医疗、文化等公共服务的数字化转型，使这些服务更加精准、普惠和便捷。其次，社区生活变得更加丰富。数字城市"新基建"推动了社区服务的智能化和人性化，社区活动的信息传递和组织更加便捷，居民参与社区治理的途径也更加多样化。最后，数字文化更加繁荣。数字城市"新基建"为数字文化的传播和建设提供了平台，通过数字图书馆、在线展览、虚拟博物馆等渠道，使居民获得丰富的文化资源。

在城市管理方面，首先是公共服务效率的提高。数字化政务持续推进，居民可以通过在线平台快速办理各类业务，如户口迁移、社保缴纳、健康医疗咨询等。"一网通办""一网统管"使市民生活更加便利，随着技术与政务的深度融合，服务的透明度、便利性和可及性取得了质的飞跃。其次是城市安全保障能力的提升。随着数字城市"新基建"的推进，城市安全系统日趋完善，公共安全监控、灾害预警、应急响应等功能得到不断强化，有效保障了居民的生命财产安全。最后是交通出行便利性的提升。随着智慧交通系统的建设和优化，居民享受到更加高效、便捷的出行体验，包括智能交通信号灯、实时交通信息推送等，这些措施有效改善了交通拥堵状况并提高了道路安全水平。

随着5G、物联网、工业互联网等新一代信息技术的广泛应用，数字城市建设进入崭新阶段。全国多个省市围绕数字城市建设和数字化转型作出部署，主要涉及数字孪生搭建数字底座、技术支撑加速应用落地、多方参与提升治理能力[①]等。以数字"算力"提升城市"脑力"，数字技术将在未来让城市更智慧，也让生活更便利。

2. 数字城市"新基建"的关键作用

随着我国城市数字化战略的实施，数字基础设施在未来城市发展中的基础性作用越加凸显。在以人为核心的新型城镇化建设与信息革命时代浪潮交汇叠加的战略机遇下，依托数字化驱动城市建设运行、加强城市数字基础设施建设成为推动城市高质量发展的有效路径。

结合国家政策要求和实践经验，数字城市公共基础设施以城市提质增效为引领，以"新城建"对接"新基建"为主线，以数字基础设施为支撑，推动城市公共基础设施数字化建设，构建一个全面升级的城市基础设施体系。这一主线通过算力、网络、新技术等数字化基础支撑能力的提高，以及城市公共基础设施的数字化转型，实现软硬件设施的全面升级，为城市数字化转型发展提供数字化能力和先进基础支撑。数字基础设施建设是城市基础设施现代化的重要内容，是加强数字城市建设、推动城市高质量发展的重要基础，同时也是大力发展数字经济、促进数字经济与实体经济深度融合、增强经济发展新动能的重要支撑。

作为数字中国建设的重要一环，数字城市以数字基础设施建设为重要抓手，推动数据资源的高效配置，在这一过程中夯实了技术基础、建立了底层架构。数字基础设施主要包括信息基础设施和物理基础设施的数字化改造两部分。它有助于城市顺应网络化、数字化、智能化的社会发展趋势，为城市居民未来的生产生活方式提供平台和保障。在这一新型平台之上，人类生活、产业格局、经济发展、社会治理、文化生态将翻开崭新的一页。构建面向未来的数字城市基础设施体系，将为城市数字化转型提供数据支撑、技术支持和平台服务。数字城市应具备一体化协同的智能体系，以驱动治理数字化、经济数字化和生活数字化，实现更智慧的治理和更美好的人民生活。

---

① 《智慧城市建设开足马力——数字"算力"提升城市"脑力"》，https://baijiahao.baidu.com/s?id=1758576793890878481&wfr=spider&for=pc，最后访问日期：2024年7月27日。

（二）层次

1. 国家政策引导

当前，全球范围内以新一代信息技术为代表的科技革命正在加速推进，带动数字基础设施加快发展。数字基础设施是建设网络强国、数字中国的先决条件，也是推动经济社会高质量发展的关键支撑。数字基础设施的建设水平，正成为衡量国家核心竞争力的重要标志。

党的二十大报告明确提出，要"加强城市基础设施建设，打造宜居、韧性、智慧城市"。[①] 2020 年 8 月，住房和城乡建设部、中央网信办、科技部、工信部、人社部、商务部、银保监会联合印发《关于加快推进新型城市基础设施建设的指导意见》，贯彻落实党中央、国务院关于加强新型城镇化建设和新型基础设施建设的决策部署，强调在城市基础设施领域推进数字化、网络化、智能化建设和改造创新。[②] 2021 年 3 月，《中华人民共和国国民经济和社会发展第十四个五年规划和 2035 年远景目标纲要》将新型基础设施作为我国现代化基础设施体系的重要组成部分，明确提出"统筹推进传统基础设施和新型基础设施建设，打造系统完备、高效实用、智能绿色、安全可靠的现代化基础设施体系"。2022 年 7 月，住房和城乡建设部、国家发改委印发的《"十四五"全国城市基础设施建设规划》将基础设施的体系化、品质化、绿色化、低碳化、智慧化发展作为发展目标，提出"适度超前布局有利于引领产业发展和维护国家安全的基础设施"，并将"加快新型城市基础设施建设，推进城市智慧化转型发展"作为重点任务。

在党中央、国务院的高度重视与部署安排下，我国将数字基础设施建设作为新型基础设施建设的核心内容，通过新一代信息技术演化生成的信息基础设施以及应用新一代信息技术对传统基础设施进行数字化、智能化

---

① 《习近平：高举中国特色社会主义伟大旗帜 为全面建设社会主义现代化国家而团结奋斗——在中国共产党第二十次全国代表大会上的报告》，https://www.gov.cn/xinwen/2022-10/25/content_5721685.htm，最后访问日期：2024 年 7 月 27 日。

② 《〈重庆市新型城市基础设施建设试点工作方案〉政策解读》，http://zfcxjw.cq.gov.cn/zwgk_166/zfxxgkmls/zcjd/wzjd/202209/t20220906_11082466_jlb.html，最后访问日期：2024 年 7 月 27 日。

改造形成的融合基础设施，为我国经济社会数字化转型和供给侧结构性改革提供关键支撑和创新动能。

2. 技术发展引领

数字城市建设是数字化浪潮背景下城市发展的必然要求，围绕云计算、5G、物联网、人工智能、区块链等新一代数字技术的运用及数字基础设施的建设则是城市数字化转型的关键举措，赋予城市实现数字化的重要设施和基础能力，并通过和传统基础设施的融合，进一步推动城市朝着更加数字化、便捷、高效、智慧的方向不断演变。

云计算技术解决信息高效处理的问题。城市信息管理与使用是数字城市生存与发展的关键（李会东，2022）。城市规模越大，其中流动的数据和信息也就越多。数字城市发展面临的一个重要问题就是运用何种技术能够实现低成本、安全、快捷、有效管理和使用海量的数据信息。而云计算是解决这些问题的有效技术手段，其为数字城市快速推广信息技术应用提供了新型商业模式，云计算服务等边际成本递减特性深刻改变着数字城市建设过程中的居民生活、企业生产及政府管理。

5G技术推动数字城市应用场景创新。目前，我国已建成全球规模最大、技术最先进的5G网络。作为最新一代的无线通信技术，其为实现万物智联提供了泛在传感网络基础；同时，其与云计算、大数据、人工智能和物联网等新一代信息技术的深度融合应用也为其依据末端应用场景灵活配置网络资源提供了可能，满足了数字城市对网络的差异化需求。新应用、新场景、新业态持续涌现，数字化发展支撑作用不断提高。[①]

物联网技术通过感知化、物联化的方式连接并收集城市数据。其通过各种传感器、标签和设备的互联，广泛地收集数字城市发展中的交通、能源、环境监测、医疗、教育等领域的数据信息，构建城市中庞大的末梢神经系统，为城市管理者提供了全面的决策支持，从而助力数字城市建设过程中对于城市数据信息更高效、更精确的管理。同时，物联网技术还能够实现城市资源的优化配置和高效利用，提高城市运行的效率和质量。

---

① 《〈5G+数字孪生赋能城市数字化应用研究报告〉解读》，https://mp.weixin.qq.com/s/xx-cjGZ3huz1V-NyagwFbjg，最后访问日期：2024年7月27日。

人工智能技术全面支撑赋能城市数字化转型场景建设与发展。其在城市数字化场景的应用前景广阔，如智能交通、智能安防、智能环保、无人零售等。当前，我国在全领域推进城市数字化转型方面鼓励发展基于人工智能等技术的智能分析、智能调度、智能监管、辅助决策等。机器人、语音识别、图像识别、自然语言处理等 AI 技术在数字城市的泛在连接中发挥了关键作用，推动城市生产、居民生活与城市管理智能化升级。

区块链技术助力城市数据流动存储兼顾高效率与安全性。其具备去中心化、分布式存储、信息难以篡改、安全性等特点，推动城市数据跨层级、跨地域、跨系统、跨部门的高效、有序、低成本流动，在数字城市建设过程中有利于破除信息孤岛、打通数据壁垒；同时，其借由自身核心技术特点能够有效防止数据伪造与篡改，维护数据安全，有效解决多实体共享信任问题，重塑社会信任，成为维系数字城市有序运转、正常活动的重要依托。

3. 底层架构夯实

2024 年 5 月，国家发展改革委、国家数据局、财政部、自然资源部四部门联合发布了《关于深化智慧城市发展 推进城市全域数字化转型的指导意见》，并在意见中指出我国城市全域数字化转型的目标之一是，"到 2030 年，全国城市全域数字化转型全面突破，人民群众的获得感、幸福感、安全感全面提升，涌现一批数字文明时代具有全球竞争力的中国式现代化城市"①。

此过程要求全方位增强城市数字化转型支撑，统筹推动城市算力网、数据流通利用等基础设施建设，推进公共设施数字化改造、智能化运营；加快构建数据要素赋能体系，大力推进数据治理和开放开发，夯实数字化转型根基。为更好地服务城市高质量发展、高效能治理，需要持续推进数字基础设施建设，从而夯实城市全域数字化转型的底座。具体表现在以下几个方面。

首先，数字基础设施提供了城市数据资源价值释放所需的技术支撑和

---

① 《城市全域数字化转型提速》，https://www.gov.cn/zhengce/202405/content_ 6953410.htm，最后访问日期：2024 年 7 月 27 日。

平台。这包括网络、算力等硬件设施以及相关的软件平台，这些平台共同推动数据要素产权确权、收益分配、交易流通、安全治理等核心问题的解决。借助数字基础设施，不同区域、不同领域的数据资源实现有序汇集，不同行业、不同机构的数据产品实现合规高效流通，不同参与主体实现对数据资源和产品的有效利用，整体推动数据服务千行百业、深度融入城市社会生产生活①，对扩大数据产业规模、繁荣数据产业生态、促进数字经济高质量发展具有重要意义。

其次，数字基础设施“五高”特征日益突出，即高存力、高算力、高运力、高安全和高能效。② 这些特征是数字基础设施高效存储和处理大量数据的保证，同时确保数据的安全性与能效性。数字基础设施建设也令城市生产生活过程中产生的海量数据的积累成为可能，五个特征中的“存力”代表了以数据存储为核心的综合表现，是支撑数字经济发展的核心，被视为新型数据基础设施建设的新标度。③

最后，数字基础设施助推数据算力与数据算法的发展，是数字城市实现从数据资源开发向数据能力过渡的关键。这意味着数字城市建设已不满足于数据的收集、存储和开发，还要通过算法和算力将数据资源转化为有价值的信息和知识，以支持更加智能化的决策和服务。在此过程中，其目标涵盖了数据资源整合、数据资源管理、数据资源开发利用、数据资源开放共享和数据资源安全保障等多个领域。

4. 建设需求转变

数字基础设施建设服务于数字城市打造的目标，具备与时俱进、协调互动的特征。在城市数字化转型的过程中，数字城市如同一个系统的生命体，数字基础设施则扮演着血管的角色，配合建设需求的转变，将新鲜血

---

① 《重磅：刘烈宏首论数据基础设施》，http://data.wuhan.gov.cn/zxy/xwdt/202311/t20231124_2306300.shtml，最后访问日期：2024 年 7 月 27 日。

② 《赛迪发布：〈新型数据基础设施发展研究报告——推动全闪存数据中心建设，助力数字经济高质量发展〉》，https://baijiahao.baidu.com/s?id=1740194544676160088&wfr=spider&for=pc，最后访问日期：2024 年 7 月 27 日。

③ 《赛迪发布：〈新型数据基础设施发展研究报告——推动全闪存数据中心建设，助力数字经济高质量发展〉》，https://baijiahao.baidu.com/s?id=1740194544676160088&wfr=spider&for=pc，最后访问日期：2024 年 7 月 27 日。

液注入城市发展的各个领域。

其一，数字经济。发展数字经济是把握新一轮科技革命和产业变革新机遇的战略选择。党的十八大以来，我国数字经济快速发展，其规模连续多年稳居世界第二，但同数字经济强国相比，我国数字经济发展还存在大而不强、快而不优的问题。而数字基础设施是数字经济发展的重要支撑。随着数字中国战略的推进，数字城市建设需要与这一步伐相一致，进一步巩固数字经济的基础，以促进其持续壮大、优化和扩展。这要求进一步打通数字基础设施大动脉，加快5G网络与千兆光网协同建设，深入推进IPv6规模部署和应用，推进移动物联网全面发展，大力推进北斗规模应用；系统优化算力基础设施布局，促进东西部算力高效互补和协同联动，引导通用数据中心、超算中心、智能计算中心、边缘数据中心等合理梯次布局；引导产业园区加快数字基础设施建设，利用数字技术提升园区管理和服务能力；依托京津冀、长三角、粤港澳大湾区、成渝地区双城经济圈等重点区域，统筹推进数字基础设施建设，探索建立各类产业集群跨区域、跨平台协同新机制，促进创新要素整合共享，构建创新协同、错位互补、供需联动的区域数字化发展生态，提升产业链供应链协同配套能力。

其二，数字社会。在数字城市建设过程中，教育、医疗、文化等多个应用领域将在数字基础设施的推广普及下加快数字化转型。数字基础设施为社会不断适应数字技术、数字技术全面融入社会交往和日常生活提供了渠道，稳定推进了应用场景（如智慧医养、智慧交通、智慧教育、智慧文体等）的发展。此外，其还促进公共服务和社会运行方式创新，围绕民生保障重点领域，在教育、医疗、就业、养老、抚幼、助残等方面实现数字化服务普惠应用，推进学校、医院、养老院等公共服务机构资源数字化，线上线下公共服务共同发展、深度融合。这要求推动数字社会治理模式转向线上线下融合，着力提升矛盾纠纷化解、社会治安防控、公共安全保障、基层社会治理等领域数字化治理能力，即通过数字基础设施建设加快政府数字化改革，释放数字技术应用于公共治理的价值，不断提升数字城市建设水平，持续优化政务服务、公共服务和数字化公共产品供给；通过更高效率、更高质量的数字基础设施，更充分地满足数字民生服务的普惠化、便捷化、智能化、多元化、协同化需求。泛在智联的数字基础设施能够更妥善解决欠发达地区网络接入设施的"数字鸿沟"问题，搭建各类"信息无障碍"的公共服务平台和部署新型智能终端设施，以更普惠包容、智能便捷的数字化连接，提升基本民生保障水平，创造精准高效的数字生活新图景。此外，在数字基础设施建设、数据赋能支撑下，着重提升风险预警、灾害预测、危机处置、辅助指挥决策、救援实战、社会动员等方面的能力，逐步建立完善高效的社会应急管理体系，切实提升重大社会风险防范化解能力，不断增强城市发展势能，推进建设高韧性社会。

其三，数字政府。数字基础设施的不断完善有利于推动城市政务数据整合，加速数据流通融合，提升城市治理能力。这要求数字政府建设以数字技术为支撑，实现业务和技术的深度融合，提升政府履职效能。数字政府通过聚焦经济调节、市场监管、社会管理、公共服务、生态环境保护等政府职能，推动大数据、云计算、人工智能等数字技术的广泛运用，提高政府治理科学化、精细化、智能化水平。在此过程中，数字政府推动构建协同高效的政府数字化履职能力体系，借助数字基础设施建设全面推进政府履职和政务运行数字化转型，统筹推进各行业各领域政务应用系统集约建设、互联互通、协同联动，创新行政管理和服务方式，全面提升政府履职效能。[①] 因此，首先是强化经济运行大数据监测分析，提升经济调节能力。在宏观调控决策、经济社会发展分析、投资监督管理、财政预算管理、数字经济治理等领域广泛应用数字技术，全面提升政府经济调节数字化水平。其次是通过持续探索"数字孪生城市"建设和开展城市更新行动，推进布局"数字孪生城市"相关基础设施和行业应用，通过建设城市CIM平台设施，加快交通、能源、市政等城市基础设施数字化改造，实现更智能、完整、实时的城市要素三维可视化表达，有效提升城市的"视觉、听觉、嗅觉、触觉"。最终以"一网统管"的城市运营中心、城市大脑和末端神经感知设施，有效推动城市治理全局统筹、协同治理和末端增智。最后是通过持续优化全国一体化政务服务平台的功能强化利企便民数字化服务，在巩固现有数字政务基础的同时进一步提升智能化公共服务能力，不断满足企业和群众多层次多样化的服务需求。

---

① 《国务院关于加强数字政府建设的指导意见》，http://dsjj.cq.gov.cn/ztzl/zgtsshzy/202306/t20230614_12064085_wap.html，最后访问日期：2024 年 7 月 27 日。

当前，数字城市不断推进数字基础设施等新型基础设施建设，各项技术布局的推广和深化横向加强了数字经济、数字社会、数字政府三大领域的建设，发挥了集成效应，大大提高了治理的协同能力，满足了发展战略中各类共建、共用、共享的要求，为以信息化推进国家治理体系和治理能力现代化目标的实现提供了有力的抓手。①

---

　　① 《新视野｜数字治理激发城市新活力》，http://www.gyjjjc.gov.cn/gyjwlzyw/202112/t20211228_489061.html，最后访问日期：2024 年 7 月 27 日。

第五章　数字政府

——数字驱动的服务便捷化与治理协同化

数字政府对数字城市建设具有引导作用（二者关系见图 5-1），从新基础、新关系两个基本方向引导数字城市发展模式升级。从新基础上看，数字政府引导城市关键数据基础要素（以下简称数据基础要素）实现汇聚共享，并最大限度地发挥其利用价值。在数字化时代，数据作为新型资源已经与城市发展息息相关。数字政府的一系列举措和建设可以推动城市数据资源的汇聚、整合和共享，不仅让全社会以较低的价格和便利的方式获取数据基础要素、提升了城市建设的参与度，还使得政府内部打破壁垒从而推动服务资源集中化、规模化运营，从多角度提升了城市服务网络的搭

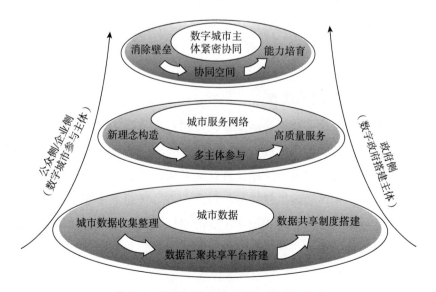

图 5-1　数字政府与数字城市建设的关系

建质量。从新关系上看，数字政府引导城市多元主体进行更紧密的数字化协同。面对城市治理的复杂化和超大城市问题的不断涌现，政府需要打破信息壁垒，引导通过数字化方式达成某种社会化的"契约"，凝聚各方共识、发挥各方主观能动性，进而形成一个正向、可持续的数字化协同关系，引导城市多元主体共同发力、同向发展。

一　数字政府推动数据基础要素整合汇聚与公开共享

数据是现代城市治理不可或缺的基石，城市数据是提升城市治理能力的基础。数字政府建设能够以技术为支撑进行城市数据的收集与整理，进一步搭建数据共享平台，并且以制度保障数据共享和数据再利用。

（一）以技术为支撑的数据基础要素的整合与汇聚

数据作为新型生产要素，是数字化、网络化、智能化的基础，已快速融入生产、分配、流通、消费和社会服务管理等各环节，深刻改变着生产方式、生活方式和社会治理方式①。数字城市的发展必然要以数据为基础，数字政府作为城市数据收集和城市数据平台搭建的主体将推动城市内的数据基础要素的整合与汇聚，具体路径为：一是通过技术的物质硬实力支撑构建数据汇聚储存平台，二是通过政府的管理软实力长期保障数据平台的公开共享。

1. 技术支撑构建数据库

大数据时代来临，数据基础要素的作用越发凸显。然而，若把城市比作一个庞大的机器，数据就散落在各个零件当中。分散的数据往往难以充分发挥价值，需要以技术为支撑，对数据基础要素进行整合与汇聚。政府作为城市治理的主体和城市管理与运行的关键，承担着维护城市运行、保障人民生活的重要责任。随着数字政府的建设，在推进政府履职和政务运行数字化转型的过程中，在以数字技术为基础打造智慧化的路径中，数据

---

① 《中共中央 国务院关于构建数据基础制度更好发挥数据要素作用的意见》，https://www.gov.cn/zhengce/2022-12/19/content_5732695.htm，最后访问日期：2024 年 7 月 27 日。

库是必不可少的一环。

在数据收集方面，数据收集技术的应用使我们能够主动收集城市的自然环境数据和网络环境数据，不断从这个庞大有机体中获取数据和信息。例如通过传感器技术、物联网技术、网络爬虫和网络抓取技术可以实现实时监测与采集各种数据。同时，政府凭借其作为管理主体和政务服务主要提供者的优势，搭建移动政务平台，直接从公民和企业中收集个体微观数据，并将其汇集成庞大的数据库。以"12345政务热线"为例，其是政府提升治理水平和治理能力、增强回应性的重要举措，为了增强其承载性，应用了语音导航、智能客服、自动回访等技术。在以技术为支撑的智能化政务热线运作过程中，会收集到许多城市的重要原始数据，这些数据为更加精准的城市治理提供了坚实的数据支撑（马亮，2021）。

在数据整理与数据分析方面，面对来自城市中四面八方、颗粒度不一、质量参差不齐的数据，需要进行整理方可利用。数字政府建设以数据为基础，首要任务是进行数据清洗和预处理，以便处理数据中的噪声、缺失值和异常值，以确保数据质量。然后需要用到数据转换和规范化技术，将数据转换为标准格式，并进行必要的转换和归一化处理，以便进行后续分析。最后应用数据聚合和汇总技术，将多个数据源的数据合并、聚合和汇总，以便进行综合分析和报告。"政务云"和"智慧大脑"等是数字政府建设中数据整理与分析的突出成就，为城市治理和监管提供了良好的支撑。

在数据储存与数据安全方面，政府不仅需要将数据内容分门别类地进行合理储存，对于重要数据还应该根据不同的敏感性和重要性进行分类管理以保障数据的完整性和安全性。政府数据储存需要建立完善的备份与恢复机制。对于隐私数据的储存必须符合相关法律法规的要求，需要采取严格的隐私保护措施，如数据加密、访问权限控制、数据脱敏等，保障公民的隐私权益，维护城市数据安全。

2. 制度和平台保障数据基础要素

构建保障数据基础要素的制度，更好发挥数据基础要素作用。第一，数据产权制度的建立和完善进一步推动数据产权结构性分置和有序流通，结合数据基础要素特性强化高质量数据基础要素供给，充分发挥市场在资源配置中的决定性作用，更好发挥政府作用，在城市各主体之间明确数字责任并构建产权网络，夯实不同主体之间数据协作的基础。第二，数字政府在切实参与市场活动时需要制定和完善数据流通规则，保障数据使用和流通的安全性，包括场内场外相结合的交易制度体系的构建，建立数据来源可确认、使用范围可界定、流通过程可追溯、安全风险可防范的数据可信流通体系等。第三，数字政府建设的一个重要要求是数据的整体性治理，以带动政府部门优化、行政效率提升。早期，一方面，政府对数据的共享价值、共享方法以及共享渠道缺乏整体性认识；另一方面，数据管理"碎片化"现象受到我国政府"条-块"结构的影响，缺乏国家层面统一的数据治理规范性建设标准（祁志伟，2024）。数字政府建设对于数据价值、协作意识、技术赋能的强调有利于打破长期以来的数据治理碎片化局面，如"数据孤岛"，优化数据管理机构职能以厘清政务数据治理中的权责关系，依托对技术的应用打破部门壁垒和层级壁垒，积极尝试创新数据治理运行机制（祁志伟，2024）。

搭建数据共享平台，完善数据传播载体。开放与共享是推进数据治理的主要目标，也是推进数字政府高质量建设的显著标志之一（祁志伟，2024）。数字政府在数据上进一步公开共享的举措将实现数据在不同城市主体之间的"流动"，让数据在流动中发挥更大的价值。具体而言，政府通过建立政务数据开放与共享资源目录体系的方式，让市民和企业知晓数据来源、数据开放主体、数据开放对象、数据开放流程、数据开放类型等信息；在此基础上，搭建政府数据开放平台或政务数据共享交换平台，促进数据信息高效流动，实现政务数据和城市其他运行数据的共享共用，更好统筹信息资源、管理资源、社会资源和服务资源，以加快城市主体之间的信息流动和信任水平提升。目前，根据《2023 中国地方公共数据开放利用报告（省域）》①，截至 2023 年 8 月，我国已有 226 个省级和城市的地方政府上线了数据开放平台，其中省级平台 22 个（不含直辖市和港澳台），城市平台 204 个（含直辖市、副省级城市与地级市）。与 2022 年下半年相比，新增 18 个平台，其中包含 1 个省级平台和 17 个城市平台，平

---

① 《2023 中国地方公共数据开放利用报告（省域）》，http://ifopendata.fudan.edu.cn/report，最后访问日期：2024 年 7 月 27 日。

台总数增长约9%。政府数据开放平台已经越来越成为城市数据汇集的窗口，是数据基础要素流动的渠道和重要载体。

（二）数字政府推动数据共享与数据"再利用"

数据汇集共享后的关键是利用，利用是数据的最终归宿。在数字政府建设中，技术和治理相互影响，将原始数据发挥出更大的价值。在政府部门内部，依托技术的数据分析将发挥决策与监管的重要作用，迈向更科学、更精细的政府；在城市范围内，能够激发社会主体的数据利用活力，共同创新数据应用，提高数据利用效率和价值。

1. 政府决策迈向科学化，政府监管迈向精细化

政府相关决策迈向科学化。汇聚的城市数据加上数据分析技术的应用显著强化了政府对决策信息的获取、配置、整合、运用能力，实现了决策信息获取的跨域融合感知与洞察迭代，决策信息运用从经验判断向人机协同智能选择迭代（张鸣，2023）。具体而言，在数字政府中，政府组织的算法决策和刚性执行之间的分离，正是数字时代理性组织的最新表现（高翔，2023）：依靠城市数据做城市决策，使得决策更"贴合"城市轮廓。以市域经济政策为例，通过加强经济数据整合、汇聚、治理，全面构建经济治理基础数据库，强化经济运行动态感知，精准分析数字城市的建设需求和经济产业发展走向，对经济运行大数据进行监测分析。此外，运用大数据强化经济监测预警，强化覆盖经济运行全周期的统计监测和综合分析能力，加强经济趋势研判，助力跨周期政策设计，提高逆周期调节能力。政府基于数据的科学决策不仅为城市治理带来"透明度"的政府信任效益提升，还促使政府决策迈向"有迹可循"的科学化阶段，更好指导数字城市整体发展。此外，在应急管理决策中建立健全大数据辅助决策机制，加强无感监测、机器视觉、语义理解、语音识别、算法模型等辅助决策新技术应用，使应急指挥从"单打独斗"向"合成作战"转变，有效提升政府决策预警能力、预测能力和战略目标管理能力。

政府监管迈向精细化。依靠数字化手段的数据收集与分析将有效提高政府主体对城市监管的精细化水平。首先，新型监管技术的应用会使监管走向更微观的领域，发掘以往无法感知的数据。非现场、物联感知、掌上

移动、穿透式等新型监管手段可以弥补监管短板，提升监管效能，全面提升对新技术、新产业、新业态、新模式的监管能力。其次，数字政府搭建的一体化在线监管平台将推动监管数据和行政执法信息汇集共享和有效利用，强化监管数据治理，推动跨地区、跨部门、跨层级协同监管，让监管更"全"。依托"互联网+监管"平台，实现部门和地方监管类业务系统的一网集成，构建全方位、多层次、立体化的数字监管体系，推动政府监管领域全覆盖、多部门联合监管常态化，行政检查、行政处罚、行政强制等监管执法事项全程网办、无缝衔接、自动留痕。最后，数据汇聚和分析技术的应用可以为市场主体精准"画像"、为市场环境精准"画像"，聚焦社会关注、群众关切的高频率、高需求、高综合监管事项，强化风险研判与预测预警，实施差异化监管和更有效率的监管资源分配。

2. 社会治理数据创新应用

数字政府收集整理并公开的数据应坚持"坚持共享共用，释放价值红利"[①] 的原则，合理降低市场主体获取数据的门槛，增强数据基础要素共享性、普惠性，激励创新创业创造。基于政府的开放数据，创新应用不断涌现。开放的数据基础要素可以为创新者提供丰富的数据资源，促进社会各界开发基于数据的创新应用。这些创新应用包括但不限于数据可视化、智能分析、预测模型等，有助于提升社会治理的科技含量和效率。

对于企业而言，可以利用政府开放数据开展市场调研、产品开发、营销策略等方面的创新。通过政府公开的经济数据和市场信息，企业可以更好地了解市场需求和趋势，优化产品设计和营销策略，提高竞争力。对于科研机构而言，可以利用政府开放数据开展科学研究和技术创新。对于非营利组织而言，可以利用政府开放数据开展社会调查、公共服务评估、政策倡导等；通过政府开放的社会经济、教育、卫生等数据，非营利组织可以更好地了解社会问题和公众需求，提出解决方案和政策建议，推动社会进步。最后，对于个人用户而言，个人开发者和数据爱好者可以利用政府开放数据进行个人创新应用开发。基于政府开放数据开发各种应用程序、

---

① 《中共中央 国务院关于构建数据基础制度更好发挥数据要素作用的意见》，https://www.gov.cn/zhengce/2022－12/19/content_5732695.htm，最后访问日期：2024 年 7 月 27 日。

数据可视化工具、智能分析模型等，满足了个人兴趣和需求，同时也为社会提供了多样化的数据应用服务。

目前，数据和技术与社会治理的融合度越来越高，在诸多公共服务领域和私人领域，如医疗、治安等领域已经普遍应用。在医疗领域，如深圳、武汉等地的智慧医疗服务发展已取得了诸多的实践成果，其以大数据为依据，借助手机、平板等移动终端，将医疗信息直接传递至患者。在此基础上，政企合作开发的各类信息服务 App 已经实现了远程预约、挂号等功能，电子病历系统的建立使诊疗、付费等流程都实现了信息化升级，患者无须排队等待即可完成各项流程，极大地节约了就医时间（宋玉，2021）。

二　数字政府驱动城市公共服务体系建设

城市治理现代化要坚持为民服务的理念。数字政府建设是创新政务服务理念和方式的重要举措，优化城市公共服务体系建设也是数字政府的重要目标。数字政府推广城市新服务与发展理念，推动多元协同服务网络构建，在时间和空间上打破服务壁垒，以实现更高质量的政务服务。

（一）数字政府推广城市新服务与发展理念

2022 年《国务院关于加强数字政府建设的指导意见》指出，坚持以人民为中心是推进数字政府建设的价值导向，坚持改革引领是推进数字政府建设的行动指南，坚持数据赋能是推进数字政府建设的发展动力，坚持整体协同是推进数字政府建设的实践路径[①]。在数字政府建设过程中体现的治理理念将推动整体城市服务与发展理念的更新。具体而言，数字政府的治理理念和形态表征为追求构建服务型、创新型与开放型政府（鲍静等，2020），将会以点带面地推动人本城市、活力城市和包容城市建设。

1. 以服务型政府促进人本城市建设

数字城市的建设目的是更好地满足人民的需要，让人民均等化地共享

---

① 《国务院关于加强数字政府建设的指导意见》，https://www.gov.cn/zhengce/content/2022-06/23/content_5697299.htm，最后访问日期：2024 年 7 月 27 日。

发展全过程。数字政府的建设不仅停留在表层的"数字"层面，也不仅是依托数字技术开展的融合创新，背后的深层次关切是满足广大城乡居民各类多元服务需求，树立以人民为中心的服务意识，着力打造"管家服务型"数字政府（熊东旭、成凯，2023）。通过数字和技术促成的集体体制改革、服务流程更新、新服务设施建设，提升了政府服务能力，让政府能力以"看得见""摸得着"的成效展现。

人本的一个重要表现是数字政府促使政府回应性的增强，从而加强民众对于政府的信任（聂爱云、靳云云，2022）。借助数字技术，政府回应在提升政府信任水平方面发挥了关键作用，从自下而上和自上而下两条路径，即依靠自下而上反馈的公众满意度推动数字政府平台对公众的有效回应和通过自上而下的政府绩效促进数字政府平台对公众的积极回应，如"放管服改革""最多跑一次"，促进了公共价值营造（韩啸、汤志伟，2022），以优化政府服务环境为起点让人们感受到了城市的温度，让城市的人本性得到体现和深化。

2. 以创新型政府促进活力城市建设

数字政府建设需要革新理念、统筹规划、强化创新，以增强其内在活力。在数字政府建设过程中，涉及多方面的创新，具体包括技术创新、管理创新、服务创新、合作创新和治理创新。技术创新表现为数字政府变革内容中的新技术应用，以技术为核心推动数据汇聚和平台打造，是数字政府建设的基础。管理创新是指组织结构和管理流程的再造，数字政府需要统筹协调各部门各领域，综合考虑业务、服务、数据、技术、绩效等诸多因素，健全完善与数字化发展相适应的政府职责体系和流程安排。服务创新是指建立全面供给、实时响应和全程跟踪的服务机制，以提高政府服务能力为导向。合作创新是指在公共服务供给和政府管理中扩展部门边界的活动，既包含政府与其他组织的合作，也包括政府体系内部不同层级、不同部门之间的合作（吴建南等，2011）。

数字政府创新理念导向将系统改造城市政治生态，引发数字政府创新的溢出效应（李世奇，2022），刺激其他社会主体开展创新活动，引导活力城市创建。一是政府创新在社会创新中具有示范作用（秦平，2015），创新的理念和方式会扩散到其他社会主体中。二是基于政府创新理念的实际政府创新行动将为其他社会主体提供保障，例如，政府对企业的研发补贴作为政府创新政策中直观体现政府创新导向的措施是分析政府创新驱动主观能动性的合适切入点。

3. 以开放型政府促进包容城市建设

在政府治理的传统形态下，由于信息获取不足、参与成本较高等问题，公众和企业等社会主体通常处于政策过程外围，只能作为被动的接受者而无法触及决策"黑箱"。而在数字政府建设过程中，政府透明度得到提升，开放型政府建设得到有效促进。

以互联网、社交媒体、开源社区等为代表的数字平台能够有效减少公众和企业参与政策过程所遭遇的阻碍，推动开放型政府的建设，进一步加强政企合作和政民互动。以企业为例，通过网络公开投标和申请等形式，企业可以以透明公开的形式进入与政府合作的领域。各地政企合作在项目规划、方案设计、基础设施建设、业务应用开发、运维服务、政务信息资源利用、资金筹措等方面的作用日益显著，政府获取了更专业化、更高效能的产品和服务。以民众为例，政民互动是数字政府作为一个整体、开放的平台，与民众进行直接的互动和沟通，政府的行政运行从条块分割、封闭的架构迈向开放、协同、合作的架构，以政府为主体转变为政府-社会协同互动的公共价值塑造过程。该过程有助于保障社会公众的知情权、参与权、表达权与监督权，也便于政府倾听民意、了解民声，化解潜在的社会矛盾，改进政府与公众的互动关系，增强政府的公信力，促进城市主体的良性互动。

数字政府建设的基础是数据，数字政府建设的一个重要内容是建成高效的数字资源开放共享机制。数据共享打破了不同数据之间的界限，打破了不同部门、不同组织之间的藩篱。以数据共享为基础，国家治理过程协同化、整体化得以实现。共享分为双边模式和第三方模式两大类。双边模式是数据提供方和数据需求方通过一事一议或者共享协议直接对接的一种共享方式。第三方模式是中心化的信息共享方式，要求数据提供方将数据通过统一的交换平台汇集到权威第三方，并以第三方为数据需求方提供数据的一种方式。通过不同的方式，数据在不同主体之间的协同和流转进一步丰富了政府的开放层次，也传播了开放型政府和开放型社会的理念。

（二）多元协同的城市服务体系

城市服务涵盖了公民和企业行动的方方面面。政府掌握社会主体的核心信息，是城市服务体系构建的核心主体；同时，城市服务的最终对象是公民和企业，需要公民和企业切实参与到城市服务体系构建当中，以细化政府服务、填补政府服务的空缺。

1. 政府横纵协同打造城市服务核心

传统政府在服务过程中常常面临横向与纵向的阻碍：在横向的"块块"上，不同部门之间由于信息壁垒，难以跨部门服务，需要群众多头跑；在纵向的"条条"上，同一部门的上下级之间存在信息鸿沟。这导致服务供给困难，难以在部门、层级和地域上实现系统互通和业务统筹。数字政府的构建可以利用技术突破公共服务供给的多维障碍，推动构建覆盖省、市、县、乡、村和不同部门的数字化公共服务体系。

在组织结构上，数字政府作为一种新型国家治理方式，组织机构的变革贯穿于其建设的始终①。首先是技术赋能治理能力，数字政府新技术应用过程中，数据流"穿透"职能线，将传统机械僵化、金字塔式的科层制体系逐步转变为网络状、扁平化、开放式、整体性的治理体系，确保形成"上、下、左、右"互联互通的组织架构（刘祺，2022）。其次是打造网络型的治理结构。整体型数字政府不仅需要协同，更重要的是协同的质量——快速而敏捷。数字时代将改变城市不同主体的联结方式并促进政府组织变革，层级式不再是信息有效的传递方式，相反会成为信息传递的壁垒。扁平化、广播式、交互式、去中心化的组织形式将会出现，重新定义政府组织内外协同共享的信息机制，城市不同主体之间的相互合作与知识共享取代原先的相互牵制与信息封锁，提升了政府的公共服务能力。

在运作逻辑上，数字政府建设以技术融合赋能组织变革，以业务融合再造政府流程，以数据融合重塑发展生态，通过将一般服务流程嵌入数字化系统的过程当中，适应数字化系统的直线流程性，实现公共服务流程优

---

① 《协同治理推进数字政府建设——〈2018 年联合国电子政务调查报告〉解读之六》，http://theory.people.com.cn/n1/2019/0626/c40531-31196849.html，最后访问日期 2024 年 7 月 27 日。

化。政府和其他社会主体的运作需要相结合，在数字政府建设引导下形成整合型治理形态。政府各部门在职权划分、业务沟通、信息共享等方面加强协调配合，在彼此边界上既职责分明又协同行动，实现政府跨部门管理服务一体化。通过信息化手段构建虚拟的大部制，突破时间、空间与部门分割的限制，全方位地向社会提供优质、规范、透明的管理和服务。基于此，可以构建起一个由政府主导的、在较高层次实现统筹的公共服务体系，构成城市服务体系的基础，满足城市服务的主要需求。

2. 社会多元主体参与构建城市服务体系

在经济全球化、社会信息化、区域一体化的当今时代，面对日益纷繁复杂的跨区域公共事务和民众对于高质量公共服务的要求，单一主体治理模式已然难以有效应对，需要倡导多元主体协作，有效整合系统内外部资源。同理，数字政府构建的公共服务网络平台也需要依托社会主体共同参与，提供协同化和体系化的公共服务。

在理念上，数字赋权解构了传统国家、社会的二元格局以及"权力-权利"的二元形态，多元主体合作形成了数字治理"权力（政府）-权力（社会）-权利"的三元结构，"政-企-民"三元主体以及互动关系图谱形成，协同价值共创成为可能（金瑶、张毅，2023）。数字政府的核心就是"政府、社会、公民和其他利益相关者借助包括门户网站、社交媒体、移动客户端、大数据分析、云计算等各种信息技术，实现创造公共价值的治理模式"（翟翌、刘杰，2024），在理念上要求打造多元主体和多场域可参与的扁平型政府。在更深层次上，数字政府建设与全过程人民民主彼此协调、相互促进，以推动城市协作氛围的营造和协作理念的更新。

在行动上，数据技术的应用可以使得政府、市场、民众之间的供需匹配度有所提升。首先，技术平台和网络空间为协同价值共创提供了主体嵌入方式、互动路径、运行逻辑与时空场域，对多元主体合作关系谱系与利益地图进行重构，形成服务圈层机制，在服务供给者和服务对象之间形成有效对话，进一步增强公共服务供给韧性。其次，数字政府还积极通过政府与社会主体的合作创新来进行公共服务设施建设，让服务需求方也直接参与到服务供给当中。新时代数字政府改革，进入"政企合作、管运分离"阶段，政府与市场深度合作、各司其职，做好数字政府建设工作（刘祺，2022），构建起由政府主导、社会主体深度参与的城市服务体系。

（三）打破城市服务的时空壁垒

政府是城市公共服务的提供主体，数字政府建设有助于提升城市公共服务能力。城市公共服务能力体现在多个方面。首先，数字技术的应用可以突破时空限制，通过线上线下多流程实现公共服务覆盖范围的扩大并使其更加便捷普惠。其次，数字政府建设可以打破政府内部不同部门之间数据共享的技术壁垒，通过搭建数据融通的办事平台，让公共服务更精简精准。

1. 以便捷普惠增强公共服务可及性

从 2022 年 6 月 23 日印发的《国务院关于加强数字政府建设的指导意见》提出让公共服务"泛在可及"①，到 2024 年 5 月 14 日印发的《关于深化智慧城市发展 推进城市全域数字化转型的指导意见》提出"丰富普惠数字公共服务"，可见建设普惠可及的公共服务网络是数字政府建设的重要任务，也是数字城市建设的重要目标。现代数字技术和信息技术是公共服务优化的基础，可为公共服务优化提供技术可行性；而公共服务优化的最终目标是构建突破时空束缚的，全时在线、渠道多元、全国通办的一体化政务服务体系，让企业和群众随时随地享受到政府提供的服务。

公共服务普惠度提高的基础是现代技术支撑的部门间的数据流通。由于历史原因和技术条件限制等诸多因素影响，目前政府各部门之间的政务信息自成体系，数据流通渠道较难打通且开放程度不足，由此产生的信息鸿沟就逐渐演变为信息壁垒或信息孤岛。这导致在公共服务业务办理当中，各地相关部门缺乏信息共享机制，资料比对流程复杂，使得业务办理效率较低。政府内部通过数字战略的实施，打破政府各部门、各层级之间的信息孤岛，建立起基于政府内部数据融通平台的高效办事网络，节省社会交易成本（戴长征、鲍静，2017）。建立政府内部数据融通平台，整合

---

① 《以数字化改革助力政府职能转变 提升政府履职科学化精准化智能化水平》，https://www.gov.cn/xinwen/2022-08/26/content_5706936.htm，最后访问日期：2024 年 7 月 27 日。

不同部门的数据资源，提高数据的利用效率。推动政府部门数字化转型，提高公共服务的效率和质量。自助服务平台、在线申请系统和智能客服等技术可以帮助政府更快地响应民众需求，通过数据融通，建立一站式的公共服务平台，让民众能够在一个平台上完成多项服务的申请和办理，为民众提供更快速、更便捷的服务。

数字政府提供城市公共服务的普惠性体现在空间、时间和渠道上。第一，在空间上，数字政府应用数字技术可以打破地域限制和场地限制，拓宽数字服务的范围，以标准化服务事项体系建设为基础，推动政务服务从全市通办向全省通办、跨省通办、全国通办、全球通办演进，实现服务不受区域限制，无差别受理、同标准办理。第二，在时间上，数字政府依托数字化的公共服务平台、智能系统和自动化流程，能够对民众诉求进行实时响应和处理，做到"实时在线"和"实时响应"。相比于传统的线下模式，通过在线预约、自助服务和快速审核等功能，数字技术可以减少公众等待政府服务的时间。在政府一侧，数字技术可以加快政府内部流程和决策的进程。自动化流程、数据分析和智能算法可以提高工作效率，减少人工干预和耗时的手动操作，从而加快政府服务的提供速度。第三，在渠道上，数字政府构建了城市服务的多元渠道，吸纳社会主体参与城市服务。政府将推出融合线上与线下、政府与社会的各类办事渠道，推动政务服务向第三方渠道同源发布，充分发挥社会力量的作用，持续推动"一网通办"改革成效向偏远地区辐射，向乡镇（街道）、村（社区）延伸，打通基层办事"最后一公里"，实现"办事不出镇（村）"，有利于城市多元协同发展，增强公共服务的普惠性。

2. 以精简精准提升公共服务满意度

数字政府建设必然带来公共服务流程和模式的创新。首先，数字技术平台搭建将推动政务服务线上线下标准统一，形成更加规范统一的服务流程，将繁琐的流程适配到有逻辑、有引导性的技术网站中，搭建一站式集成的政务服务网络平台。2023 年 8 月 18 日印发的《关于依托全国一体化政务服务平台建立政务服务效能提升常态化工作机制的意见》中提及，需要强化政务服务渠道统筹和线上线下协同服务机制。数字政府从为群众、企业办事的视角，围绕个人从出生到死亡、企业从准入到退出两个全生命周期，整合便民惠企的高频刚需服务，实现各类场景化应用"一端"集成、"网购式"办事。其次，政府数据的跨部门整合是促进公共服务更精简的关键，数字化的公共服务平台通常整合了多个政府部门的服务，使公众可以在同一个平台上完成跨部门的业务，避免了反复跑腿和填写重复信息的麻烦。标准重塑和数据共享共同推动政务服务更精简、更便捷，让群众"少走一步路"。最后，数字政府可以进一步创新智能化体验：加强智能搜索、智能问答、智能推荐、智能审批等服务方式创新，丰富并优化服务体验。以智能审批为例，以数据比对、程序判断代替人工审批，推动业务流程再优化、表单材料再精简、数据共享水平再提升，实现审批零人工、准实时。

数字政府推进的数字化技术能够支撑更个性化的服务场景。2024 年 1 月 16 日印发的《关于进一步优化政务服务提升行政效能推动"高效办成一件事"的指导意见》中提及，需要全面强化政务服务数字赋能，充分发挥政务服务平台支撑作用。以数字政务服务技术为依托的政务服务平台可以根据用户的需求和情况提供定制化的服务。通过数据分析和人工智能技术，政府可以更好地理解公众需求，为不同群体提供精准化服务，实现"服务提供前主动推送、事中服务精准化引导和审批精准化分发、事后评价精准化反馈"。在当前广泛的政务服务平台中，个人应用场景和企业应用场景已经得到区分，实现了与群众和企业生产生活密切相关的服务全覆盖。面向个人构建从出生到养老的数字服务体系，包括打造幼有所育、健康医疗、交通出行、学有所教、住有所居、弱有所扶、老有所养等服务场景应用；面向企业构建国际一流营商环境服务体系，包括实施企业开办、变更、注销等惠企政策，以及打造普惠金融、综合纳税、专项资金、用工就业等服务场景应用，逐步形成标准化、普惠化、均等化、智慧化的全方位服务体系。

三 数字政府引导城市多元主体间更紧密的数字化协同

城市作为一个复杂的系统，其内部包含了政府、企业、社会组织、居民等多个主体。这些主体在城市建设和发展过程中各自扮演着不同的角色，拥有不同的资源和能力，同时也面临不同的挑战、具有不同的需求。所以，城市主体紧密协同既是城市高质量发展的手段，也是城市建设的重要目标。政府在此过程中应发挥主导作用，搭建协同平台，清除技术壁垒和信息壁垒，营造协同空间，更深层次地引导社会整体数字素养与能力的提升。

（一）政府主导构筑多元主体数字化协同平台

1. 政府转型搭建信息沟通和反馈的平台

数字时代的政府转型。党的十九大做出建设数字中国、网络强国和智慧社会重大部署后，党的十九届四中全会明确提出："建立健全运用互联网、大数据、人工智能等技术手段进行行政管理的制度规则。推进数字政府建设。"而数字政府是以信息技术为手段的，代表着一种新的治理模式，具有集"技术"、"组织"和"权威"于一身的复合性特征，既促成了政府和数字技术的发展与融合，又促进了数据的横向及纵向流动与整合，使政府的治理结构从"碎片"走向"整体"，治理方式更加数字化、智能化，治理过程更加开放、透明和高效，进而提升了治理水平与治理绩效（蒋敏娟、黄璜，2020）。而与之相伴的数字治理是政府数字化建设迈入变革期，促进政府治理数字化转型，实现政府改革、服务、治理和创新，加快推动国家治理体系与治理能力现代化的必然选择（司一夫，2021）。

狭义的数字治理主要可以通过三个主体、两个层次来理解。三个主体是指政府、市民社会和以企业为代表的经济社会，两个层次是指政府与公民 G2C（government to civil society）、政府与企业 G2B（government to business）、政府与政府 G2G（government to government）之间的互动和政府内部运作 IEE（inter-government efficiency and effect）。互动，指的是政府产品和服务的提供、信息交换、交流、审批和系统整合等活动；政府内部运作，是指所有后台办公过程和整个政府内部行政系统之间的互动（徐晓林、刘勇，2006）。而要实现多元主体数字化协同，打造多元主体协同共治的新型治理模式，需要政府的数字化转型与建设。

数字治理的平台构建。在信息技术和电子政务的推动下，数字治理应运而生，成为信息社会实现城市政府治理的新思路。为实现政府转型，打造多主体协同共治的新型治理模式，政府需要搭建一个促进社会与政府，以及城市多元主体之间信息沟通与反馈的平台，为治理转型提供技术与平台支撑。如杭州市打造的城市大脑、青岛市市南区发展的"5G+"城市基层治理项目、常州市建设的"一网通办"，信息沟通与反馈平台在数字政府提升城市治理与建设、民生服务水平方面发挥着重要作用。一方面，在政府内部，数字化协同平台能够促进部门间的信息共享和多部门的协同联动，提升其综合治理的能力以及服务与管理效能；另一方面，在政府与社会之间，政府搭建数字化协同平台能够有效促进社会民众参与到城市治理当中，为政府工作建言献策，同时有效监督政府的管理与服务行为，强化政府与民众的关系，增强整体的城市治理建设活力，提升城市治理精细化水平，初步形成"用数据说话、用数据决策、用数据管理、用数据创新"的城市治理新模式。

2. 治理空间开放互联

信息平台破除传统障碍。市民社会与政府间关系的重要影响因素之一就是市民与政府之间的互动关系，并且这种互动关系的双向性越强，市民社会在城市治理与发展中的力量就越强。在传统社会中，由于时空不统一、信息不完全，市民与政府之间存在较严重的信息壁垒，传统的治理模式是政府对于市民社会的单项管理，缺乏市民对政府的反馈机制，缺乏相应的技术与平台等的支持，政府往往不能达到有效的信息回应，市民与政府共治的模式难以形成。即使一些城市基本形成了市民内生的治理网络，但市民与政府之间的双向性极弱，市民社会的力量很小，无法形成城市政府善治的社会基础（徐晓林、刘勇，2006）。而在信息社会，这一问题得到了比较彻底的解决。

首先，数字平台能提供市民社会参与的良好信息环境。传统政府的运作和决策过程很大程度上对公众是保密的，城市政府掌握着大量的公共信息资源，处于绝对的信息强势；而市民相对处于信息弱势，信息不对称是造成社会参与障碍的最大问题所在。城市政府门户网站的建立，将大大推动信息产生、提供、获取和处理的能力与速度，同时也保证了信息的真实性，从而使市民可以随时掌握政府信息，避免了因信息不对称而造成的非理性判断。同时，充分的数字信息更是民众参与社会治理的重要基础，信息的公开是民众参与社会治理的重要前提。公众以政府信息为依托，能够通过信息对于政府工作进行监督，通过意见反馈参与到政府的决策及其执行当中，改变传统的政府主导治理模式，推进多元主体协同治理。

其次，数字平台能提供市民社会参与的便捷渠道和技术手段。数字平台打破了过去对于社会参与和政民互动的时间与空间壁垒，拓展了市民社会中政府与民众交流互动的渠道。由于过去有限的线下互动渠道，只有少数有知识、有能力、有时间的人才能够参与到线下的交流之中；而互联网平台的出现提供了更为灵活的时间选择，允许市民根据自己的时间安排参与互动，使得任何在线上的人都可以参加。数字平台更提供了论坛、社交媒体、在线调查、虚拟会议等多种互动方式，满足不同市民的参与偏好。城市政府与公民之间得以通过各种电子渠道和网络平台联结起来，极大地方便了市民对社会治理的参与。

最后，网络的独特性有助于激发公民的公共参与积极性。网络的虚拟性能减少市民参与社会治理的不安全感，网络上的参与往往是自主的，而且这种参与可以随时加入、随时退出，有很大的自由空间。网络的信息保护与匿名性让公民有参与的安全感，提升其参与的自由度，降低被问责的风险与安全风险。多样化的网络参与渠道更有利于满足不同网络用户的参与需求，为民众参与、反馈意见提供多种选择。此外，数字平台具有包容性，数字平台使更广泛的群体，包括以往难以进行社会参与的边缘群体，更容易地进行社会参与。网络的互动性使市民不仅仅是信息的接收者，还成为主动的生产者或选择者。网络提供的市民与政府官员直接的对话机会将增强市民的政治功效感，激发市民参与社会治理的热情（徐晓林、刘勇，2006）。

（二）数字平台打破数字壁垒推动协同治理

1. 数字信息的生产协同

信息的生产协同提高运作效率。随着社会进入数字时代，以大数据、云计算和物联网等为信息技术基础的数字平台，实质上已颠覆了传统社会信息获取与传播的方式，数字平台的建设与价值共创需要更多政府外部的主体的加入（刘洋等，2020）。与企业分析的理论相似，在数字平台生态系统当中，政府内部与外部的边界概念会有所模糊，需要在数字平台中，注重多元主体信息共享与价值共创。随着人工智能和物联网技术在农业、工业、交通、医疗等诸多领域的普及，平台化可以让存在集成依赖的多元主体通过智能物联实现一致行动和标准化协调，提升政府利用社会资源的效率。使用智能物联设备和自动分析模块之后，政府不再需要投入大量的人力资源去实地掌握民生情况，避免了基层业务员重复采集数据的情况（曾渝、黄璜，2021）。

网络监管破除信息壁垒。数字化给政府带来的挑战之一就是"监管困难"与模糊化。数字化转型催生的新业务普遍具有技术化、信息化、个体化的特征，如网约车、外卖平台、电商等，其技术方面的可及性困难对传统的监管体制提出挑战。但同时，互联网的重要特征是开放、共享、全民参与，"少数大型平台+大量商家+众多网民"逐步成为主流的产业组织模式。随着数字平台越发建设完善，数字透明的要求与数字监管的压力会促使更多的社会经营主体、各类企业主动在数字平台上公开经营信息，以获取公众信任。在市场竞争机制中，大型企业平台既有规范平台秩序的内在动力，也有创新管理手段的能力，包括构建平台规则约束主体行为，建立网民点评的商业模式，依据网上行为建立信用评价系统，建立用户投诉渠道等。此外，也有许多社会群体与社会组织甚至是个人利用网络平台对企业、公众等进行监管，在数字平台上曝光相关的信息，这为政府监督与管理企业相关经营行为和对数字媒体、数字经济进行有效控制提供了信息支持，形成了政府、企业和网民等多利益相关方共同参与的治理格局。而政府通过进一步加强与网络平台企业的合作，能够利用网络平台的信息汇聚优势，有效提高监管服务效能。

数字平台打破了传统的信息流动与单一互动模式。社会多元主体能够参与到数字平台建设之中，提供数据和信息，为建设数字城市、实现有效治理提供重要支撑（黄璜等，2022）。在线信息共享，有助于打通上下信息流通渠道，提升政府运作效率。在 2021 年 7 月河南省遭遇的暴雨灾害中，一份名为"待救援人员信息"的"腾讯文档"在网络中传播开来。该文档最初由 30 多名互不相识的年轻人发起创建，随后参与队伍不断壮大，累计有数百名线上志愿者一起参与信息汇总工作。从最初的"被困酒店"

"被困地铁""被困屋顶",到"救援队到了""已成功救援"……各种求助信息和救援力量不断地"涌入"文档。从 7 月 19 日晚间上线到 22 日中午,该文档统计了数千条救援信息,在其子表格中又新增加了求助信息、避险地点、医疗信息、心理疏导等分页。这是民众自发地进行信息汇总与共享,为政府应对紧急突发事件、提高风险抵御与应对能力以及增强救助的准确性提供了重要的信息支撑。这不仅极大地帮助了政府有效治理的开展,同时减少了政府行政成本的损耗,真正实现了高质高效高速的政府服务。

2. 数字信息共享推动协同共治

数字技术为协同共治提供保障与支撑。数字技术在促成多元主体达成治理共识的过程中存在多方面的优势。第一,数据流动和信息共享加强了政府组织之间、政府组织与公民个人之间,以及公民个体之间的多层沟通。如在具体治理事务层面,数字技术赋予公民更加多样和丰富的表达方式与更大的行动空间,提供传递需求的渠道,增进了网络协商与实时互动,推动了社会交往与理解,更易达成行动共识。第二,数字平台以信任机制促成治理共识的达成。区块链技术中的共识机制因其不可篡改与自动执行特征,不仅能够保障参与者信息的高度安全,同时使得治理主体间信任关系的建立趋于简单、透明与稳定,进而重构了数字时代的信任机制,降低了多元主体的协调与合作成本(关爽,2021)。数字平台建设的技术保障为基于数字信息共享的社会多元主体的协同共治提供了基础性支撑。

社会群体参与弥合治理鸿沟。政府在进行社会监管时,因为其资源的有限性与信息获取的非直接性,会存在一定的管理滞后与不完善的问题。而在国家权力之外,新闻机构、社会组织和公民个人可以形成更大的治理共同体。在数据透明与安全性的保障下,社会多元主体可以积极利用公开信息进行社会治理,通过数字平台与数字政府合作对社会中侵犯公民权利,影响市场竞争、社会秩序、公共安全等行为进行全方位、多层次的监督,这样可以更好地达到城市治理中的协同共治与算法善治(张吉豫,2022)。此外,数字平台还能够促进社会资源的有效整合与配置。比如,基于数字技术的线上云课堂、远程问诊、水滴筹等扩大了传统社会群体间互助的范围并增强了可及性,有效缓解了社会不同地域与不同主体之间社会公共资源不平衡的问题。社会治理共同体在数字技术的推动下，能够带动社会资源和自治力量，补齐社会治理公共服务短板，合理分配社会公共资源，助力实现社会公共资源共享的目标（杨平、胡婷婷，2024）。

（三）推动社会整体数字素养与能力的提升

数字政府建设能够促进社会整体数字素养的提升。近年来，随着5G、区块链、人工智能等技术对社会各行各业、各个领域的赋能，数字城市的全面发展客观上要求数字技术与城市生产、生活、生态、治理等多领域全方位融合，依赖于市民对各领域数字化实践的深度参与，因而对市民数字素养提出越来越高的要求。2021年印发的《提升全民数字素养与技能行动纲要》提出，"数字素养与技能是数字社会公民学习工作生活应具备的数字获取、制作、使用、评价、交互、分享、创新、安全保障、伦理道德等一系列素质与能力的集合"。数字素养不仅包括纯数字技术的技能，还包括认知技能、情感技能和社交技能（肖俊洪，2006）。数字素养是运用数字技术批判、评估、交流不同格式的信息并创造新知识的能力（程萌萌等，2015）。促进社会层面的数字素养的提升，需要着眼于数字技能与数字思维两个方面。我国未来数字素养目标要求到2035年全民数字化适应力、胜任力、创造力显著增强，全民数字素养与技能达到发达国家水平。数字素养与技能水平提升的环境显著改善，基本形成渠道丰富、开放共享、优质普惠的数字资源供给体系，初步建成全民终身数字学习体系，老年人、残疾人等特殊群体的数字技能水平稳步提升，数字鸿沟加快弥合。劳动者运用数字技能的能力显著提高，高端数字人才队伍规模明显扩大。全民运用数字技能实现智慧共享、和睦共治的数字生活，数字安全保障更加有力，数字道德伦理水平大幅提升。基本建成数字人才强国，全民数字素养与技能等达到更高水平，高端数字人才引领作用凸显，数字创新创业繁荣活跃，为建成网络强国、数字中国、智慧社会提供了有力支撑。

政府引导促进全民参与数字治理。数字化转型改变了传统国家治理中以"单向控制"与"代议互动"为主导的治理模式，民众成为数字治理中的重要主体。社会形态的改变使得社会决策根植于更宽广的社会信息网络之中，个人正在演变为整个社会决策中的一个有机组成部分；有关社会运行管理的政策产出越来越体现为不同民意之间的妥协，而不是精英之间的共识（戴长征、鲍静，2017）。基于此，政府根据数字信息平台的特点，改变原有的政民互动方式，民众由被动地被治理，成为治理的建言者与参与者。通过运用政府引导与感召的方式，政府的数字化治理思维、数字化理念会对民众产生濡化、引导和培育的效果。在"政府主导、社会协同、价值引领"的宏观话语体系基础上，在政府内部培育层级治理的整体性意识的同时，在政府外部也能培植协同共治理念，鼓励民众参与到整体的数字城市治理当中，自下而上地为政府机构增能（赵娟、孟天广，2021）。在政府的引领下，政民共治一体化发展，创建基层社会治理新模式，加强和创新基层社会治理，强化群众主体作用，不断激发群众参与社会治理的积极性和主动性。

社会参与促使民众形成数字协同理念。随着数字政府转型的深入，社会民众与社会组织在信息共享与社会协同治理中发挥着越发重要的作用，这会为民众积极主动参与数字协同治理提供正向的激励，形成一种正反馈机制。"政务公开""透明化"的政府通过数据和流程等的开放透明，可吸纳多元主体参与到政府治理过程。社会个体能够接触到更多的政府数据资源，并参与到社会治理中，影响政府行为的能力增强。利用数字平台，社会主体可以有效发挥自治作用。在网络平台的帮助下，个体的声音能被迅速扩散，产生巨大的传播力，甚至影响到政府治理与服务的导向。这使得社会民众更加感受到其自身的影响力，增强其参与信息传播共享与社会治理的积极性。数字政府通过平台与社会民众进行有效的互动，极大地激发了民众主动参与政民互动的热情。社会民众主动转变身份，从被动的受治理者变为治理的参与者，构筑协同共治的数字生态系统。

四　数字政府驱动的数字城市建设案例

（一）杭州城市大脑建设

杭州城市大脑是一个人工智能中枢，它的内核采用阿里云 ET 人工智能技术，可以对整个城市进行全局实时分析，从而自动调配公共资源，修补城市运行中的漏洞，逐步成为"让城市更美好"的超级人工智能。2016

年开始，通过交通先行、"从点到线、从线到面"的逐步推进，杭州城市大脑取得了初步成效并持续推进建设。

1. 交通先行，探索城市大脑治理模式

早在 2016 年，在杭州市政府和阿里云的大力推动下，杭州市萧山区就率先开始了城市大脑建设，它的第一个目标就是解决城市交通拥堵问题。经过 1 年的开发与测试，于 2017 年 10 月，阿里巴巴正式发布"城市大脑 1.0 系统"，其先行应用是"交通小脑"。2016 年 5 月，城市大脑确定在萧山市心路先行先试，其中的交通模块——"交通小脑"由此诞生。与传统的交通监控系统相比，"交通小脑"在信号算法、视频流分析上有重大技术突破。该系统覆盖了杭州主城区莫干山路区域等主干道、南北城区部分快速路及萧山城区。

在杭州萧山区的部分路段的初步试验中，城市大脑通过智能调节红绿灯，车辆通行速度最高提升了 11%。高德地图等第三方发布的数据显示，杭州市道路拥堵排名，从 2015 年的全国前 3 位下降到 2018 年的第 57 位。2018 年国庆期间，杭州绕城公路延误指数为 1.18，首度未进全国高速拥堵榜单。目前，城市大脑每 2 分钟便对城市道路交通状况进行一次扫描，实时感知在途交通量、延误指数、拥堵指数、快速路车速等 7 项"生命指标"，并对可能发生异变、突变的交通趋势提前做出警示，为指挥人员采取交通诱导措施、调整交通组织、做出勤务部署等赢得时间、占据先机[①]。

2. 数字赋能，推动城市治理转型升级

在智慧治理时代，城市大脑不仅能够在交通领域发挥作用，还能够扩展至整个城市治理与公共服务领域，因此杭州城市大脑智慧治理项目逐步向相关领域不断拓展。

集约建设，深度整合。杭州市持续推动城市大脑通用平台建设，注重顶层设计，打造统一的系统架构，促进政府部门间互联互通、数据共享，消除治理中的信息孤岛问题，实现数据资源共享，强化城市大脑推动政府

---

① 《智慧城市的"大脑"——来自杭州萧山的新实践》，https://www.sohu.com/a/191300961_655713，最后访问日期：2024 年 7 月 26 日。

数字化转型的作用。同时，杭州市政府更加注重创新驱动的力量，重视产业对数字城市建设的作用，加强城市大脑三大支撑体系建设，包括数字化基础支撑、标准规范支撑、技术产业支撑。在基于人工智能的感知、分析、决策能力方面取得突破，形成自主可控的技术产业体系，城市整体运行的数字映射基本得以实时呈现，形成一批基于城市大脑的治理应用，在交通、城管、经济、健康、环保、文旅等领域实现综合应用。

以人为本，强调应用是杭州城市大脑建设的重要导向。在"互联网+政务服务"中，城市大脑发挥其大数据治理的特性，专攻群众服务中的难点与痛点，基于通用数字平台上各个区域与部门的高效协同，在社会和民生领域拓展应用、做出成效，真正解决城市治理难点和老百姓的痛点，让老百姓充分感受到实惠和便利，切实增强获得感与幸福感，让数字政府真正实现解民忧、纾民困、暖民心，为民众提供更多精确、高质量、便捷的服务。运用城市大脑持续推进治理方式与服务方式的转型升级，城市精细化管理和精准化服务迈上新台阶。

3. 城市大脑 2.0 建设，推动数字城市持续发展

杭州城市大脑 2.0 推进会于 2024 年 3 月 29 日上午召开。会议强调，未来城市大脑建设要进一步坚持解放思想、争先创优，抢抓人工智能机遇，聚力增智提效赋能，持续推动城市大脑迭代升级，以一域之力为全省乃至全国智慧城市建设贡献更多杭州经验[1]。

当前，人工智能技术的发展带来了新机遇，这也为城市综合治理带来了新使命，杭州城市大脑品牌塑造面临新挑战。要准确把握新形势下城市大脑建设的使命任务，以解决城市发展中的问题为导向，以新视角、新高度推进先行先试、创新突破，努力在城市大脑、智慧城市建设上继续走在前、做示范。作为全国人工智能重镇，杭州先后入选国家新一代人工智能创新发展试验区和国家人工智能创新应用先导区，集聚浙江超三分之一的人工智能核心企业，综合实力位居全国第一梯队。《杭州市人工智能产业发展"十四五"规划》提出，要把杭州打造为具有全球影响力的人工智能

---

[1] 《城市大脑建设为城市治理现代化献杭州方案》，https://zj.zjol.com.cn/news.html? id = 1072918，最后访问日期：2024 年 7 月 26 日。

领头雁城市。城市大脑的下一代要向"数字孪生城市"发展，简单来说，就是在数字空间1∶1实时构建一座一模一样的城市，从而全方位模拟、预测、分析、控制城市运维的全生命过程。杭州提出了自己的建设目标，到2026年"数字孪生＋"应用治理体系基本形成，走在全国前列。

（二）青岛市市南区"5G＋"城市基层治理项目

作为数字政府建设首批试点市区，青岛市市南区全力推进党建引领城市基层治理项目，建设了党建引领城市基层治理区级指挥中心及八大关、八大湖两个街级试点中心。这是市南区积极融入全市数字政府建设"一盘棋"，提高政府效能，改善营商环境，服务全区经济社会发展的重要举措。

1. 智能网格提升服务管理水平

在打造服务高效的数字政府方面，市南区推进区域治理"一网统管"，持续完善城市云脑中枢功能，构建区域联动、感知统筹、数据共享、业务融合的城市云脑赋能体系，强化社会治理网格化智慧工作平台应用，提升基层治理能力与水平。实施"5G＋"新型智慧城市示范区"头雁工程"，实现全域5G基站连续覆盖。推动政务服务"一网通办"，深化电子证照创新应用，打造无证明城区。推进"一网协同"，加快数字机关建设，非涉密业务全部实现"网上办""掌上办"，实现政务数据、公共数据有序开放，培育打造10个以上数据创新典型应用。为提升民生服务的质量与水平，青岛市深化城市运行"一个场景"建设，争创全区域、全领域数字化发展试点示范。拓展智慧教育、智慧医疗、智慧公安、智慧养老、智慧停车等示范应用，推动数字技术全面赋能社会民生各领域。

2. 数字化提升基层治理效能

青岛市市南区推进5G数字化改革，构建全区范围内整体智治、高效协同的监管执法协同体系，并越发健全完善。传统执法模式存在重复执法、交叉执法、监管缺位等问题，在5G监管执法协同体系下，这些问题将通过数字化改革一一破解，而这只是市南区推进智慧城管行政执法改革的一个缩影。市南区以数字化建设为牵引，积极探索综合行政执法与数字化深度融合，以数字化改革推动智慧城管行政执法改革深化，加快推进执法监管数字化应用在市南区落地运行，让智慧化、精细化成为行政执法的

"新标尺"，有力破解"取证难、整治难"等问题，实现行政执法和处罚办案全程网办、自动留痕，提升整体的治理效率。

目前，青岛城市云脑平台已汇聚约 64 万条人口数据、27 万条房屋数据、4 万条企业信息、2803 条网格员信息，涵盖全区 505 个基础网格。市南区城市云脑平台按照"8357"架构体系建设，打造了视频共享平台、物联感知平台、融合通信平台等 8 个基础平台，形成了市南区城市云脑基础。汇聚全区各类视频监控资源，涉及城市更新、积水路段监测、学校周边、浒苔处置、森林防火、医院周边、政府周边等 19 个应用场景，实现 4 宫格轮播及单路点播。结合 6 种 AI 算法实时监测，现已实时发现事件 40 余万件，初步实现全区视频监控资源"一屏观市南"。青岛城市云脑平台自运行以来，已上报事件 13000 余件，对接其他平台事件 21 万余件，全面提升市南区网格服务管理智慧化水平。通过加快城市云脑中枢建设，推进区域治理"一网统管"、政务服务"一网通办"、政府运行"一网协同"，市南区将实现"一屏观市南、一屏治市南、一屏享市南"的全域数字化转型目标①。

3. 数字政府营造良好数字经济发展环境

数字政府提供便捷化营商服务。市南区加快数据汇聚、强化共享应用，依托市南区一体化大数据平台，对接 17 个机构、25 个系统、61 个数据库，共汇聚 2.1 亿条数据。申请接入了全市企业近 12 个月缴纳社保人数查询接口，可获取企业就业人数变化情况，动态监测企业经营状况，及时提供相关政策服务，更精准地为企业排忧解难。通过强化数字赋能，让一流营商环境赋能城区高质量发展。

数字化建设助推数字经济腾飞。数字经济是市南区重点发力的产业方向之一，市南区将培育 10 家以上具有行业影响力的数字经济名企，发布 100 个以上工业赋能和未来城市场景，为数字经济发展提供动力。党建引领城市基层治理平台建设，利用 AI、5G、云计算、物联网、大数据、千兆光网等新一代信息技术，助推智能科技产业发展。为完善数字基础设施建

---

① 《市南区加速数字化转型试点，实现"一屏观市南、一屏治市南、一屏享市南"》，https://www.163.com/dy/article/H6ND6QHG0514DU82.html，最后访问日期：2024 年 7 月 26 日。

设，市南区将持续拓展 5G 网络覆盖广度和深度，新增 5G 基站 400 个以上，新增"全光智慧楼宇大厦"3 座，推荐培育一批低时延边缘数据中心。推进充电基础设施建设，新建充电桩 500 个以上。为广大数字经济企业提供良好环境。推进产业数字化，坚持数字赋能六大主导产业升级。推动数字金融发展，推动数字技术在金融领域的创新应用。推进数字贸易发展，推动区块链、人工智能等技术在航运贸易领域的应用，发展数字航运金融，建设航运金融信息网络平台。支持数字科创企业发展，2023 年青岛市数字化领域高新技术企业达到 60 家，数字化领域科技型中小企业达到 100 家[①]。

（三）常州市"一网通办"提高政府管理水平

常州市持续不断推动城市治理资源下沉，做强信息化治理手段，提升城市运行"一网统管"能力，推动城市管理不断向精细化和智能化方向发展。常州已初步构建了"一网统管"和数字政府建设的"四梁八柱"体系。具体而言，"一网统管"项目已建成"一基座+一平台+N 场景"框架体系，通过 20000 台标准云主机接入 94 亿条数据，"常治慧"平台在经济治理、社会治理、城市治理、安全治理四大领域建设了 39 个示范应用场景。

1."一网通办"促进数据整合

常州市城运中心作为"一网统管"的指挥中枢，大力推进政务数据整合。整合数据设施，重点推进全市统一的电子政务外网和政务云计算中心建设，实行统建统管共享。整合数据资源，加快建设国家、省、市三级互联互通的共享交换平台体系，推动各行业各部门信息向各级政府部门共享。整合项目资金，将市级财政所有用于电子政务项目的资金全部归口市大数据管理局集中管理。提高投资效益，在大数据平台的规划、利用上加强统筹，减少重复投资。不断汇聚数据、更新数据、分析数据，并通过综合态势、政务服务、产业经济、民生服务、城市治理等场景，以"一张

---

① 《打造数字城市样板青岛推进"5G+视频融合共享平台"应用》，https://news. qingdaone-ws.com/qingdao/2020-07/06/content_21981741.htm，最后访问日期：2024 年 7 月 26 日。

网"的形式展示城市运行态势，打造集事件预警、处置、联动指挥于一体的管理中枢，推动城市运行向"智慧化"转变。高质量建设新型智慧城市，常州市做实智慧治理，充分运用大数据、物联网、人工智能等信息技术，推动城市精细化管理的全覆盖、全过程、全天候。

2. 助力智慧化城市管理与服务

通过全方位实施服务平台整合，为市民提供便捷化服务。常州建设了三个统一的市级平台：一是完善"12345"政府公共服务平台，实现"一号响应"群众所有诉求；二是推进政务微信平台整合：面向市民的纳入"常州12345"微信公众号，面向企业服务的纳入"常州政企通"微信公众号，全市对外宣传信息平台全部归并到"常州发布"；三是抓好"我的常州"App 建设和推广，实现市民依托手机端"能办事""办成事"。

为打造便捷、统一的智能化政务服务，常州市依托"互联网+政务服务"模式，建设一体化的网上政务服务平台，进一步完善功能、延伸服务、深化应用，加快推进服务事项集中办理、网上服务集中提供、政务信息集中公开、数据资源集中共享，形成覆盖全市、上下联动、部门协同、一网办理的政务服务新格局，进一步推动基层"网上办件"，尽快建成市、区、镇、村"一体化"服务体系，健全镇、村两级代办机制，通过线上政务服务平台和线下实体政务大厅融合发展，全面实现政务服务网络化、标准化、均等化，最大限度减少基层群众跑政府的次数，以更快捷、更便利、更多样的政务服务体系让办事群众、企业拥有更强的获得感。

3. 数字平台打破信息壁垒

常州着力推进"一网统管"，打破部门之间的信息壁垒。根据常州"一网统管"和深化数字政府建设的相关文件，常州已初步构建了"一网统管"和数字政府建设的"四梁八柱"体系。提高智慧城市便民服务质量，实现"只跑一次，一次办成"。重点编制审批服务事项标准化工作规程和办事指南，整合多环节事项的申请材料和表单，推行一次告知、一表申请，压缩办理时限，保证合法合规的事项"马上办"。以服务事项标准化、数据信息共享化、快递寄送便捷化为基础，完善网上审批系统和线上服务平台，加快推行"网上办"。强化部门协作，推进集成服务，逐步将强制性评估、中介服务、市政公共服务等事项纳入相关审批阶段，拓展

"一次办"服务范围。

常州市加快推动各部门分散独立的政务信息系统的整合，为各类政务信息实现汇聚交换和互认共享提供支撑。以数据共享应用为抓手，建设统一数据交换平台，破除"数据孤岛"和"信息烟囱"障碍，实现通过统一平台进行数据共享交换，为"一网通办"提供强有力的数据支撑①。

---

① 《智慧常州又有大动作："一网通办" + "大数据应用"》，https：//www. thepaper. cn/news-Detail_forward_2172738，最后访问日期：2024 年 7 月 26 日。

第六章　数字经济

——技术为经济发展注入新动能

2024 年 5 月，国家发展改革委、国家数据局等四个部门联合出台《关于深化智慧城市发展 推进城市全域数字化转型的指导意见》，提出了打造"横向打通、纵向贯通、各具特色的宜居、韧性、智慧城市"的目标，从顶层设计层面推动城市全域数字化转型，并指出"培育和壮大城市数字经济"是全领域推动城市数字化转型的重要举措①。近年来，大数据、云计算、人工智能、物联网等技术加速创新，与经济发展各领域的融合程度日益加深，数字经济的发展进入快车道，数字产业化和产业数字化"双轮驱动"，为城市的数字化转型注入强劲动能。

一　数字技术促进数字经济发展

进入数字时代，新一代数字技术快速发展和迭代更新，推动数字经济逐步崛起。2016 年，在中国的主导下，二十国集团首次通过了《二十国集团数字经济发展与合作倡议》，明确了数字经济的内涵，指明数字经济是继农业经济、工业经济之后的主要经济形态，具有高创新性、强渗透性、广覆盖性，并确定了合作的共识、原则和关键领域。随后，对数字经济的理论认识不断深化，重视程度和要求逐步提高。在实践层面，数字技术和实体经济的融合程度持续加深，数字技术已经成为驱动经济发展的新动能

---

① 《国家发展改革委 国家数据局 财政部 自然资源部 关于深化智慧城市发展 推进城市全域数字化转型的指导意见》，https://www.ndrc.gov.cn/xxgk/zcfb/tz/202405/t20240520_1386326_ext.html，最后访问日期：2024 年 7 月 27 日。

和重要引擎，具有不可替代的重要作用。

（一）数字技术与经济融合发展的特征

近年来，随着大数据、云计算、物联网、人工智能等新一代数字技术的发展和商业化应用，数字技术的赋能作用进一步增强，并加快向国民经济各行业渗透。习近平总书记指出，"世界正在进入以信息产业为主导的经济发展时期。我们要把握数字化、网络化、智能化融合发展的契机，以信息化、智能化为杠杆培育新动能"[①]。这一重要论述是对新一代数字技术驱动数字经济发展、赋能城市转型的重要部署。数字化、网络化、智能化既是第四次工业革命的典型特点，也是新一代数字技术与经济融合发展的阶段性特征（Zhou et al.，2018）。

1. 数字化：从计算机化到数据化

数字化，指将物理世界和数字世界中的信息转化为数字编码的形式进行储存、传输、加工、处理和应用的技术途径，强调数据的生产要素和生产力功能。当前，数据对提高生产效率的乘数作用不断凸显，成为最具时代特征的生产要素。数据的爆发性增长、海量集聚蕴藏了巨大的价值和潜能，已然成为数字时代的新资源、新资产和新资本[②]。

在数字时代，社会信息化最重要的趋势之一，就是数字化正从计算机化向数据化发展。计算机化强调信息应用的自动化，指将信息载体以数字编码（通常为二进制）的形式进行传输、加工、处理和应用的技术途径。数字化除此之外，更强调对数据的收集、整合、分析与应用，强化数据的生产要素与生产力功能，其核心内涵是深刻认识与深层应用信息技术革命与经济社会活动交融所生成的海量数据。随着大数据技术的发展，收集、聚合、分析与应用碎片化的数据成为可能，释放出巨大的新动能。数据要素和数字技术的结合，带来了生产方式、商业模式、管理模式、思维方式等的全面变革，创造了新生态，构成了数字经济的核心。

一方面，大数据技术能推动数据要素市场的构建和完善，是数据价值

---

① 《习近平关于网络强国论述摘编》，中央文献出版社，2021。

② 《数据作为生产要素的作用和价值》，https://www.iii.tsinghua.edu.cn/info/1059/2358.htm，最后访问日期：2024年7月27日。

得以发挥的使能因素。市场经济要求生产要素商品化，构建数据要素市场是发挥数据要素价值的必要条件。近年来，《"十四五"数字经济发展规划》《"十四五"大数据产业发展规划》等政策文件为大数据行业的快速发展提供了指引，大数据产业规模快速增长，数据交易、共享、转移等环节更加规范有序，数据要素配置不断优化，其价值得到发挥和实现[1]。另一方面，大数据技术能加速传统产业的转型，催生数据驱动的新业态，是数字经济网络化和智能化发展的前提和基础。新业态是指依托技术创新和应用，从现有产业和领域中叠加出的新环节、新链条和新活动形态。大数据技术打破了产业和信息服务之间的壁垒，是数字经济的核心内容和重要驱动力：充分利用海量数据培育新增长点，催生新业态与新模式不断涌现；以数据为关键要素，推动数字技术与传统经济深度融合，向数字经济模式迈进；推动数据要素与其他生产要素有机结合，进一步提高生产效率和自主创新能力等[2]。

2. 网络化：从互联网到信息物理系统

传统意义上的网络化指的是利用通信设备和线路将地理位置不同的功能独立的多个计算机系统互联起来，以功能完善的网络软件，如网络通信协议、信息交换方式以及网络操作系统等，实现网络中信息传递和资源共享的系统（吴功宜、吴英，2021），即互联网关注的是人与人之间的互联互通以及由此带来的服务与服务之间的互联。随着新一代数字技术的快速发展，网络化不再局限于互联网实现的互联互通，而是扩展到了物联网所实现的人、物、服务之间的交叉互联。物联网以新一代信息通信技术为主要手段，是一种将各类计算设备、机械传感器等具有感知物理世界能力的物体相互关联的系统，泛在连接万物，并提供信息感知、传输、处理等服务，能促进"人机物"三元融合。物联网集关键基础设施、全新产业生态和新型应用模式于一体，深刻改变了传统产业形态，成为发展数字经济的

---

① 《大数据促进数字经济发展》，https://wap.miit.gov.cn/ztzl/lszt/tddsjcyfz/zjsj/art/2020/art_1ce862068a9f419a8f4b315c32a4a8e2.html，最后访问日期：2024 年 7 月 27 日。
② 《人民日报整版阐述：打造数字经济新优势》，http://opinion.people.com.cn/n1/2021/1015/c1003-32254174.html，最后访问日期：2024 年 7 月 27 日。

重要着力点①。

物联网重构了数据获取方式，架起了连接数字空间与物理空间的桥梁，主要从以下两个方面为数字经济发展注入强劲动力。第一，技术创新引领，持续带来活力。当前，物联网技术不断迭代更新，持续增强产业发展的内生动力。随着无线连接技术取得突破，低功耗广域网商用化进程加快，面向物联网广覆盖、低时延场景的 5G 技术标准化进程加速。同时，物联网平台迅速发展，带动服务支撑能力提升，支持多种终端应用场景。第二，应用场景不断丰富，驱动城市数字化转型。当前，随着城市数字化转型和智能升级步伐加快，物联网加速向各行业融合渗透。在赋能传统产业转型升级方面，物联网在一批工业领域的"灯塔工厂"进行前瞻性部署，通过物联感知和通信技术融入工业生产过程各个环节，构建智能制造体系的战略能力，在农业领域也拓展了环境因素监控、农产品追踪溯源、精准农业等应用场景，切实助力传统产业高质量发展。在数字产业方面，区块链、云计算等技术与物联网深度融合，推动新兴数字产业升级迭代②。

3. 智能化：从深度学习到大模型

"智能化"被认为是第四次工业革命的核心动力，其关键特征体现为人机一体化智能系统能在价值创造中扩大、延伸和取代人的脑力劳动。在过去的十年间，深度学习是人工智能技术持续创新迭代的卓越代表，实现了语音、图像、人脸等特定场景感知层面的突破以及思考、决策、预测、生成等认知层面的突破，物理世界和信息世界不断走向融合。2020 年，GPT-3 和 AlphaFold 2 的出现推动人工智能技术进入新的发展阶段——深度学习走向预训练、多模态、大模型的时代③。以 GPT 为代表的人工智能大模型具有强生成能力，并且可以自我进化，其兴起为各种复杂的应用场景带来了新的"AI+"可能性，也为数字经济发展注入了智慧动能。

随着产业发展需求层级的不断提升以及数字经济、智能经济、数字化

---

① 《物联网跑出发展加速度》，http://www.xinhuanet.com/20240126/085358b04ed84746877b1dd0f935db99/c.html，最后访问日期：2024 年 7 月 27 日。

② 《趋势观察：数字经济背景下物联网发展态势与热点》，http://cn.chinagate.cn/news/2022-11/17/content_78519646.htm，最后访问日期：2024 年 7 月 27 日。

③ 《张亚勤：AI 大模型时代》，https://air.tsinghua.edu.cn/info/1007/2015.htm，最后访问日期：2024 年 7 月 27 日。

转型、新基建等方面政策的推进部署，人工智能大模型迎来高速发展的窗口期。整体来看，我国已经建立起涵盖理论方法和软硬件技术的体系化研发能力，涌现出一批具有行业影响力的大模型应用，人工智能的研发应用持续深化，具有广阔的市场空间，并且在推动经济高质量发展上展现出巨大的技术潜力[1]。

当前，我国坚持应用导向，重视人工智能基础大模型与行业数据知识的深度融合，核心应用场景不断丰富，产业化落地提速。大模型产业化主要有两种发展路径：一是打造跨行业通用化人工智能能力平台，即通用大模型，其应用正在从办公、生活向医疗、工业、教育等领域加速渗透；二是针对生物制药、遥感、气象等垂直领域的行业大模型，发挥其领域纵深优势，提供面向特定业务场景的高质量专业化解决方案。在人工智能大模型的赋能下，传统行业正加速演进，新产业不断涌现，人工智能大模型成为经济社会发展的新增长引擎。

（二）数字经济的发展实践

随着新一轮科技革命和产业变革深入发展，发展数字经济已经成为打造竞争优势、把握时代机遇的战略选择。2014~2022年，我国数字经济规模从16.2万亿元增长至50.2万亿元，数字经济占国内生产总值的比重提升至41.5%[2]，成为稳增长、促转型的重要引擎。在实践层面，数字基础设施不断完善，新业态、新模式竞相涌现，数字产业化和产业数字化取得积极成效，创新动力不断增强，数字经济蓬勃发展。

1. 数字产业规模持续增长

我国大力推进数字产业化，全力打造数字经济新优势，数字产业规模稳步增长。截至2022年，我国数字产业规模达2.9万亿元，占数字经济规模的比重为18.3%[3]

---

[1] 《国产大模型加速赋能产业发展科技视点》，http://finance.people.com.cn/n1/2024/0513/c1004-40 234432.html，最后访问日期：2024年7月27日。

[2] 《中国数字经济发展研究报告（2023年）》，https://www.cstpchina.cn/Upload/UEditor/file/2023051610501772115.pdf，最后访问日期：2024年10月14日。

[3] 《中国数字经济发展研究报告（2023年）》，https://www.cstpchina.cn/Upload/UEditor/file/2023051610501772115.pdf，最后访问日期：2024年10月14日。

大数据产业快速崛起，并逐步发展成为支撑经济社会发展的优势产业。2022 年，我国数据产量突破 8ZB，同比增长 22.7%，世界占比达 10.5%；大数据产业规模超过 1.5 万亿元，同比增长 20.8%；数据采集、传输、存储基础能力显著提升，大数据产品和服务广泛普及，数字资源体系建设日益完善①。

数字基础设施规模能级大幅提升，推动经济发展和城市转型的潜力正在逐步释放。5G 网络规模和质量达到世界领先水平，截至 2023 年，中国 5G 基站总数达 337.7 万个，90% 以上的 5G 基站实现共建共享，网络底座不断夯实；5G 移动电话用户数达 8.05 亿户，在移动电话用户中占比接近 50%，网络覆盖率持续提升②。移动物联网连接数快速增长，截至 2022 年，我国移动网络的终端连接总数已达 35.28 亿户，其中代表"物"连接数的移动物联网终端用户数较移动电话用户数高 1.61 亿户，占移动网终端连接数的比重达 52.3%，成为全球主要经济体中首个实现"物超人"的国家③。

2. 数字经济和实体经济融合深入推进

数字技术赋能百业，数字经济和实体经济的融合不断深入，全面激发了实体经济的发展活力。截至 2022 年，我国产业数字化规模达 41 万亿元，占数字经济的比重达 81.7%。其中，第一、第二、第三产业数字经济的渗透率分别为 10.5%、24.0%、44.7%，服务业和工业数字化共同驱动发展的格局逐步形成④。

服务业数字化发展提速增效，构建服务业发展新体系。2022 年，网络零售市场保持增长态势，全国网上零售额 13.79 万亿元，同比增长 4%⑤，网络购物、网上外卖、网约车、互联网医疗的用户分别达到 8.5 亿、5.2

① 《2022 年我国数字经济规模达 50.2 万亿元》，https://www.gov.cn/yaowen/2023-04/28/content_5753561.htm，最后访问日期：2024 年 7 月 23 日。
② 《5G 网络规模和质量世界领先——中国 5G 移动电话用户占比近半》，https://www.gov.cn/yaowen/liebiao/202401/content_6929059.htm，最后访问日期：2024 年 7 月 27 日。
③ 《我国移动物联网连接数占全球 70%》，https://www.gov.cn/xinwen/2023-01/30/content_5739121.htm，最后访问日期：2024 年 7 月 27 日。
④ 《中国数字经济发展研究报告（2023 年）》，https://www.cstpchina.cn/Upload/UEditor/file/2023051610501772115.pdf，最后访问日期：2024 年 10 月 14 日。
⑤ 《商务部发布 2022 年中国网络零售市场发展报告》，https://www.samr.gov.cn/wljys/ptjjjyj/art/2023/art_ee628c1c796246e486c4e4b9745af9de.html，最后访问日期：2024 年 7 月 27 日。

亿、4.4 亿、3.6 亿，优质服务业覆盖领域不断扩大，线上消费拉动消费市场的强大作用进一步凸显，释放出巨大的数字价值[①]。

工业数字化提速增效，工业互联网助力传统产业转型升级。中国工业互联网从无到有、从小到大，截至 2023 年，工业互联网核心产业规模已达 1.35 万亿元，全面融入了 49 个国民经济大类，构成了数字经济和实体经济深度融合的关键底座和基础。"5G+工业互联网"在多个行业加速推广，目前已建成具有一定影响力的工业互联网平台超 340 家，"5G+工业互联网"项目超 1 万个，而代表当今全球制造业智能制造和数字化最高水平的"灯塔工厂"也已经达到 62 家，5G-A 汽车柔性生产线等前沿项目实现落地，制造业数字化呈现蓬勃发展态势[②]。

农业数字化加快全产业链步伐，支撑农业农村现代化的能力显著增强。2022 年，我国农业生产信息化率超 25%，数字育种探索起步，智能农机装备研发应用取得重要进展，智慧大田农场建设多点突破，畜禽养殖数字化与规模化、标准化同步推进，数字技术支撑的多种渔业养殖模式相继投入生产，智慧农业建设快速起步[③]。

3. 数字经济对经济社会的发展价值持续释放

随着数字经济战略加速推进，数字产业化和产业数字化不断发展，数字经济对经济社会发展的创新引领作用不断增强，数字化转型进程加快。数字经济推动全要素生产率稳步提升、数据要素价值持续释放，为经济社会持续健康发展注入强大动力。

数字经济全要素生产率进一步提升，数字技术对经济发展的放大、叠加、倍增作用不断显现。从整体来看，截至 2022 年，我国数字经济全要素生产率为 1.75[④]，数字经济生产率水平和同比增幅都显著高于整体国民经

① 《构建优质高效的服务业新体系——加快服务业数字化转型》，http://www.sic.gov.cn/sic/81/455/1206/20231206144005562113425_pc.html，最后访问日期：2024 年 7 月 27 日。
② 《制造业数字化转型再提速！国常会审议通过重要方案》，https://www.gov.cn/zhengce//202405/content_6950744.htm，最后访问日期：2024 年 7 月 27 日。
③ 《中国数字乡村发展报告（2022 年）》，https://www.gov.cn/xinwen/2023-03/01/5743969/files/5807a90751b1448ba977f02e7a80b14c.pdf，最后访问日期：2024 年 7 月 27 日。
④ 《从多维度数据看数字经济发展势能》，http://www.news.cn/tech/20230518/f5dafcac190948bcbbb6874a4a0c4787/c.html，最后访问日期：2024 年 7 月 27 日。

济生产效率，对国民经济生产效率的提升支撑和拉动作用明显。分产业来看，第一产业数字经济全要素生产率平稳发展；第二产业整体波动较大；第三产业快速提升，成为驱动数字经济全要素生产率增长的关键力量。

数据生产要素价值进一步释放，活力更加迸发。在制度层面，数据产权、流通交易、收益分配、安全治理等基础制度加快建设，从顶层设计上破解权益关系、价格机制、流通规则、技术支撑等数据价值释放过程中存在的系列难题。在实践层面，数据生产量和储存量快速增长，为城市的数字化转型提供了丰富的"原料"。以人工智能行业为例，我国10亿参数以上的大模型数量已经超过100个。同时，数据要素市场建设进入探索活跃期，数据产业体系不断健全，不断涌现数据确权、定价、交易流通等市场化探索，加快数据资源优势转化[①]。

（三）数字经济的价值与重要性

党的十八大以来，党中央高度重视发展数字经济，将其上升为国家战略，数字经济逐渐成为把握新一轮科技革命和产业变革新机遇的战略选择。发展数字经济意义重大，其不仅具有极高的经济价值，可以为经济增长注入新的动能和活力，而且具有突出的社会价值，对公共服务和民生事业的支撑效果显著。

1. 数字经济赋能经济高质量增长

习近平总书记指出，"发展数字经济意义重大，是把握新一轮科技革命和产业变革新机遇的战略选择"[②]。数字经济已经成为实现经济高质量发展的重要驱动力量，对经济发展具有多重贡献。

首先，数字经济推动生产要素和生产方式变革。在数字经济这一新的经济形态下，大数据、物联网、人工智能等数字技术成为先进生产力的集中体现，构成了新质生产力的底座。数字技术不仅使传统产业边界日益模糊，也深刻影响了经济投入产出效率，极大地提升了生产力水平，推动经济提质增效。"数据"则成为新的生产要素，改变了原有的生产方式，释

---

① 《国家数据局局长刘烈宏：释放数据要素价值 助力可持续发展》，https://new.qq.com/rain/a/20240326A0833600，最后访问日期：2024年7月27日。

② 《习近平总书记关于网络强国的重要思想概论》，人民出版社，2023。

放出新的红利。数据的爆发式增长和规模化应用不断催生新产业和新业态，对生产力和生产关系的发展和变革具有重要影响。与劳动力、资本、土地等传统生产要素相比，数据的储存成本相对较低，边际成本几乎为0，当数据生产要素大幅增加时，边际产出远高于边际成本，表现出边际效益递增的特点。因此，当数据加入生产过程，可以突破传统资源约束和增长极限，释放出极大的动能。此外，数据具有易复制、非损耗、非排他性、非稀缺性等优势，借助互联网可以实现快速传播，并且可以在一定范围内按照一定权限重复使用，具有高度的经济价值。

其次，数字经济提升经济运行效率。随着新一代数字技术与经济发展的融合愈发深入，经济运行效率持续提升。数字经济通过提高效率来驱动经济高质量发展的效应主要体现在两个方面。第一，降低信息不对称性，提高资源配置效率。数字技术可以将生产和消费过程中的信息转换为数据，而数据的收集、传输、分析和交互具有显著的即时性特征，实时的数据分析允许生产过程中的每一个环节都得到及时的反馈和调整，使得各环节之间物质、商品、服务、资金等的传递流转更加精准和高效，从而缩短了生产和流通时间，减少了供需不匹配造成的资源错配。第二，打破时空限制，形成规模经济效应。依托互联网平台，数字经济可以将处于不同区域的生产者、服务者和消费者整合，形成一体化的市场，拓宽交易范围。这一对外扩张引起了规模效应，即因规模增大所带来的经济效益提高，有助于促进资源的跨区域调配，最大限度发挥平台的网络化、规模化和外溢效应。同时，得益于数字技术和网络平台，信息的实时传输不仅有助于加快知识溢出的速度、扩大知识溢出的范围，还有助于提高产业创新效率、促进产业集聚（杨文溥，2022）。

最后，数字经济促进产业融合与变革。产业融合是指在时间上先后产生、结构上处于不同层次的农业、工业、服务业等在同一个产业、产业链、产业网中相互渗透、相互包含、融合发展的产业形态与经济增长方式。数字经济对促进产业融合发展具有多重效应。第一，数字经济促进了产业间的技术融合与创新。在数字时代，大数据、人工智能等数字技术在不同产业领域被广泛地应用，已经成为关键性、通用性技术手段。不同产业之间的技术逐步走向替代性或关联性，并通过渗透扩散融入其他产业之中，改变了原有产业的产品或服务的技术路线及价值实现方式。技术融合消除了产业之间的技术壁垒，使不同产业之间形成共同的技术基础，边界趋于模糊。在技术融合与创新基础上产生的产业融合是对传统产业体系的根本性改变，成为产业发展的新引擎（张余，2020）。第二，新的产业集群为产业融合注入了新动力。随着数字经济发展提速，大数据、人工智能、云计算等新兴数字产业竞相发展，这批新兴产业以渗透性、外溢性、互补性为特点，具有较高的技术提升和广泛的应用潜能，在纵向和横向上均具有外部性，能够渗透到生产、分配、流通、消费等环节，与实体经济的融合不断深入。新兴产业依托完善的产业链和超大规模市场迅猛发展，传统产业吸纳科技创新成果实现转型升级，新旧产业融合有助于传统产业与新兴产业协同共进，以融合发展、融合创新打开高质量发展的新空间①。

2. 数字经济释放社会发展新动能

除了经济价值，数字经济还拥有突出的社会价值。随着数字经济发展不断取得突破，数字产业基础更加坚实，数字赋能社会发展的作用日益凸显，数字经济正成为驱动社会发展的核心动力。

首先，数字融合促进区域城乡协调发展。城乡融合发展是经济社会一体化的重要发展阶段，数字经济以其渗透性、赋能性、普惠性等特征为城乡融合提供了契机，成为推动城乡协调发展的重要抓手。第一，数字经济催生了城乡产业融合发展的新业态。数字经济对第一、第二、第三产业具有极强的渗透性，通过与城市传统产业、农村特色产业、乡村旅游业等产业结合，不断拓宽城乡产业融合的广度和深度，形成城乡全产业链由线下向线上融合发展的趋势，涌现出智能工厂、智慧农业等新产业，为城乡产业融合提供了新路径。第二，数据要素赋予城乡融合内在驱动力。数据要素的低成本共享使其在城乡间自由流动方面具有天然优势，城乡融合形成的巨大市场为数据这一新型生产要素实现资源价值、提高要素贡献率提供了场所，有助于城乡融合发展。同时，数字经济也有助于提高劳动力、资本等传统要素在城乡之间的配置效率。第三，数字技术引导城乡公共资源

---

① 《促进传统产业和新兴产业协同共进》，http://www.ce.cn/cysc/newmain/yc/jsxw/202212/27/t20221227_38309826.shtml，最后访问日期：2024 年 7 月 27 日。

配置趋于均衡。数字技术和平台推动集中在城市的公共资源向农村流动，使教育、医疗、社会保障等公共服务在城乡之间共享，大大提高了公共服务资源的配置效率，有助于实现城乡基本公共服务一体化，提升城乡居民的生活便利性和幸福感①。

其次，数字经济推动民生事业普惠共享。在数字时代，数字技术赋能公共服务不断发展，提升了公共服务的均衡性和可及性，成为民生事业高质量发展的重要支撑。第一，数字经济提升了公共服务的可及性。数字技术拓宽了民生保障的可及范围，打破了可接触性资源的时空限制，推动数字养老、互联网医疗、线上教育以及智能生态等领域数字服务创新，远程共享模式兴起，民生资源的配置不断优化。第二，数字经济提升了民生保障的实效性。数字技术与民生事业的深度融合为民生建设注入了新动能。在教育领域，"互联网+"教育模式能促进优质教育资源的普惠共享，推动教育理念、教育模式的变革，实现数字化教育转型；在医疗卫生领域，"互联网+"医疗模式依托数字平台提供诊疗服务，一定程度上缓解了医疗资源分布不均导致的看病难、看病贵问题；在社会保障领域，数字经济发展倒逼社会保障体系改革，强化新就业形态社会保障，同时，数字经济驱动养老市场发展，衍生出了康养文旅、智慧居家养老等新产业和新业态，推动了养老产业智能化升级②。

最后，数字经济打开就业新空间。数字经济与实体经济深度融合，不断催生新产业、新业态和新模式，衍生出大量新就业机会和就业形态，创造了新的就业增长点，打开了劳动力市场新的发展空间③。第一，新就业形态兴起，就业规模持续扩大。数字经济打破了时空界限，形成了协同、开放、多边的经济模式。随着数字产业化和产业数字化的进程加快，数字技术改变了传统就业岗位的就业形态、工作场景和工作方式，提高了生产效率，也加大了企业的劳动力需求，创造了新的就业岗位，数字经济就业

① 《以数字经济助推城乡融合发展》，http://theory.people.cn/n1/2022/1227/c40531-32594216.html，最后访问日期：2024年7月27日。
② 《数字技术赋能民生高质量发展》，https://theory.gmw.cn/2022-02/18/content_35527028.htm，最后访问日期：2024年7月27日。
③ 《鲍春雷：数字经济能带来更多更好的就业机会吗？》，https://new.qq.com/rain/a/20230523A018CY00，最后访问日期：2024年7月27日。

吸纳能力不断增强。第二，数字平台创造新就业机会，提升就业匹配效率。数字平台具有进入门槛低、从业条件便利等优势，衍生出大量就业机会。同时，数字平台能突破传统企业所面临的时空限制，扩大了供需匹配范围，使信息更加透明和通畅，提高了劳动力匹配的效率和精确性。第三，推动就业模式创新，增强就业的包容性和灵活性。不同于传统雇佣方式，数字经济加快了灵活就业的发展速度，为社会各类劳动者提供了更广泛的择业机会和更多元的从业方式，拓宽了残疾人、退役军人、农民工等重点群体的就业渠道，为稳就业提供了重要支撑[1]。

二　数字经济驱动城市数字化转型

在当今社会，以数字技术为基础、以数字经济为引擎、以城市数智化为运行基础的新型数字城市正在成为城市发展的新方向，而数字经济在数字城市发展中发挥着重要作用，对于经济增长的驱动潜力巨大。数字经济以数字技术为核心支撑、全面提升城市产业群的效率水平，为城市发展全面注入新的动能和活力。以数字经济促进城市全面快速健康发展，成为推动经济发展模式转型升级、建设中国式现代化的新型数字城市的重要途径，同时，数字经济也推动着业态、模式和体系的变革，让城市经济高质量发展得以享有变革成果，进一步释放经济价值的创造空间。

（一）产业数字化：数字经济驱动城市传统经济转型

作为推动经济可持续和高质量发展的新的产业和物质技术基础，数字经济在推动城市传统经济转型中发挥着多重作用。数字化生产和智能制造的应用提升了城市产业群的数字化、智能化水平；以大数据分析等数字技术进一步提高生产交易和资源配置效率，提升城市规模经济效应；在协同发展层面推动城市的稳定有序和可持续发展。

1. 数实融合推动城市产业群数字化升级

数实融合就是数字经济和实体经济融合发展，是数字化对非数字的实

---

① 《数字经济打开就业新空间》，https://www.gov.cn/xinwen/2021-11/19/content_5651834.htm，最后访问日期：2024年7月24日。

体经济的应用、渗透和重塑。习近平总书记指出，要"充分发挥海量数据和丰富应用场景优势，促进数字技术和实体经济深度融合，赋能传统产业转型升级……不断做强做优做大我国数字经济"①。数实融合广度深度持续拓展，主要是指产业数字化从点线面向全生态、全产业链渗透和扩散，不仅要实现小部分大中型实体企业的数字化改造，还要持续推动包括中小企业在内的绝大多数实体企业向数字化、网络化转型。数实融合具有多维性，涉及技术、产业、企业和价值链等多个层面的整合和创新，推动经济结构的优化和转型升级。在我国经济高质量发展和现代化建设的背景下，数字化是工具和手段，实现城市产业群数字化升级、夯实实体经济基础是发展的真正目的。

一方面，数字经济利用数字技术创造新产品、新流程，促进企业数实融合、向科技创新型企业转变，不断拓宽应用的广度，为城市经济赋予新活力。以 5G、云计算、人工智能等为代表的信息技术加速渗透到传统企业的研发设计、生产制造、供应链管理、客户服务等环节，企业对这些技术从关注探索逐步深入到创新性、定制化且更为灵活的商业应用，涌现出协同研发设计、柔性生产制造、远程设备操控、设备故障诊断、机器视觉质检等众多典型应用场景，加速推进传统企业数字化转型，促进企业降成本、提效率、增收益。数据显示，工业互联网标识解析体系的全面建成实现了省市全覆盖，服务企业约 24 万家；国内有影响力的工业互联网平台超过 240 家，有力促进了数据互通和资源协同，加速企业向创新型、数字化企业转型升级。截至 2022 年 6 月，我国实现网络化协同和服务型制造的企业比例达到 39.5% 和 30.1%②。持续推进数字经济和实体经济深度融合，推动传统企业向科技创新型方向发展，有助于塑造城市的品牌和形象，提升数字城市建设的竞争力，吸引更多的投资和人才流入，同时激发更多企业开展创新活动，形成良性的创新生态系统，从而推动城市经济的持续繁荣。此外，政府从技术、经验、渠道、资本等维度积极为中小企业数字化转型赋能，可见城市本身也为企业发展提供了创新的生态环境和发展的舞

---

① 《习近平著作选读》（第二卷），人民出版社，2021。
② 《中国数字经济发展研究报告（2023 年）》，https://www.cstpchina.cn/Upload/UEditor/file/20230516105017722115.pdf，最后访问日期：2024 年 10 月 14 日。

台，促进了数字经济的健康发展，共同推动城市的数字化发展与变革。

另一方面，数实融合在制造业和服务业深度发展，并促使先进制造业和现代服务业"两业融合"，全面推动城市产业群数字化升级、智能化转型，为数字城市建设注入强劲动能。伴随着智能制造工程深入开展，新一代数字技术与制造业深度融合，通过成本节约、效率提升、价值再造推动制造流程走向智能化。截至 2023 年 6 月，我国已建设近 8000 个数字化车间和智能工厂、209 个国际先进水平智能制造示范工厂，通过智能化改造，示范工厂产品研发周期平均缩短 20.7%，生产效率平均提升 34.8%，产品不良品率平均下降 27.4%，碳排放平均减少 21.2%，转型示范效应凸显[①]。数字经济深度融入生产制造，推动传统制造业转型升级和战略性新兴产业培育壮大，着力提升制造业高端化、智能化、绿色化水平，为城市数字化转型提供强劲动力，助力数字中国建设。同时，数实融合广度拓展使制造业和服务业高效融合，推动了产业融合，优化了发展环境[②]。在精细化的现代产业分工体系下，以强专业性、高创新性、高产业融合度、强带动能力的服务业推动制造业服务化，成为推动城市产业结构优化和向价值链高端延伸的重要动力；制造业在新型城市基础设施建设的基础上，为服务业提供更加丰富多样的应用场景，二者的深度融合发展是培育现代产业体系、实现现代化的新型城市高质量发展的重要途径。

2. 效率优化提升城市数字化竞争力

数字经济高质量发展，进一步向做强做优做大方向迈进，是现代城市经济繁荣的重要引擎，它推动了传统产业的转型升级，带来了显著的产出增长和效率提升，不仅提升了城市经济和数字化竞争力，还在协同层面取得了全面的进步。

一是降低了信息的不对称性和资源的配置成本。数字经济时代，数据已成为和土地、劳动、资本同等重要甚至更为关键的生产要素。企业可以利用生产消费中产生的海量数据，对产品的交易数据和客户的交互数据进

---

① 《国务院新闻办就 2023 年上半年工业和信息化发展情况举行发布会》，https://www.gov.cn/lianbo/fabu/202307/content_6893280.htm，最后访问日期：2024 年 7 月 23 日。

② 《把握现代服务业和先进制造业战略定位》，https://www.ndrc.gov.cn/xwdt/ztzl/rhsdjyzf/gzdt6/202212/t20221229_1344680.html，最后访问日期：2024 年 7 月 24 日。

行分析，实现个性化定制，精准匹配用户需求。生产企业通过数据挖掘可以推断市场潜在的需求量进而确定产量，减少因供需不匹配带来的资源错配。同时，在数字化平台的支撑下强化产业链中的企业间协同，使生产企业之间形成有机联合，不仅可以化解对接难题，提高资源运行效率，而且有助于加快科技产品转化速度，提升创新效率以及城市的创新能力和创新水平。

二是降低了交易成本，创造了经济价值。数字经济的数据公开和共享使信息获取成本降低，生产者能方便地获知用户需求、优化产品结构，消费者也能及时获取商品信息、反馈消费意愿，从而实现交易匹配。随着数字技术的更新变革，地理距离对服务的制约大幅削弱，产品生产和运输成本显著减少，产品能够快速进入市场，匹配市场消费需求。同时，平台化的市场形态可以帮助企业搭建与用户连接的"快速通道"以及私域流量池，降低企业的营销成本。此外，在传统模式下，企业的信誉大多通过品牌形象实现，实际信誉往往难以评估，而数字经济的发展极大提升了信用信息的易获得性，市场参与者能快速获得交易对象的信誉信息，降低双方应对风险的成本。最后，数字经济能够帮助企业降低制度性交易成本，各地推行的网上一站式办事服务和信息公开，帮助企业方便快捷办理证照和其他政务服务事项，及时获取最新政策，从而帮助企业优化资源配置，调整生产交易行为，更好地适应市场规范，创造经济价值，促进城市经济高质量发展。

三是形成了规模经济效应，增强了城市竞争力。数字经济平台通过突破时空限制、拓宽交易范围，把更多的供需信息融入平台交易之中。这一对外扩张引起了规模效应，即因规模增大所带来的经济效益提高：一方面使得产业链趋于完整，资源配置与再生效率也逐渐提高，这些经营主体与生产要素的有机结合带来的边际效益增加，产生了"1+1>2"的效应；另一方面，随着市场规模的扩大，规模效应降低了数字经济平台的交易成本，使参与者获益。同时，规模经济使得企业所获得的规模报酬大幅增加，企业可以持续扩展业务、生产新产品，不断满足消费者的个性化和多样化需求，激发消费潜力，扩大消费市场，由此形成了需求端的"长尾效应"，推动市场经济结构的进一步优化升级，从而提高城市经济的整体竞争力和发展可持续性。

综上，数字经济通过降低成本和信息不对称性，提升生产交易效率和资源配置效率，并形成规模经济、创造经济价值，推动了现代城市的数字化转型，吸引更多企业和人才进入城市，增强了城市创新力，提升了居民生活质量，有效提高了城市韧性。

3. 产业集群推动区域经济协同发展

数字经济时代大背景下，城市数字化转型是大势所趋。产业集群作为我国实体经济发展的重要聚集地，推动其数字化转型是推动产业集群高质量发展的重要方式，也是实现城市产业数字化的主要途径。

一是可以发挥技术和数据等要素的竞争优势，引领城市产业集群向更高质量、更高水平演进。在数字经济中，地理资源环境不再是产业集聚的决定性条件，而技术创新成为产业集聚的首要条件。借助网络平台和互联网广泛的数字连接能力，可以实现信息的实时传输，有助于加快知识技术溢出的速度，扩大知识技术溢出的范围，提升产业创新效率。还能够利用现代数字技术精确度量、分析和优化生产运营各环节，打破传统产业的生产周期和生产方式，提高经营效率，提升产品和服务的质量。同时，以引进人才、留住人才的制度政策为基本保障，加强城市对优秀数字人才的吸引力，进一步推动城市经济的转型、提升城市的数字化水平，实现经济增长与城市建设的双赢。

二是突破空间限制，实现信息及时传递与加工，提高产出效率，提升集聚经济效益。借助互联网平台，数字经济可以将处于不同区域的生产加工者、服务者和消费者整合，加速资源的调配，形成一体化市场，最大限度地发挥平台的网络化、规模化以及外溢效应。同时，基于数字技术的开放、共享和信任等特点，数字经济中的市场更加公开和透明，有助于化解传统贸易中的竞争劣势和区位劣势，更容易形成竞争机制，促进市场效率的提升，为数字城市建设提供健康的充满活力的市场支撑。

三是推动城市群产业协同发展。在数字经济高质量发展的时代，单个产业集群的演化升级已不能满足产业集群高质量发展需求。区域要从不同维度和尺度构建形态丰富的产业集群层级网络，横向促进产业间链式互动，加强集群间甚至是城市间联动协作，实现时间、空间、功能上的协同发展①。借助新一代数字技术，数字经济的发展使城市间时空阻隔大大减少、要素流动壁垒降低、区域性资源急剧增加，加速了生产资源要素的流动，提高了市场配置资源要素的效率，促成了以中心城市带动周边城市共同参与分工的区域一体化发展。城市群各城市间实现产业协同集聚、相互支撑，是未来城市群的发展趋势②。

（二）数字产业化：数字经济推动城市发展共享新成果

《"十四五"数字经济发展规划》指出，要加快推动数字产业化，增强关键技术创新能力，加快培育新业态新模式，营造繁荣有序的创新生态③。数字经济以数字技术为核心支撑，全面提升城市产业群的效率水平，为城市发展全面注入新的动能和活力。

1. 数字经济创造、培育城市经济新业态

数字经济催生了大量的城市经济新业态，如在线教育、互联网医疗、在线办公、"无人经济"等，这些新业态以数字技术创新应用为牵引，以数据要素价值转化为核心，以多元化、多样化、个性化为方向，经产业要素重构融合而形成了商业新形态、业务新环节、产业新组织、价值新链条，具有强大的成长潜力，不断创造着新的经济社会价值。④ 这些新业态在数字经济中扮演着重要的角色，是数字经济高质量发展的活力因子。新业态的涌现激发了新的消费市场、新的就业形态和新的投资需求，对于实体经济的提质增效和经济社会的高质量发展具有显著的带动作用。

首先，数字经济推动了新型电子商务形态的形成。移动互联网技术的广泛应用推动业态模式更新发展，我国传统零售业和服务业数字化水平显著提高，大大推动了线上线下融合的商业新趋势，如 O2O 模式、跨境电

---

① 《城市群与都市圈助力产业集群高质量发展》，https：//www.iii.tsinghua.edu.cn/info/1121/3160.htm，最后访问日期：2024 年 7 月 24 日。

② 《【专家观点】京津冀产业协同的驱动因素研究》，https：//www.ndrc.gov.cn/wsdwhfz/202204/t20220415_1322193_ext.html，最后访问日期：2024 年 7 月 24 日。

③ 《国务院关于印发〈"十四五"数字经济发展规划〉的通知》，https：//www.gov.cn/zhengce/content/2022-01/12/content_5667817.htm，最后访问日期：2024 年 7 月 24 日。

④ 《数字经济新业态新模式发展研判》，https：//www.ndrc.gov.cn/xwdt/gdzt/jzjj/202008/t20200805_1235570.html，最后访问日期：2024 年 7 月 24 日。

商，等等。电子商务、移动支付在城市中迅速发展，网约车、网上外卖、远程医疗等市场规模不断扩大，持续助力数字城市建设。数据显示，2023年我国跨境电商进出口规模达到 2.38 万亿元①，在"买全球、卖全球"方面的优势和潜力持续释放。

其次，数字经济推动了共享经济业态的兴起。以信息技术为代表的新一轮科技革命和产业变革加速推进，使"不求所有但求所用"的创新商业形态——共享经济得以产生并在城市内大范围应用拓展。共享经济通过共享资源、共享服务等方式，提高了资源利用效率，提升了经济增长质量，同时也为城市居民提供了更便捷舒心的生活方式，如共享单车、共享办公空间等。

最后，数字经济还创造、培育了新职业。《中华人民共和国职业分类大典》（二〇二二年版）的一个亮点就是首次标注了数字职业（标注为S），从数字产业化和产业数字化视角，从数字语言表达、数字信息传输、数字内容生产三个维度，标注了 97 个数字职业②，包括碳汇计量评估师、农业数字化技术员、无人机驾驶员等，而这些新职业的背后则是万花筒般的数字经济新业态。可见，数字经济的发展也为城市提供了更多的就业岗位和就业机会，推动了居民生活水平的提升，进而保证了城市治理的稳定有序和社会经济的平稳运行。

2. 数字经济催生城市经济发展新模式

数字经济推动了现有传统行业的业务模式和规则变革，改变了传统的经济模式，催生了城市经济发展新模式，这一新模式的形成不仅体现在商业模式和产业形态层面，也体现在参与者层面，促进城市经济向智能化、开放创新和多元化发展的方向转变。

一方面，数字经济的发展催生了产业融合新模式，提升了城市创新效率。产业融合是指在时间上先后产生、结构上处于不同层次的农业、工业、服务业、信息业、知识业在同一个产业、产业链、产业网中相互渗

---

① 《推动跨境电商高质量发展》，https://www.samr.gov.cn/zt/ndzt/2023n/ztjy/mtbd/art/2024/art_bdadd6f0acd74fa5b1ff1a0e4ec4309d.html，最后访问日期：2024 年 7 月 24 日。

② 《国家职业分类大典（二〇二二年版）公示 首次标注数字职业》，https://www.gov.cn/fuwu/2022-07/14/content_5700890.htm，最后访问日期：2024 年 7 月 24 日。

透、相互包含、融合发展的产业形态与经济增长方式，是用无形渗透有形、高端统御低端、先进提升落后、纵向带动横向，使低端产业成为高端产业的组成部分、实现产业升级的知识运营增长方式、发展模式与企业经营模式。数字经济以人工智能、物联网等先进数字技术和各类数字平台作为发展的基础支撑，为产业融合提供技术创新的内在驱动力，创新开发出了替代/关联性技术、工艺和产品，并通过渗透、扩散融入其他产业之中，从而改变原有产业的产品或服务技术路线，为产业融合提供动力。同时，技术创新改变了市场的需求特征，给产品带来了新的市场需求，从而为产业融合提供了更大的市场空间。数字经济发展带来的技术创新在不同产业之间的扩散导致了技术融合，而技术融合使不同产业形成了共同的技术基础，并使不同产业的边界趋于模糊，促使产业融合现象不断发展，提升了经济的增长动能，推动经济高质量发展。

另一方面，数字经济的发展也体现在参与者端的多元主体协同新模式上，推动城市经济治理理念从"单向管理"向"开放合作"转变。数字经济所具备的涉及面广、参与者多、高度不确定和复杂性的特征决定了单靠政府或者行业的力量难以应对突发情况和各类挑战，因此对建立起政府、行业和社会公众等多元协同共治的治理结构体系提出了现实要求。同时，数字经济的发展也不断冲击着传统治理的自上而下管理模式的边界，呼唤着经济治理超越层级、部门、行业和地域的限制，打造出从业个体、线上平台企业、线下资源拥有者、数字资源拥有者、信息基础设施拥有者等融合的多元局面，进一步实现多元主体的协同共治。在这种多中心、分布式的新模式中，政府的角色从传统模式中的唯一监管主体转变为多元共治模式下的制度提供者与合作参与者，而每个平台、每个用户和每个行业组织都成为一个重要的治理节点，推动数字经济发展的创新动力源源不断，发展成果惠及各方。

3. 数字经济推动构建城市经济运行新体系

一是推动城市经济运行体系的数字化和智能化转型。数字经济建立在数字技术的基础之上，数字技术的创新决定了数字经济的发展质量，而数字经济的发展又进一步推动了数字技术的攻关迭代，二者相辅相成，加快构建自主可控的技术体系，推动城市向构建自立自强的创新体系迈进，加速城市数字化和智能化转型。发展需要新兴技术、数据、人才等要素的支持，数字经济的技术要素包括云计算、大数据、人工智能、物联网、区块链等，这些技术的应用能够支撑数字经济的各种应用和服务场景。同时，数据要素和人才要素也非常重要，数据是数字经济的基础和核心，数据的价值化成为数字经济发展的关键驱动力；人才是数字经济的关键和支撑。只有依靠新兴的数字技术和管理人才才能推动数字经济的高质量发展；正是在技术、数据、人才等要素的支持下，城市才实现了经济活动的智能化管理和运行，提高了效率，降低了成本。

二是在产业分工协调、资本交织的基础上推动各类经济组织在运营层面的融合。数字经济强调开放互联，以生态为目标建设多主体跨组织的有机系统。数字经济时代下，组织间关系开始从单一的线性协同模式转向跨组织的多维协同互利共赢模式，企业获得竞争优势更需要关注自己并不拥有的资源。在 2021 年，华为便欲建立"哥斯达黎加式"生态系统，重构传统产业链中企业占有控制核心资源的模式，强调企业的发展不仅来源于内生优势，更来源于对外部资源的有效利用，其核心是开放、多样和共同繁荣。在新的生态体系中，产业链上的垂直整合已成为过去式，每个经济组织，无论大小，只要有其独特价值和贡献，就可以形成互生、共生和再生的利益共同体。新的系统如若成功，将创造出一个万亿级规模的新市场，在这一市场中会催生大量的新供给和新需求，推动经济结构升级，在社会发展运行中带来更为广泛的影响。从经济组织方式的动态调整到新的经济运行生态体系的构建，数字经济的发展将不断带来价值创造和分配体系的重塑，能够释放出更多的价值空间，成为推动新一轮经济高质量增长的关键动力，促进城市经济的可持续发展。

三是建立健全适应城市经济高质量发展的新型市场运营和监管制度体系。在数字经济时代，一方面，数字平台的快速建设在技术层面上为打通部门界限、促进部门合作提供了支撑；另一方面，跨界融合所形成的新业态不仅可能带来新的风险，同时也挑战了传统的分业监管执法模式，推动了市场运营和监管制度体系的更新。例如，共享房屋、网约车、直播带货等新业态的监管涉及多个部门和行业，因此需要各部门弱化部门边界和组织层级，强化部门间合作，开展跨界治理，以寻找治理的最佳途径。此外，多元主体参与推动城市经济发展、支持市场和社会力量参与数字城市发展监管、维护数字社会运行秩序、促进最新数字技术成果转化、推动数字社会升级改造，对于提升民生保障和城市治理质量同样意义重大。

综上所述，数字经济创造和培育了城市经济新业态、新模式，推动构建起城市经济运行新体系，这些不仅改变了城市经济的产业结构和商业模式，同时也促进了城市经济的创新和发展。这种新业态、新模式和新体系的崛起，为城市经济注入了新的活力，推动了城市经济的转型升级和可持续发展。

三　数字经济驱动的数字城市建设案例

不同城市的数字化转型发展具有不同的历史发展际遇、基础设施条件、政治制度环境等，本章选取了广州、杭州、合肥三个城市作为典型案例，它们抓住机遇，充分利用数字经济发展的契机，立足当地资源禀赋、经济基础和产业结构培育数字经济新赛道，推动了城市全域数字化转型的规范化、高质量发展。

（一）案例：广州——数字经济发展中的"老城市新活力"

作为传承千年的文化名城，广州历史悠久、人文荟萃，从古至今经济发展保持昂扬状态，这与其历久奠定的坚实基础密不可分，且广州充分利用上下产业链资源，高质量实现了"老城市新活力"。2018年10月24日，习近平总书记在广州荔湾区永庆坊视察时，就对广州提出了"老城市新活力"的要求。作为岭南文化中心地和国家中心城市，广州市的数字经济发展亦需要在新时代下激发"新活力"，迎接"再创一个新广州"的时代任务，为全面建设数字经济引领型城市添砖加瓦。

1. 特色发展提升城市治理数字化水平

数字经济体量超万亿元的广州，早已启动数字经济发展的建设蓝图。2020年3月，广州正式出台《广州市加快打造数字经济创新引领型城市的若干措施》，指出以广州人工智能和数字经济试验区作为广州数字经济创新发展的核心空间载体，充分发挥海珠、番禺、黄埔和天河四区优势，沿珠江东部形成协同联动发展空间格局，在统一政策规划文件的指引下，广州各区根据地域实际开展特色化部署，并交出各具风采的答卷。①

海珠区大力推动算法高端资源集聚，锚定琶洲建设"智算中心"，进而建设世界一流数字经济示范区，加速构建"头部企业+上下游配套+研发+场景应用+金融+人才"的产业生态系统；番禺盘活大学城资源推进"产学研"合作，作为广州人工智能与数字经济试验区的组成部分，广州大学城·中关村青创汇项目总投资达 3.2 亿元，是助力番禺将科研资源转化为创新发展的重要力量；天河区从整体布局出发，瞄准全局出台《天河区加快发展数字经济若干措施》，指出将构筑全区数字经济"1+3+N"发展新格局，从发展载体、基础设施、关键技术、产业融合应用、关键要素、公服配套等方面，构建"生产服务+商业模式+金融服务+人才供给+发展环境"的数字化生态②。

2. 构建数字经济全要素发展体系

以传统制造业与数字技术相融合为坚固地基。数字经济作为新型经济形态，其最大的优势在于能够推动多者之和大于整体。当传统制造产业吸纳高效率的数字化技术手段，能够促使已有实体经济提升产业优势，同时推动产业朝着高端化、智能化与绿色化的方向发展。自广州这一南粤沃土沿着数字经济路径发展以来，数字经济所带来的变革切实推动传统产业建设了"灯塔工厂"、工业4.0智能制造示范基地。广州市传统龙头企业率先进行数字化转型，而后中小企业主动迎接"上云""用云"等数字化浪潮，改变以往人力耗费型的生产方式，专注解决关键核心领域的"卡脖子"问题，点燃了数字经济的"燎原之火"。

以正式立法推动城市数字化转型为栋梁支撑。数字经济已成为经济发展的新动能，作为深入推进经济转型升级、实现高质量发展的一项重要措施，在关乎城市未来的变革中，广州采用立法推动城市数字化转型，以更大力度、更大魄力紧紧抓住全球数字经济快速发展的机遇，夯实数字"栋

---

① 《广州人工智能与数字经济试验区建设总体方案》，https://drc.gd.gov.cn/ywtz/content/post _2899440.html，最后访问日期：2024 年 7 月 27 日。

② 《广州天河崛起"1+3+N"数字经济发展带》，https://baijiahao.baidu.com/s? id = 1673704 766499042638&wfr=spider&for=pc，最后访问日期：2024 年 7 月 24 日。

梁支撑"。2022 年 6 月 1 日,《广州市数字经济促进条例》经广州市人大常委会表决通过,并由广东省人大常委会批准后实施。作为全国范围内的第一部超大城市地方数字经济立法,该条例不仅彰显出广州市加强新兴领域立法"敢为人先"的重要魄力,还阐明了广州市数字化转型的基本路径与思路,即以数字产业化和产业数字化为核心,推进数字基础设施建设,实现数据资源价值化,提升城市治理数字化水平,营造良好发展环境,构建数字经济全要素发展体系[①],切实为广州建设成为具有全球影响力的数字经济引领型城市提供法治保障。

以政策规划"算谷"汇聚产业资源为未来蓝图。广州市政府把握时代发展脉搏,重点发展软件开发、集成电路设计、信息系统集成、物联网技术服务、数据处理和存储支持服务等重点领域,加快算力枢纽节点建设,推动广州人工智能公共算力中心等一批重大数据中心项目落地。其中,值得关注的是广州市推动打造"算谷",其聚焦"算法、算力、算量"人工智能发展三大支柱,实施"八个一"举措,分别为组建算法产业联盟、举办算法大赛、组建算法产业中心、出台算法产业政策、认定算法产业基地、集聚算法人才、拓展算法应用场景和集聚算法领域优质项目,政策规划"算谷"汇聚产业资源,符合国家及广东省鼓励和引导企业提升核心竞争力的政策导向。未来,广州市将通过深入实施这些举措,健全算法、算力、算量协同发展的人工智能产业链,推动广州市经济高质量发展,描绘出新型数字城市蓝图。

(二) 案例:杭州——数字经济助力城市发展"弯道超车"

作为全国数字经济发展的领航者,浙江以数字化改革为引领,自世纪之初即提出建设"数字浙江",历任政府规划共同将蓝图绘到底、填充实,并不断催生出新业态、新模式,以"弄潮儿"的姿态,奋力推动浙江打造数字变革高地,为全面建成数字城市助力。从"数字浙江"先发,到推进"两化"深度融合、大力发展以互联网为核心的信息经济,再到打造数字经济"一号工程",浙江积极抢占数字经济竞争制高点,不断激发高质量

---

① 《城市数字化转型的广州路径》,https://www.gz.gov.cn/ysgz/xwdt/ysdt/content/post_8020316.html,最后访问日期:2024 年 7 月 24 日。

发展新动能，实现"弯道超车"与真正意义上的可持续发展。

1. 商业模式与创新技术集聚创业创新人才

电子商务推动数字经济扬帆起航。电子商务已成为数字经济和实体经济的重要组成部分，是催生数字产业化、拉动产业数字化、推进治理数字化的重要引擎。杭州在与阿里巴巴进行战略合作后，创新将传统购物方式数字化，从国内电子商务链条延伸出跨境电子商务。杭州由此成为中国第一个跨境电商综合试验区所在地，率先开展跨境 B2B 出口、保税出口等业务试点，并探索跨境电商退换货中心、"全球中心仓"、定点配送等新模式，成为跨境电商制度创新策源地。2023 年 1~11 月，杭州跨境电商进出口总额达 1248.05 亿元①。如今，杭州从顶层设计上结合地方特色，从资源整合、资金支持、人才体系搭建、舆论宣传等多方位为数字城市建设助力。

教科研创新平台强强联合。2023 年 4 月，来自世界各地的上千名数据和统计界专家学者相聚浙江杭州，参加第四届联合国世界数据论坛，共商如何利用数据和统计帮助各方更好实现可持续发展目标。杭州作为承办方为全球数据生产者和使用者搭建对话平台，推动教科研等创新平台强强联合，为杭州乃至世界数字经济发展提供强大人才资源助力。此外，杭州在高水平研究方面亦搭建了众多平台，国家实验室实现"零"的突破。杭州以数字经济为抓手，稳步推进人才赋能数字产业化，系统构建高能级创新平台体系，战略科技力量不断壮大。

2. 低成本撬动企业智能化改造

数智赋能传统产业，建设工业互联网。从"机器换人"到"工厂物联网"，再到"企业上云"，直到打造以"未来工厂+产业大脑"为核心的数实融合当下场景，杭州始终走在浙江省前列。作为推进产业数字化的主要手段，工业互联网是杭州的重要发力点。在浙江省提出建立"1+N"工业互联网平台体系的背景下，杭州充分发挥全省 70% 以上的工业互联网服务能力，推动 supET 工业互联网平台建设，同时联合区域内的工业龙头企

---

① 《2023 年 1~11 月杭州跨境电商进出口总额 1248.05 亿元，同比增长 20.55%》，http://hz-cea. org. cn/article/5449232589167163，最后访问日期：2024 年 10 月 28 日。

业、各类服务商，助力打造 N 个行业级、区域级和企业级的工业互联网平台。同时，杭州还积极引进国家重点实验室和国家级工程技术研究中心。随着"全国大众创业万众创新活动周"在杭州成功举办和全国工业互联网大赛永久落户杭州，覆盖平台、安全和网络三大领域的综合性工业互联网体系在杭州逐步形成。2019 年，杭州在全面实施新制造业计划动员大会上正式推出"新制造业计划"，即到 2025 年，实现规上工业企业、十百千亿企业、国家级高新技术企业数量等六倍增，实现整体经济发展中数字经济和制造业"双引擎"驱动，打造具有世界影响力的制造业强市，通过数字经济和制造业"双核驱动"助力杭州经济高质量发展。

从产业"瓶颈"到跃升，重塑智能物联生态。杭州的发展路径不仅需要在优势领域上有进步，也要在短板上有所突破。杭州正以创新为第一动力，奋力推进数字经济创新提质"一号发展工程"，加快构建以数字经济为核心的现代化产业体系。2022 年，为推动数字经济二次爆发，杭州以视觉智能为引领，以云计算大数据、高端软件、人工智能、网络通信、集成电路等为重点，打造智能物联产业生态圈，目标直指万亿级①。在集成电路产业链方面，杭州市设计业规模位列全国主要城市第四，有重点企业260 多家，覆盖微处理器、逻辑电路、存储器、模拟电路等主流产品。在云计算大数据产业链方面，阿里云在云计算市场份额方面位列全球第三、亚太第一，新华三位列服务器国内前三强。在高端软件和人工智能产业链方面，互联网、软件和信息技术业实现营业收入持续保持全国第一梯队，人工智能产业综合能力稳居全省第一。值得注意的是视觉智能产业链，它是杭州最具突出优势的重要应用链。2024 年 2 月，《"中国视谷"产业发展规划》正式发布。杭州将加快构建"三层七端多元"的产业体系，贯通"数字安防—视觉智能—智能物联"产业跃升路径，打造全球视觉智能产业新地标，打造成为全国"视觉智能第一城"。杭州从克服产业"瓶颈"与短板，到逐步实现产业数字化的联动发展，重塑智能物联生态正处在进行时和发展时。

---

① 《杭州：八大攻坚行动打造万亿级智能物联产业 高水平重塑全国数字经济第一城》，https：//jxt.zj.gov.cn/art/2023/4/6/art_1562850_58930290.html，最后访问日期：2024 年 7 月 24 日。

（三）案例：合肥——数字时代的"风投之都"

近年来，合肥聚焦于打造数字经济高地的目标，推动科技创新与产业发展同频共振，一体推进数字产业化和产业数字化，形成以"以投带引"为核心特征的"合肥模式"，在数字制造、数字应用、数字创新、数字基建等方面都取得了创新和突破，被称为数字时代的"风投之都"。

1. 坚持整体布局，彰显数字优势

合肥不断完善顶层设计，高位谋划发展布局。2020 年，合肥市印发《合肥市数字经济发展规划（2020—2025 年）》，提出合肥将实施"136"发展行动计划，即以数据资源为核心驱动，构建数字基础设施体系、数字经济产业体系、数字技术创新体系三大体系，加快推进新一代信息基础设施建设、关键核心数字技术突破、数字产业化培育、人工智能产业发展、工业数字化转型、服务业数字化升级六大重点任务。2022 年，合肥市出台《合肥市"十四五"数字合肥发展规划》《加快发展数字经济行动方案（2022—2024 年）》，对"数字合肥"建设工作进行了全面部署，夯实了数字经济发展的制度基础。

在实践上，合肥市数字经济合理布局，不同区域功能和特点各异。开发区充分用好技术积累和政策优势，承载核心驱动的功能，合肥高新区、合肥经开区、合肥新站高新区、安巢经开区分别重点发展人工智能产业、工业互联网产业、新型显示产业、"互联网+"大健康产业。城区聚焦数字服务，瑶海、庐阳、蜀山、包河分别打造物联网科技产业园、大数据产业园、大数据小镇、滨湖金融大数据中心。区、县（市）则依托当地优势推进特色产业创新，如肥东县建设机器人小镇，肥西县聚焦智能制造，长丰县发力智能家居，庐江县加快智慧农学发展，巢湖市探索"数字+"文旅发展等（胡厚翠，2022）。

2. 坚持创新引领，做数字时代的"产投之都"

正如合肥市委书记所言，合肥"不是风投，是产投；不是赌博，是拼搏"。合肥深谙政企风险共担是创新发展的本质，形成"以投带引"的招商引资模式，以重点项目拉动新兴产业集群，成为数字时代的"产投之都"。

第一，以投带引，聚力推进数字产业化。近年来，合肥以建设新型显示器件、集成电路、人工智能三个国家级战略性新兴产业集群为牵引，在战略性新兴产业领域加速发展。在新型显示和集成电路产业领域，2008年合肥邀请京东方落户，目前京东方已成长为显示领域的先锋，吸引了数百家新型显示产业上下游企业落户合肥，合肥成为全国面板产能最大、产业链最完善的基地。显示器产业的发展离不开芯片驱动，2012年起合肥押注半导体和晶圆产业，陆续引进联发科、长鑫等企业。在人工智能产业领域，合肥政府大力打造"中国声谷"，人工智能入选国家首批"战新"产业集群，智能语音入列国家先进制造业集群，成为安徽省人工智能产业的新名片。在新能源领域，合肥用产业投资的概念来布局新能源产业。2019年合肥投资蔚来汽车，仅用了一年，蔚来市值便翻了数倍。随后，各大新能源车企纷纷与合肥接洽。目前，合肥集聚了比亚迪、蔚来、江淮等六家整车企业，形成了开放协同的产业发展生态圈；拥有上下游产业链企业500余家，打造了下塘、新桥、新港三大整车生产基地和六大零部件园区，全链条新能源企业产业生态逐渐形成，"新能源汽车之都"的称号日益响亮（彭艳秋，2023）。

第二，推动"智改数转"，聚力推进产业数字化。合肥坚持工业强市，强化技术创新，聚焦强基础、育平台、促应用、优生态等关键环节，助力制造业高端化、智能化、绿色化发展。近年来，合肥积极推动新技术赋能制造业，实现质量变革、效率变革和动力变革，围绕点（加快企业数字化转型）、线（打造工业互联网平台和"行业大脑"）、面（通过"一区一业一样板"推动区域数字化）、体（完善数字化支撑保障体系）全方位赋能制造业转型升级。

第三，加强技术内驱，聚力攻关核心技术。创新能力是数字经济发展的重要驱动力。近年来，合肥充分发挥综合性国家科学中心优势，打造科技创新策源地，提升合肥综合性国家科学中心人工智能研究院、类脑智能技术及应用国家工程实验室、语音及语言处理国家工程实验室、认知智能国家重点实验室、智能语音国家新一代人工智能开放创新平台等"国字号"创新平台能级，在量子信息、人工智能、类脑智能、集成电路、网络信息安全等领域开展全国领先的数字技术创新。

第七章　数字社会
——数字技术赋能社会运行与凝聚力提升

数字技术的发展影响着社会运行，带来了整体凝聚力的提升。数字服务惠及民众，让民众的日常生活得到丰富，生活品质得到提高，促进了服务共享。社会组织也得以在数字驱动下进行战略转型，不断提高参与社会治理的能力。社会治理也因数字赋能带来了统筹协调、风险防范、整合发起、参与、反馈、监督机制的转变。数字社会运行效果详见图7-1。

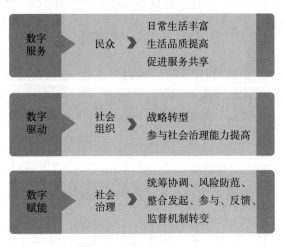

图7-1　数字社会运行效果

一　数字服务惠民：赋能个体生活发展

（一）数字服务丰富民众日常生活

随着数字化浪潮的深入推进，民众的日常生活正经历着前所未有的变革。从商贸服务业的数字化转型，到文旅领域的沉浸式体验，数字服务正不断丰富着民众的日常生活。从餐饮、零售到住宿、家政，传统生活服务业借助数字技术实现了智能化升级，为消费者带来了更加便捷、高效的服务体验。同时，新兴生活服务平台的涌现满足了个性化、多样化的消费需求。文旅领域也通过数字化转型，为游客带来了更加丰富多彩、沉浸式的文旅体验。数字服务丰富了民众的日常生活。

1. 商贸服务业数字化水平提升，满足个性化需求

一是传统生活服务业数字化升级。数字化发展给传统生活服务业带来了重大变革，数字技术的更迭带来了传统行业的新发展模式。从响应速度和服务质量来看，餐饮、零售、住宿、家政、洗染、家电维修、人像摄影等传统生活服务业开展数字化、智能化升级改造，使传统服务业能够通过线上下单的方式进行快速派单，而不再单纯依靠门店等传统方式，同时，移动支付也得以广泛应用。这种信息化手段的利用，既实现了与顾客需求的快速对接，又节约了人力成本，为顾客提供了更快的响应和更好的服务。而从线上线下结合的场景升级来看，商场、超市、连锁店、农贸市场（菜市场）和其他生活服务场所进行的数字化改造，为顾客提供了沉浸式互动体验。顾客在选购商品时，通过电子屏幕，可以实时了解商品动态信息，在进行商品结算时可以选择自助结账，购物效率大幅提升，能够获得更舒适愉悦的购物体验。

二是新兴生活服务平台满足个性化需求。传统服务业主要在线下场景发展的基础上进行改造，而数字技术的发展带来了线上新兴服务平台的发展，满足了顾客的个性化需求。各类生活服务软件，利用线上方式提供餐饮、零售、票务、出行等生活服务，丰富了服务产品和服务方式的选择。这些平台既促进了实体店商家的入驻，也刺激了新业态商家的发展，更多竞争主体在市场上的涌现有利于为顾客提供更多的选择，在竞争中促进整体服务质量的提高。用户可以利用线上平台提出个性化的需求，让商家的服务更加具有针对性，实现精确需求导向下的服务定制。用户也可以利用大数据进行同类型服务的搜索，高效便捷地实现"货比三家"，进行最优选择。同时，平台的评价反馈机制可以帮助顾客更好地进行商品服务感受的信息交流，通过查看其他顾客的评价了解商品服务质量，督促商家改进

商品质量、提升服务体验，从而更好地保障消费者权益。

2. 文旅领域数字化转型，营造良好文旅体验

从文旅产品来看，数字化文化和旅游体验产品不断涌现。虚拟展示、智慧导览、线上演播、数字艺术等新业态新模式，推动了文化、旅游与餐饮、住宿、零售等业务融合发展，培育壮大了相关旅游品牌。通过智慧旅游，构建文旅融合、虚实结合等沉浸式体验新空间，将科技元素、创意元素和时尚元素融合，传统业态与新型场景混搭满足不同群体个性化消费需求，提高受众参与度和互动体验值。2023 年 3 月，文旅部按照树标杆、强引领的原则，开展了"智慧旅游沉浸式体验新空间推荐遴选暨培育试点"工作。[①] 智慧旅游沉浸式体验新空间从概念上更加注重旅游体验。近年来，随着文旅融合边界的不断拓展，国内目的地核心景区正加速由观光式旅游向体验式旅游转变，通过打造智慧旅游沉浸式体验新空间，促进传统景区转型升级，延伸新型消费业态和产业链条。在试点项目中，变资产包袱为资源优势，通过运用数字化技术和创意，成功将闲置资产转化成为一座充满艺术气息的"SoReal 超体空间"；IP 赋能文旅创新融合，通过地域文化 IP 创新开发沉浸式体验新空间，推动景区产品的升级和转型发展；个性化新空间崛起，景区个性化、小众化的智慧旅游沉浸式体验空间备受青睐，成为文旅主题景区中受欢迎、吸引力强、重复体验率高的项目。

从文旅场所来看，数字化改造提升文化和旅游场所。数字化的发展能够促进文化和旅游场所的转型升级，带给游客更好的文化旅游体验。从场所的文化资源保护来看，数字化有助于文化和旅游资源的保护、传承与创新。通过数字化技术进行高精度完美复刻，可实现文化遗产的永久性存档。借助数字化技术，可实时监测文旅资源状态，及时预警、排除风险，防止物理损坏和丢失。从展演形式来看，通过数字化技术手段，传统文旅资源可通过更多渠道和形式得以展示，极大地拓宽传播范围和受众群体。数字化技术可打破传统文旅资源地域、时空、数量等方面的限制。从政府管理提升来看，政府通过市场监测和大数据应用，可以发布气象预警、道

---

① 《文化和旅游部关于公布第一批全国智慧旅游沉浸式体验新空间培育试点名单的通知》，https://zwgk.mct.gov.cn/zfxxgkml/zykf/202308/t20230803_946380.html，最后访问日期：2024 年 7 月 24 日。

路通行、游客接待量等实时信息。提升公共服务数字化水平，构建场馆智慧化运营体系。

（二）数字服务提高民众生活品质

在丰富民众生活的同时，数字服务更推动了民众生活品质的提升。数字服务能够实现智慧社区的打造，通过整合社区周边资源，打造智慧生活服务圈，不仅优化了居民的生活体验，更提升了老年人的生活质量。适老化改造和信息无障碍建设的推进，让老弱群体也能享受数字化红利。从在线购物到医疗预约，数字化服务正逐步渗透到生活的各个角落，为民众提供更加安全、舒适、便利的数字化智慧化生活环境，使社区生活更加智能、便捷。

1. 数字技术服务社区和街区打造

数字技术推动下智慧社区的建设能够聚合社区周边商超、物业、维修、家政、养老、餐饮、零售、美容美发、体育等生活性服务业资源，连接社区周边商户，建设便民惠民智慧生活服务圈。推动社区建设，完善一刻钟便民生活圈服务功能，优化提升送餐、送菜、送药等便民综合服务能力，加强智能充电桩、物流车、智能取餐柜、智能快件（信包）箱、自动生鲜售货终端等智能设备推广运用，为社区居民提供更加安全、舒适、便利的数字化、智慧化生活环境。总的来看，有利于打造多端互联、多方互动、智慧共享的数字社区生活，实现社区购物消费、居家生活、公共文化生活、休闲娱乐、交通出行等各类生活场景的数字化。

2. 完善数字化适老助残应用和服务

相较于传统信息技术给老弱群体带来的数字鸿沟，新的数字产品推行更多是为了提升老弱群体的生活品质，例如手机、智能电视、智能康复辅助器具等适老化改造和信息无障碍建设，适合老年人、残疾人使用的智能化终端产品不断开发，让老弱群体也能享受信息时代的红利。智能家居设备帮助他们自主管理家庭生活，减轻家庭成员负担，对身体健康进行实时监测，避免意外情况的发生。同时，与老年人、残疾人生活密切相关的医疗、社保、民政、生活缴费等高频服务事项的移动应用改造也在不断推进。家政、康复辅助器具等生活服务企业进社区，改造或建设线上线下一体化的社区便民生活服务中心，为居家老年人、残疾人提供生活用品代购、药品配送、餐饮外卖、家政服务预约和康复辅助器具租赁等服务。在线购物、医疗预约等数字化服务可以方便老年人和残疾人的日常生活，让他们更好地融入社会。

（三）数字化建设促进服务共享

数字化建设正深刻改变着城市服务模式，推动教育、医疗等领域的资源共享。教育数字化不仅促进了信息的流通，还为个性化教育提供了可能。同时，"互联网+医疗健康"通过信息流通优化流程，为患者带来了更高效、便捷的医疗服务。这些变革不仅提升了服务效率，也促进了社会公平，让更多人享受到优质资源。

1. 教育数字化融合，知识信息流通

不同城市教育发展呈现不均衡状况，而数字技术的发展可以带来教育资源的共享与流动。通过纵深推进国家教育数字化战略行动，深化国家智慧教育平台应用，立足"教、学、管、评、研、训"等教育教学环节，构建线上线下深度融合的教育新模式。此外，数字化教育平台还可以根据学生的兴趣、能力、学习习惯等个性化因素进行诊断和分析，从而提供更符合学生需要的个性化教育服务。数字技术为教育内容创新提供了更广阔的空间，通过拓展虚拟远程培训等智能化网络培训形式，丰富线上培训资源，促进优质培训资源共享，为教育内容的创新提供了坚实的基础。拓展数字资源获取渠道，各地区各行业向社会开放优质的数字教育资源和线上学习服务，提升全民数字素养与技能，学习者可以根据自己的需求和节奏，自主选择学习内容和时间，提高教育的灵活性和适应性。同时，通过强化数字技能教育培训服务，也能助力未成年人、老年人、残疾人共享智慧生活，让他们更好融入数字城市的建设中，弥合数字鸿沟。

2. "互联网+医疗健康"，信息流通优化流程

医疗的数字化发展是数字城市建设的重要一环。医院要持续深化医保码（医保电子凭证）、医保电子票据、医保电子处方、医保移动支付等应用。推进医疗健康大数据建设和信息互通共享，完善电子健康档案、电子处方等数据库。坚持线上线下一体融合，切实解决老年人等群体运用智能

技术的实际困难。优化智慧医疗服务流程，引导患者有序便捷就医。推动区域信息共享互认，着力解决患者看病"重复检查"等问题。优化诊疗流程，推动新一代信息技术与医疗服务深度融合，为患者提供覆盖诊前、诊中、诊后的全流程、个性化、智能化服务。推行"一站式"即时结算，努力解决患者多次排队缴费的问题；落实"互联网+"支付政策，提供更加便利的在线医保结算服务等内容。利用数字化技术为医用机器人、智能急救车、智能巡诊车、智能医疗设备等产品研发赋能，满足人民群众医疗服务需求。

二　数字社会发展：赋能社会组织运行

（一）社会组织自身战略转型

平台驱动和技术监测推动社会组织实现规范化、数字化管理，推动其进行战略转型。社会组织可以利用区块链技术，打造数字化管理平台，提升组织安全性和运营效率。同时，数据孪生技术助力监测组织健康状态，确保社会组织健康有序运转。此外，数字技术还加强了网络舆情监测，及时处理潜在风险，维护公众权益。这些创新举措标志着社会组织管理迈向更高的发展水平。

1. 平台驱动社会组织规范性提升

社会组织规范化治理平台通过等级评估、年度检查、党务管理、财务内控、理事换届五大系统，为社会组织搭建了规范治理的框架，确保组织在良好的轨道上运行。不少社会组织通过将区块链技术应用于组织管理，实现了规范建设。例如，上海市科学技术协会作为国内首个将区块链技术用于社会组织数字化管理的机构，通过将区块链技术运用到科协及所属社会组织规范建设，提高了自身的安全性，实现了可信、互联、高效、智能的社会组织建设。上海区块链技术协会牵头建设了基于区块链技术的科协社会组织数字化管理服务平台，解决了科协组织实际工作中运营管理难、数据不透明、业务效率低、沟通时效长、社会产出弱等"老大难"问题。

该平台以区块链技术为基础，实现了科协组织运营管理的全程数字化，可为中国科协、省级科协、社会组织、企业会员（个人会员）四层组织架构提供监管、对接、溯源等服务，通过提供全流程、全生命周期、穿透式的数字化服务，打造服务即管理的模式，实现管理数字化、过程数字化、结果数字化、数据可视化。比如，利用该平台进行数字化会员管理，可以解决传统线下入会管理手续繁多、管理不规范、信息不留痕等诸多问题，促进文创产业生态健康发展。在组织机构管理方面，该平台可以提供人员管理、数字会议管理、CMS 动态管理、数字大事记管理、数字化培训赛事服务、线上证书发放服务、在线云联络服务、数字党建服务、项目资源库、专家人才库、投融资对接库等一系列服务。此外，借助区块链技术，上海市科协还能便捷地为其他机构提供从报名、审核、签到至投票全过程的"云换届"服务和在线会议，进行数字化活动赛事管理，提供数字化门户（名片）服务（区块链名片，防遗忘、防丢失、可溯源、信息齐全、动态更新），成为科协所属社会组织、企业会员、个人会员的数字化品牌管理的入口。

2. 技术监测社会组织健康有序运转

通过数据孪生技术对社会组织的日常工作场景进行整合分析，汇总关键指标，直观地监测组织的整体健康情况。这为社会组织的决策者提供了一站式支持，助力规范化、标准化、数字化建设迈向新的高度。规范数据存储、交换与利用，对增量数据逐级汇总、实时更新，对存量数据系统排查、分级完善，提升全国社会组织登记数据的精准性、规范性、系统性。社会组织可以通过购买服务等形式，委托专业机构，组建专门团队，开展数据日常监测、精细管理、及时纠错。

同时，数字技术可以加强社会组织网络舆情监测，跟踪社会组织网上活动信息，对潜在风险点早发现、早通报、早处置。发挥互联网信息传播优势，及时曝光非法社会组织名单及社会组织违法违规行为。完善社会组织网上投诉举报机制，实现举报信息和社会组织执法监察系统自动对接。运用大数据技术筛查互联网上非法社会组织信息，为打击非法社会组织提供具体线索。打通与国内主流搜索引擎、新媒体服务商的数据接口，在搜索结果、服务列表中标识合法社会组织信息，拦截屏蔽非法社会组织信息，切实维护和保障广大人民群众合法权益。

（二）社会组织参与社会治理能力提高

通过数字技术的赋能，社会组织能够提供精准服务，提高公共服务的精准度和专业化水平。同时，利用互联网平台实现信息流通，推动跨主体、跨层级的协同治理。此外，数字技术还促进了信息的开放透明，提升了社会信任度。这些转变提高了社会组织的服务能力，推动其能够更好地参与到社会治理中去。

1. 数字技术赋能，精准有效服务

借助大数据采集、开放共享、整合分析以及筛选、甄别等数字技术优势，社会组织可以精准地识别基层社会公共服务需求信息，提高公共服务供给精准度，从而不断消解公共服务供给与理想目标之间的鸿沟，提高社会组织参与社区治理的精准度与专业化水平。

利用互联网，社会组织可以进行信息化服务能力提升，适应信息化要求、强化互联网思维，自觉学网、知网、用网。通过加强网站、自媒体建设，推广使用便捷易操作的管理软件、手机 App、微信小程序，推动社会组织工作方式从以线下为主向线上线下融合转变。在遵守《互联网新闻信息服务管理规定》的基础上，社会组织要把握网络传播分众化、差异化特点，加强社会组织新闻发言人制度建设，积极稳妥运用互联网和新媒体发声，推动品牌建设与传播。利用互联网平台的协同优势，积极参与网络公益、网络扶贫，不断拓展服务项目，增强资源筹措能力，实现社会组织服务与社会需求有效对接。通过利用政府搭建的社会组织与互联网企业对话和会商的渠道，社会组织可以在相关互联网平台开设账户、开展宣传、开通服务，增强其运用互联网优质资源开展活动的能力，激发创新发展的活力，推动社会组织更好地服务国家、服务社会、服务群众、服务行业。

2. 平台信息流通，推动协同治理

社会组织可以利用大数据与互联网平台集成社区数据信息，打破不同主体间的信息壁垒，并通过畅通的信息沟通与共享来消解冲突、达成共识，从而推进跨主体、跨层级、跨领域的协同治理。依托全国社会信用体系建设联席会议机制、民政政务信息资源共享管理机制，可以推动社会组织信用信息平台建设。通过民政统一数据共享交换平台与网信、发展改

革、教育、公安、司法、人力资源和社会保障、人民银行、税务、市场监管等部门实现数据共享，依法依规交换、分享和利用社会组织数据资源及相关法人、自然人信用信息，实现跨部门协同治理。同时，在管理中加入大数据挖掘与分析，采用监控大屏、数据地图、关系网络、智能语音提醒等方式展示社会组织日常获取的数据和信息，能够支撑政府宏观决策、日常监管、风险预警和社会信用体系建设，更好地规范管理社会组织运行，促进数据要素的高效流通和应用。

3. 信息开放透明，提升社会信任

借助数字技术可以规避社区治理信息的不对称问题，使社会组织参与社区治理的过程更加透明化、科学化。在实践中，为提升组织透明度、增进社会信任，不少社会组织已引入具有去中心化、数据可追溯、匿名性和不可篡改等特点的区块链和人工智能技术，以便更好地开展善款追踪、慈善账目公开等工作，显著缓解了传统慈善筹款中因不透明而产生的黑箱效应。探索区块链技术在公益捐赠、善款追踪、透明管理等方面的运用，构建防篡改的慈善组织信息查询体系，增强信息发布与搜索服务的权威性、透明度与公众信任度，能够有效推动慈善组织信息统一公开与透明查询，落实《中华人民共和国慈善法》的信息公开要求。例如对"慈善中国"平台进行改造升级，优化版面设计，完善内容维护，加强数据对接，拓展客服体系，可以提升运用网络开展慈善募捐备案管理的效能，方便慈善组织办理相关事项、公开慈善信息，方便公众查阅公益慈善的"明白账""放心账"。

此外，以公众需求为导向，依托民政门户网站及相关公共服务平台开展信息公开，优化全国社会组织数据统一查询服务，实现社会组织基本信息、年检/年报信息、信用信息、行政许可与处罚信息等数据一网通查。社会组织要发挥传统媒体、新兴媒体各自优势，面向社会开放依法可公开的社会组织数据资源，支持互联网门户网站、新媒体平台提供多样化、个性化社会组织查询服务，方便公众随时随地获取信息。拓宽与网络媒体合作渠道，扩大面向基层群众的正能量传播，提升社会组织的知晓度与公信力。

三　数字技术赋能与社会治理创新

（一）概念内涵与价值

社会治理作为治理的基本概念有其独特含义，强调政府部门、社会组织、企事业单位、社区以及个人等多主体协同共治。而数字技术的赋能使其原有的内涵进一步丰富，赋予其数字时代特征，在原有的治理价值之上，进一步衍生出新的数字价值。

1. 数字社会治理的概念内涵

社会治理是一种治理的基本模式，区别于其他模式，社会治理更强调多元主体通过平等合作、对话、协商等方式共同治理公共事务，社会共治是国家治理体系和治理能力现代化非常重要的方面（王名等，2014）。在数字技术赋能基础上，社会治理的内涵进一步丰富，治理机制进一步创新，开始具备数字时代特征。

在我国，社会治理是指在中国共产党领导下，由政府主导，吸纳社会组织等多方面治理主体参与，对社会公共事务进行的治理活动（王浦劬，2014），是"以实现和维护群众权利为核心，发挥多元治理主体的作用，针对国家治理中的社会问题，完善社会福利、保障改善民生，化解社会矛盾，促进社会公平，推动社会有序和谐发展的过程"（姜晓萍，2014）。相对于政府管理、国家治理、公司治理和市场治理，社会治理更强调治理主体多元、治理模式平等。一般而言，在政府、市场、社会三类主体中，政府发挥主导作用，其他主体参与自主治理，通过自主表达、协商对话来达成共识。在共治逻辑下，多元行动者运用各自优势对社会组织、社会事务和社会生活进行规范、协调和服务，以满足社会需求，维持社会秩序，实现社会善治。

数字技术赋能下的社会治理在多方面有其独特性，更加体现数字时代的治理特征。第一，更体现创新性，技术赋能使治理更具有科学性、预测性、高效性，同时治理技术更体现智能化与精细化，多元主体通过利用数字技术手段，改革社会治理方式、创新社会治理流程，进行社会治理创新与变革，大数据、人工智能等先进技术在社会各领域得以广泛应用。第二，更强调服务性，数字技术使民众、社会组织、企业等社会主体"自下而上"反馈信息的渠道更加畅通，同时，智慧城市和数字政府的建设更加突出强调"以人为本"的核心理念，这对政府回应性也提出了更高的要求，数字技术对社会治理的服务性更加彰显（王晨，2022）。第三，更突出开放性与包容性，通过搭建数据流通机制，各主体获取信息服务的成本显著降低。数字技术推动治理数据在各社会主体之间广泛应用，使得治理主体更加多元化、网格化，治理模式更加公开化、透明化（戴长征、鲍静，2017），形成更具开放性和包容性的多元网络化治理格局。

2. 数字社会治理的价值

首先，数字社会治理能够深入了解公众需求，回应基层诉求，促进社会和谐稳定。网络平台为政府进行民意调查提供了技术支撑，为公众反馈意见、参与治理提供了更高效、透明的渠道，基层数字化建设进一步普及，有利于政府深入了解公众需求，及时回应基层诉求。大数据等手段为政府分析收集数据、了解基层痛点、预测未来风险提供了工具支持，同时为政府科学决策提供了数据参考，有利于规避风险、促进社会和谐稳定。

其次，通过数字手段优化公共服务质量，能够改善人民生活、提高人民生活满意度和幸福感（王轩，2023）。人性化、精准化的数字服务能够优化公众体验，让数字化改革成果惠及全体人民。电子政务服务进一步普及，为广大人民提供了便捷、智能的公共服务；健康医疗服务的数字化，实现了医疗资源的优化配置和医疗服务的精准化，为公众提供更具个性化的健康指导和服务；个性推荐与服务不断发展，实现贴合用户需求精准推荐，为公众带来更好的数字体验，使得数字化改革成果惠及全体人民。

再次，改善数字社会治理的宏观社会环境，可以强化公众参与意识与管理者责任感，促进多元主体的协同合作（鲍静、贾开，2019）。一方面，数字技术为社会治理提供了全新的工具和平台，实现了政府、企业、公众等多元主体在开放、透明和互动的环境中交流协作；另一方面，公众的参与渠道增多、参与意识增强，公众对管理者监督问责的手段增多，使得管理者的责任感增强，促进多元主体协同合作。

此外，数字社会治理有助于优化社会资源配置，破解基层治理难题

（刘凤、杜宁宁，2020）。数字技术使政府对资源使用、需求情况有了更加精准的掌握与监测，有利于优化资源分配，减少资源的配置偏差；同时，政府通过建立统一资源信息平台，可以让信息在基层更好流动，有利于不同地区、不同部门资源共享、信息互通，使基层可以获得更多有效信息资源，实现社会资源配置的优化，破解基层治理的难题。

最后，数字社会治理可以提升政府应对突发事件的能力，提高公众的信息获取和分享能力，确保社会有序运行（刘志阳等，2023）。海量数据信息为政府提前预知风险、防范风险提供了决策依据，大数据、物联网、遥感算法等技术为政府针对相应风险快速决策提供了技术支持，同时借助网络平台及时发布信息、借助媒体平台互动传播信息提高了公众获取和分享信息的能力，有利于打破双方的信息不对称，推动数字社会治理有序运行。

（二）实现路径

数字技术赋能社会治理创新的实践路径，以数字技术为支撑，社会统筹协调能力得到提升，社会风险防范能力得到加强，社会整合能力得到提高。三种能力的提升共同作用于社会治理创新，不断优化数字时代的社会治理。

1. 赋能社会统筹协调

在数字技术的赋能下，社会治理主体以数字化形式传递信息，打破了地域和时间的限制；组织结构向扁平化发展，推动了信息的流通和畅通，减少了管理层级、提高了管理效率；组织运作更强调整体化，资源信息和组织协作更加标准化、流程化，提升了社会统筹治理能力。数字技术赋能社会统筹协调，具体表现在以下三个方面。

第一，治理主体内部信息传递模式走向数字化。数字技术打破了纸质文件、会议等传统信息传递模式，通过电子文档、在线会议、即时通信等工具，实现了信息的实时共享和传递，促进了治理主体之间的信息共享和协同工作，避免了信息孤岛和重复劳动，解决了传统上信息传递速度慢、易出错、难以追溯等问题，提高了整体工作效率。此外，建立信息共享平台使治理主体以数字化形式传递信息，更加便捷地进行沟通和协作，打破了地域和时间的限制，增强了社会统筹协调能力。

第二，治理组织内部结构趋于扁平化。数字技术让信息传递结构从传统的层级化趋于扁平化，互联网通信技术使信息能够在组织内部迅速、准确地传递，减少了信息传递的中间环节，使组织能够更快地做出反应。数字技术让决策权能够下放，基层人员拥有更多自主权和决策权，能够更快地获取所需信息、参与到决策过程中来。同时，数字技术让不同部门之间实现了信息共享，从而加强了部门之间的协作，改变了原有的科层式治理结构，使组织内部结构趋于扁平化。此外，通过运用大数据、人工智能等技术，组织可以对内部运营进行实时监控和数据分析，实现组织的智能化管理，减少管理层级、提高管理效率，及时发现、解决问题。

第三，治理组织内部运作趋于整体化。数字技术推动了信息的集中与共享，通过建立中央数据库、信息共享平台等方式，实现了治理组织内部信息的集中存储和共享，从而推动组织内部运作整体化。云计算、在线协作等工具，为不同部门之间的协作提供了便利，让不同部门可以共同编辑文档、共享数据、在线讨论，从而加强了部门之间的沟通和协作，使得治理组织内部运作更加协同和整体化。同时，通过统一的流程管理系统，治理组织可以确保各部门按照相同的标准和流程进行工作，从而使组织运作流程标准化、整体化。

2. 赋能社会风险防范

数字技术通过提供智能化基础设施，提升了社会管控的精密性。技术的发展推动了政法产品数字化改革，为风险感知和风险预测提供了硬件支持。此外，科技更新提供了新的技术支撑，提高了管控效率与精度，加强了社会治理的风险防范能力。数字技术赋能社会风险防范，具体表现在以下三个方面。

第一，基础设施智能化，管控的精密性得以提升。数字技术提供了信息与通信技术（ICT）、数据中心、云计算、人工智能（AI）、物联网（IoT）、区块链等智能化基础设施，实现了数据的实时采集和传输，为后续的智能分析和控制提供了基础，使得管控的精密性得以提升。大数据分析技术能够对基础设施获取和产生的海量数据进行深度分析和挖掘，有助于发现潜在的问题、预测未来的趋势，如在交通基础设施中，通过分析交通流量数据，可以预测拥堵点并提前制定疏导方案。此外，数字技术的应用使得基础设施的管控更加自动化和远程化，如通过智能控制系统，可以实现基础设施的远程监测、调节和控制，提高了管控的效率和精度。

第二，数字政法产品供给侧改革，为风险感知提供了足够的硬件支持。政法系统建立数据中心，集中收集、处理各类政法数据，如案件信息、法律条文、执法记录等，可以深入挖掘数据，为风险感知提供有力支持，例如通过分析历史案件数据，可以预测某些类型犯罪的趋势和规律，从而提前采取预防措施。数字高清摄像头、人脸识别系统等技术设备为政法系统实现重要场所、人员动态的实时监控捕捉、异常情况记录提供了有力的硬件设备基础，为风险感知提供了及时、准确的信息。同时，政法系统信息通过与其他系统的联动，可以实现对风险的提前感知和快速响应，为风险防范提供了足够的硬件支持。

第三，大数据的引入，助力预测潜在风险。大数据能够整合多个来源、多种类型的数据，为挖掘潜在风险提供了丰富的信息基础。同时，大数据计算允许对数据进行实时或近实时的分析，使风险管理者能够迅速识别出潜在的风险因素。通过应用机器学习和数据分析技术，大数据计算能够识别数据中的模式，并预测未来的趋势，帮助组织对潜在风险进行分类和优先级排序，使组织能够预测潜在风险、制定应对措施。

3. 赋能社会整合

数字技术为社会信息交流提供了工具与平台，有利于治理主体内部以及不同主体之间充分的信息交流，同时也为治理主体提供了参与激励，提升了社会的整合能力，进一步激发了社会的创造能力，从而推动社会治理创新。数字技术赋能社会整合具体表现在以下两个方面。

第一，加强治理主体信息交流。数字技术促进了各治理主体内部、各治理主体之间充分的信息交流，从而增强了社会整合能力。数字技术使信息公开和共享变得更加容易，政府、企业通过官方网站、社交媒体等渠道向公众发布信息，提高信息透明度，公众也可以通过在线调查、电子投票等数字化手段参与治理过程。此外，各治理主体可通过数据库、云计算、大数据分析工具等建立内部的信息平台，用于存储、处理、分析和共享数据；通过建立统一的数字化标准和接口，各个治理主体可实现不同部门、不同层级之间的信息流通，促进信息的充分交流。

第二，为治理主体提供多种类型的参与激励。数字技术可将社会治理的内容和行为数字化，从而实现各主体的社会治理责任细分，各主体各司其职，进一步激发社会参与的活力。数字技术能够将社会治理的各个环节和内容进行数据化转换，并将治理行为量化和标准化。在此基础上，通过设定数据指标、建立评估体系，有助于明确各治理主体在社会治理中的具体职责和任务，避免责任模糊和推诿，实现社会治理责任的细分和有效落实，并对此进行有效的监督问责。通过数字化平台，政府、企业、社区和居民等主体可以共同参与社会治理的讨论、决策和执行过程，进而激发各治理主体参与公共事务的活力。

（三）作用机制

数字技术以其独特的优势赋能社会治理作用机制，重构社会治理的组织发起模式，重塑社会治理的参与合作模式，改进社会治理的回应反馈模式，优化社会治理的监督管理模式。

1. 重构社会治理的组织发起模式

传统公共事件治理多自上而下发起，数字技术在社会治理中的广泛应用重构了这一发起模式。数字技术增强了公众与社会组织的凝聚力，推动集体共识的凝聚与形成。在社会治理的发起阶段，数字技术的作用具体体现如下。

第一，数字技术推动社会治理由自上而下推动转向自下而上发起（邓喆、孟庆国，2016）。传统治理模式由政府或公共组织主导，自上而下推动社会参与，数字技术的赋能使得治理转向自下而上主动发起。一方面，新媒体和互联网平台极大地加速了信息的传播速度和广度，公众可以实时获取事件进展，通过网络平台表达自己的观点和诉求，并形成规模效应。数字技术使社会问题更容易被公众察觉，助力公众自下而上地推动社会关注解决这些问题。另一方面，数字技术使公众可以更加便捷地获取资源和信息，有利于权力的下放，让公众拥有更大的话语权，从而形成自下而上、主动参与的社会治理模式。

第二，数字技术增强了公众与社会组织的凝聚力。数字技术使社会主体的号召能力更强，推动集体共识的凝聚和形成。一方面，数字技术为公众提供了多种组织和动员渠道，通过社交媒体、在线论坛、群组讨论等方式，公众可以迅速集结成群体，共同讨论、策划并推动公共事件的解决，推动社会治理更加灵活高效。另一方面，社会组织通过建立官方网站、移动程序、App 等，可引起社会广泛关注，以此扩大社会组织的活动规模和影响力。同时，社会组织可通过视频、推文和个性化推荐等方式吸引外部力量、凝聚组织共识，借助网络平台实现跨组织合作，有助于增强组织的号召力。

2. 重塑社会治理的参与合作模式

数字技术改变了公众参与社会治理的路径，为多元主体参与社会治理提供了新的平台与渠道，同时也重构了社会治理的合作模式，推动了多方主体走向协同合作，突破了部门、层级和时空限制，实现了社会治理参与合作模式的重塑。在社会治理的参与阶段，数字技术的作用具体体现如下。

第一，数字技术改变了公共治理的参与路径。一方面，数字技术提供了低成本、低风险、高效率的参与途径，除了传统的线下参与方式，公众还可以通过在线调查、社交媒体、电子邮件、在线论坛、博客和微博等方式表达观点和意见，这些多样化的渠道降低了参与的门槛和风险，公共参与的成本明显降低。另一方面，数字技术打破了地域和文化的限制，让公共参与不再局限于某一地区或文化群体，通过网络平台，不同地域、不同文化背景的人可以共同参与同一议题并施加影响力，使社会治理不再仅依靠当地环境，而是同时受到外界力量的复杂作用。

第二，数字技术重构了社会治理主体的合作结构。数字技术使得不同合作主体在治理中多方向、平等化发挥各自作用，让社会合作跨越了部门、地区与文化。一方面，通过数据共享，不同主体能够协同合作，及时获取相关信息完成各自任务，实现了多头行动、多方向发挥治理作用。另一方面，数字技术改变了公共事件的处理模式。技术的互联性使得公共事件牵涉更多主体，数字媒体的传播增强了舆论力量。面对日益复杂的公共事件，单一主体难以彻底解决问题，跨领域合作的必要性不断提升，社会治理的合作结构得以重构。

3. 改进社会治理的回应反馈模式

数字技术在社会治理中被广泛应用，也对政府或社会组织的回应提出更高的要求，在数字时代，公共回应被要求更具及时性、高效性。同时，公众反馈依托数字技术，在数字社会的互动中更具精确性、高效性①。在社会治理的反馈阶段，数字技术改进了社会治理的回应反馈模式，具体体现如下。

第一，数字技术提高了社会治理过程中公共回应的及时性。数字技术大幅提升了对公共事件、公众诉求的回应能力。一方面，数字技术提供了技术工具支撑，使得公众对社会问题的发现与回应更加及时。物联网等设备可以收集关于交通流量、空气质量、公共安全等关键领域的实时数据，在分析后可迅速识别潜在问题或风险，并触发相应的响应机制，使社会治理的回应更加迅速和准确。另一方面，通过智能化预警系统，政府或社会组织可以提前预测和识别潜在的社会风险或危机，如通过分析历史数据、社交媒体动态和实时传感器数据，相关部门可以预测出自然灾害、公共卫生事件等潜在风险，并提前制定应对措施。在危机发生时，数字技术可以赋能应急响应的协调和调度，如相关部门可以通过无人机、卫星通信等手段快速获取灾区信息，并实时调配救援资源。

第二，数字技术增强了社会治理过程中公众反馈的精确性。数字技术使公众对社会治理的反馈更加精确、高效。一方面，政府可以通过社交媒体监测工具，实时跟踪公众对政策、事件或服务的看法和反馈，形成数据报告，有助于政府精确决策、及时发现问题。同时，通过政务微博、政务公众号等官方媒体，政府可以精准化回应公众的评论与关切，增强公众对政府的信任和支持。另一方面，电子政务平台作为政府与社会互动的主要渠道，对政府回应的效率提出了更高的要求。网络工单、政务热线的出现倒逼政府提升行政效率、及时回应诉求，有助于政府及时发现问题，实现多方主体之间的直接互动和沟通。

4. 改变社会治理的监督管理模式

数字技术赋能社会治理的监督与管理转型升级，形成全社会、广覆盖

---

① 《以数字化改革提升政府治理现代化水平》，http://www.qstheory.cn/qshyjx/2021-03/26/c_1127256582.htm，最后访问日期：2024 年 7 月 30 日。

的智能监督，减轻了基层政府的监管负担。同时，数字技术强化了对社会治理资源与权力的控制，推动社会治理及时发现问题（李齐，2018）。在社会治理的监督阶段，数字技术改变了社会治理的监督管理模式，具体体现如下。

第一，数字技术加强了智能化监督，实现了对基层的减负。数字技术实现了监督管理的智能化，减轻了基层的单方监管负担。一方面，数字技术推动了社会对公共事件监管的智能化转型，通过整合巡查系统，技术工具有效地减轻了基层的行政压力与负担，如"南海通 App"作为基层巡查终端，实现了"一个终端巡查上报"，提高了一线巡查人员的工作效率，大大缓解了巡查员的工作压力，为基层减负赋能。另一方面，数字技术大大提高了政府和社会组织工作的公开度和透明性。通过更新进度、公开结果等方式，公众可对政府、社会组织、市场等多主体形成全面监督。同时，公众的表达渠道和监督渠道大大拓展，形成了有效的外部监督问责机制，减轻了政府和组织的内部监管压力。

第二，数字技术赋能社会管理体系，强化了社会治理。数字技术强化了对社会治理中资源权力滥用的控制，有利于及时调适整改，提高了社会治理的公平性、廉洁性。一方面，数字化的运行处理方式可以有效减少人为干预，系统的运行使得对公共事件的治理更加客观、公平，畅通的数据资源和公开的数字平台对社会治理中的权力资源滥用行为形成有效控制。另一方面，数字技术提供了决策分析的工具，有利于控制决策风险，实时更新数据，让公众、社会组织、政府、企业等多方主体都能及时发现问题所在，及时把控问题方向，对问题进行整改。

四　数字技术赋能数字城市建设案例

信息技术飞速发展，数字技术赋能社会治理创新，数字化生活正逐步成为现代生活的主旋律。在此背景下，数字城市的建设成为推动社会进步和经济发展的重要力量。数字城市不仅代表了先进的信息技术应用，更是城市治理、民生服务和生活模式创新的集大成者。以深圳市、上海市、北京市为代表的数字城市建设案例，为其他城市提供了宝贵的经验。

（一）深圳市公共服务与生活场景数字化建设

作为国内首批新型智慧城市建设试点之一，深圳市从高水平数字政府起步，在智慧城市建设方面走在全国前列。新基建是数字经济发展的基石、转型升级的重要支撑，深圳市加快推进基于新基建的数字公共服务供给体系建设不仅是数字经济发展所需，也是深圳市高质量发展的题中应有之义[①]。

1. 提供智慧便捷的公共服务

深圳市以数字技术为支撑，为社会提供智慧便捷的公共服务，推动社会生活场景数字化，以数字社会驱动构建统一规划、智慧协调的数字城市[②]。深圳市推动数字技术与医疗、教育、民政、住房等基本公共服务相结合，提供更加智慧便捷的公共服务。

一是提升医疗服务数字化水平，加强5G、人工智能和大数据等新技术应用，促进诊疗过程循证化、医疗服务精准化、医院管理智能化。推动医疗联合体信息资源共建共享，以远程医疗、互联网诊疗为基础，推进"互联网+"协同诊疗，为市民提供连续性、一体化的医疗服务。建设国家健康医疗（深圳）大数据中心，全面统一医疗卫生机构信息系统数据接口，加快实现数据互通共享。优化医保数字化服务，建设智慧医保信息平台，打通医疗保障的政策规划、支付管理、医药服务管理、智能监管等各个环节，构建"横向联通、纵向融合"的医保业务。

二是深化教育领域数字化应用，加快智慧校园建设。研究制定智慧校园建设标准与规范，实现数据标准统一、应用互联共享、系统安全可控。推进现代信息技术与教育教学深度融合，打造适应学生自主学习、自主管理、自主服务需求的智慧课堂、智慧校园。探索信息技术在众创空间、跨学科学习、创客教育、"双元"教育等新模式中的应用。积极发展"云上教育"。加快推进云端学校建设，推进以数字教辅为切入点的基础课程教

---

① 《〈深圳蓝皮书：深圳智慧城市建设报告（2022）〉发布》，https://www.sz.gov.cn/cn/xxgk/zfxxgj/zwdt/content/post_10445374.html，最后访问日期：2024年7月30日。

② 《深圳数字政府和智慧城市"十四五"发展规划发布》，https://www.sz.gov.cn/szzsj/gkm-lpt/content/9/9903/post_9903633.html#19236，最后访问日期：2024年7月30日。

材数字化。在市级和区级层面分别打造 100 门和 1000 门以上云端精品课程，实现全市优质教学资源共享。

三是深化民政服务数字化应用，深圳市围绕民政五大工作体系，积极搭建、完善和整合养老、儿童福利、慈善、殡葬、城乡社区、资金监管、社会救助、婚姻、社会组织等业务系统。创新居家养老服务模式，不断深化惠民养老应用。同时，深圳市积极推动健全居家社区机构相协调、医养康养相结合的养老服务体系，构建居家、社区、机构共同养老新格局，为老人提供基本生活保障。

四是加强住房保障数字化能力，打造物业管理服务平台。补齐居住社区服务短板，推动物业服务线上线下融合发展，满足居民多样化、多层次生活服务需求。加快推进高空抛物、私搭乱建、侵占绿地监控等智慧应用场景布局，不断提升居住社区安全管理智能化水平。优化住房保障信息服务。建设全市统一的公共住房基础信息平台，提升公共住房基础信息和住房公积金信息管理服务水平。加快全市城市住房基础数据库和项目库建设，整合各领域的规划和过程信息，为城市建设提供海量、全面的数据服务。

五是推广数字公共文化服务，推动公共文化数字化建设。参与国家文化大数据体系建设，以数字技术深入挖掘优秀文化资源。完善数字图书馆、数字博物馆、数字美术馆、数字文化馆建设，为公众提供多层次、多元化的数字文化服务。打造线上音乐厅、线上剧院和线上体育比赛等，为市民提供高清流畅的流媒体观赏新体验。加快体育数字化发展。推动智慧体育场馆建设，提升实时监测、科学引导、智慧安保和智慧服务能力，推动更多体育场馆实现手机一键预约。

2. 推进生活场景数字化

深圳市积极推进生活场景数字化转型，加强全民数字技能教育和培训，提高智能技术运用能力和水平，提升全民数字素养，打造数字生活新业态，为民众带来更智慧、更高效的生活体验，为民众的数字生活提供新支持、转换新动能。

一是推广数字生活新业态。首先，深圳市推进购物消费、休闲、交通出行等服务数字化新模式、新业态健康发展，让市民畅享数字生活新风尚。其次，深圳市创新商务服务模式，推进大数据和人工智能等技术在商务服务领域的应用，助力深圳市商务高质量发展。同时，深圳市推进智慧商圈建设，引领购物消费新体验。最后，深圳市还加快了智慧公交、智慧停车、无人驾驶等应用场景建设，让出行体验更加方便、快捷、舒适，为民众带来更好的生活体验。

二是推动数字家庭和无障碍工程发展，强化数字家庭工程设施建设，在住宅和社区中分类推广楼宇对讲、火灾自动报警、智能家居等智能产品以及智能快递柜、智能充电桩、智能灯杆等生活新基建，丰富数字生活体验。同时，深圳市围绕老年人出行、就医、消费、文娱、办事等高频事项和服务场景，推进相关服务的适老化改造，为老年人使用智能化产品和应用提供便利，逐步消除数字鸿沟，让老年人更好融入智慧社会。

3. 深圳市智慧服务与智慧生活建设成效

一是推动社会治理更加精细化、敏捷化，深圳市共建、共治、共享的社会治理统筹协同格局逐步形成，初步建立以大数据为支撑的政府决策机制，建成市政府管理服务指挥中心、区级分中心和部门分中心。率先推行城市网格化管理，实时、精准掌握社会管理基础信息，"受理—执行—督办—考核"的基层矛盾纠纷闭环处理机制基本形成。"雪亮工程"、智慧消防、安全生产综合管理等城市建设及应急处置机制逐步完善，城市管理、生态环境等领域智慧化治理成效凸显。

二是数字孪生城市助推城市治理现代化，深圳基于城市信息模型（CIM）基础能力，围绕城市治理重点、难点问题推进各类智慧化应用，逐步建设"数字孪生城市"。在空间规划、经济运行、城市建设、城市安全等领域，初步实现了空间规划辅助选址、二三维会商、辅助流调和快速处置、城市建筑玻璃幕墙管理、小散工程管理等具体应用场景。同时，推进南山区、龙华区、前海深港现代服务业合作区、深圳湾超级总部基地、西丽高铁站等重点区域 CIM 智能化应用。

（二）上海市全周期多层次民生服务提供

上海市面向各类人群全周期、多层次的生活服务需求，以数字化提升市民服务体验为切入口，围绕基本民生、质量民生、底线民生三个方面，聚焦实施健康、成长、居住、出行、文旅、消费、扶助、无障碍等八大任务，不断提升各类民生服务的精准性、充分性和均衡性①。

1. 关注基本民生，健全公共服务

上海市关注基本民生需要，优化医疗公共服务，健全健康卫生服务体系。增强数字化对教育、就业等个人成长各阶段的体系化服务供应。同时，上海市围绕人在社区的各类需求，打造人人参与、人人共享的数字化城市基础单元，向各类人群提供低成本、便利化、全要素、开放式的数字化服务。

一是优化健康新服务，聚焦就医、公共卫生、体育运动等健康服务，以数字化助力打造更有温度的健康上海。以患者为中心，打造精准预约、智能预问诊、电子病历卡（医保电子记录册）、智慧急救、医疗信息互联互通互认等重点应用场景，构建涵盖诊前、诊中、诊后全流程数字化医疗新流程。建立全域协同的智慧医疗应急体系，打造数字健康城区和未来医院试点。构建线上线下联动的数字化运动服务闭环，以数字健身地图为载体，整合各类体育健身服务资源，实现公共体育场所"随申码·健申码"一码通行，推进体育场馆和设施数字化升级，为市民提供更多数字化体育服务。

二是探索成长新空间，以"让人人都有人生出彩机会"为出发点，增强数字化对教育、就业等个人成长各阶段的赋能。以提升师生信息素养、加强家校互动、建设数字校园为重点，优化教学模式、改进学习方式、创新评价方法、强化学生关爱，实现教育更高层次发展。推进数字化就业服务，打造求职者个人数字档案，实现劳动者和用人单位精准对接和匹配。加强技能认定、技能培训、个人创业、灵活就业等领域数字化赋能，向各类人群提供低成本、便利化、全要素、开放式的数字化服务。

三是打造居住新家园，紧扣"数字家园"主题，围绕人在社区的各类需求，打造人人参与、人人共享的数字化城市基础单元。加快社区新基建，推进社区智能安防、智慧康养等终端设施合理布局。依托"社区云"

---

① 《上海市人民政府办公厅关于印发〈上海市全面推进城市数字化转型"十四五"规划〉的通知》，https://www.shanghai.gov.cn/nw12344/20211027/6517c7fd7b804553a37c1165f0ff6ee4.html，最后访问日期：2024 年 7 月 30 日。

等数字化平台和线下社区服务机构，强化居民线上获得社会化服务和政务服务的能力，适应消费升级趋势。加快社区服务智能化升级，持续优化社区资源配置，满足居民的精准化、个性化需求。推动数字赋能绿色人居，将数字技术用于城市更新、绿化布局、生态环境和绿色生活等领域，打造虚实融合的未来空间。

2. 关注质量民生，提高服务水平

上海市关注民生质量，以数字技术培育高效便捷出行新方式，构建数字交通新生态、新格局。引领数字文旅新风尚，为市民及游客提供便捷、高效的文旅服务和体验。同时，上海市丰富居民消费新体验，推动传统商业服务转型升级，加快发展消费新业态、新模式。

一是培育出行新方式，围绕市民的高效便捷出行需求，构建数字交通新生态、新格局。推进出行即服务（MaaS），以数据衔接出行需求和服务资源，融合地图服务、公交到站、一键扬招、一码通行等既有出行服务系统，实现行前、行中、行后等出行环节的全流程覆盖①。加快数字技术赋能静态交通能力建设和设施管理，深入拓展全流程数字化停车服务，提升泊位利用效率，在医院、商圈、交通枢纽、小区等场所推进便捷停车示范场景建设。推进基础交通设施数字化，打造智慧高速公路、智慧车站、智慧机场、智慧停车场等新亮点。

二是引领文旅新风尚，深化"上海文化"品牌和世界著名旅游城市的数字内涵，为市民及游客提供便捷、高效的文旅服务和体验。深化文化大数据体系建设，推进文化资源数字化，建设红色文化资源信息应用平台，提升"文化上海云"服务能级，推动媒体深度融合发展。推动文旅数字化服务整体布局、一体建设，以文旅智能中枢"文旅通"为载体，推动文旅"两网"一体融合。建设"随申码·文旅"公共服务平台，实现全市范围内的"一码畅游"。加快图书馆、博物馆、文化馆、美术馆等文旅场馆数字化改造。推动数字景区和数字酒店建设，打造数字旅游标杆场景。

三是丰富消费新体验，围绕"上海购物"品牌的数字化提升，推动传

---

① 《数都上海 | 智慧出行改变城市面貌，"软硬结合"加速构建新生态》，https://www.thepa-per.cn/newsDetail_forward_24404381，最后访问日期：2024 年 7 月 30 日。

统商业服务转型升级，加快发展消费新业态、新模式。建设具有示范引领作用的数字商圈商街，建设一批商业数字化示范区，构建社区生活圈末端15分钟智能配送体系。推进实体商业企业数字化创新，拓展基于数据的精准化、个性化服务。支持电商平台整合网络直播、社交媒体、产品供应链以及各类专业服务机构等资源，形成具有特色和影响力的上海网络新消费品牌。推动打造数字化的本地生活服务圈，推进智慧早餐、智能末端配送等场景建设，实现与社区生活的紧密互动。

3. 关注底线民生，重现弱势群体

上海市关注底线民生，推动社会相对弱势群体数字服务建设，为社会特殊群体和困难人员构建扶助新模式，实现从人找政策到政策找人的转变。同时，上海市积极营造数字无障碍服务新环境，便利数字弱势群体享受数字服务，以数字生活全覆盖为导向，让数字化、智能化服务惠及更多群体。

一是构建扶助新模式，聚焦城乡低保群体、特殊困难人员、低收入家庭等扶助对象，构建扶助领域个人数字画像，通过数字化进一步摸清底数，实现从人找政策到政策找人的转变。拓展数字技术在残疾人群关爱、妇女儿童监测、慈善公益等工作中的应用，促进各类需求与供给的有效对接，为扶助对象基本生活提供兜底保障。加快社保经办数字化转型，优化提升服务大厅设施设备智能化程度，推进社保卡跨领域、跨区域应用。

二是营造数字无障碍新环境，以数字生活全覆盖为导向，让数字化、智能化服务惠及更多群体。优化银发关爱服务，聚焦老年人就医、出行、居家、文娱、学习等需求，搭建综合为老平台，实现各类服务"一键通"，鼓励发展居家"虚拟养老院"新模式，提升服务触达性和精准度。优化数字无障碍环境，面对代际差别、收入差别、教育差别、地域差别等造成的数字化应用能力不平衡，鼓励电信服务向残疾人、农村居民、老年人等特殊群体倾斜，鼓励企业研发适应重点受益群体个性需求的数字产品和服务，提升各类公共服务的"数字无障碍"水平。

4. 上海市多层次民生服务建设成果

第一，上海市数字公共服务体系不断完善。推行政务服务"一网通办"。截至2020年底，接入事项达3166个，"随申办"实名注册用户数超

过 5000 万，基本实现"高效办成一件事"。建成全市统一的社区基础信息数据库和"社区云"平台。搭建上海市综合为老服务平台，梳理形成 12 个智慧养老应用场景。教育云网融合试点有序推进，在线教育服务水平显著提升。推进智慧医疗应用，建成"健康云"平台，实现诊疗信息互联互通互认。推动智慧出行，基本建成"上海停车""一键叫车"等一站式服务平台。

第二，上海市数字技术赋能城市治理成效显著。按照"三级平台、五级应用"逻辑架构，建立市、区、街（乡镇）三级城运中心，实现"高效处置一件事"[①]。打造务实管用的智能化应用场景，重点建设城市之眼、道路交通管理（IDPS）、公共卫生等系统。全市重点工程建设项目应用 BIM（建筑信息模型）技术比例达 93%。建立实时动态"观管防"一体化的城运总平台，接入了 50 个部门的 185 个系统、730 个应用。建设高效处置突发事件的联动指挥系统，支撑城市运行管理事务中心统筹支援、现场决策，实现前线指挥部、后方指挥部、专业指挥部跨地域的联动指挥。

（三）北京市以数字技术赋能日常生活领域[②]

北京市以"筑基"为核心的智慧城市 1.0 建设已基本完成，北京市智慧城市正处在由基本完成筑基的 1.0 阶段迈向全域应用场景加快开放和大规模建设的 2.0 阶段[③]。加快社会生活数字化转型，是构建数字城市的应有之义，也是完善服务体系、提高民生质量的必然要求。

1. 北京市数字技术赋能生活领域

北京市积极构建数字社会，以数字技术赋能交通、环保、应急、教育、执法、文化等领域，深化各领域体制机制数字化改革，以整体协调的

① 《上海市人民政府办公厅关于印发〈上海市全面推进城市数字化转型"十四五"规划〉的通知》，https://www.shanghai.gov.cn/nw12344/20211027/6517c7fd7b804553a37c1165f0ff6ee4.html，最后访问日期：2024 年 7 月 30 日。

② 《北京市大数据工作推进小组关于印发〈北京市"十四五"时期智慧城市发展行动纲要〉的通知》，https://www.beijing.gov.cn/zhengce/zhengcefagui/202103/t20210323_2317136.html，最后访问日期：2024 年 7 月 30 日。

③ 《北京迈向全域场景开放智慧城市 2.0 阶段》，http://news.china.com.cn/2022-09/21/content_78430224.htm，最后访问日期：2024 年 7 月 30 日。

数字社会提升数字城市治理效能、运行效能，为数字城市发展强基筑力。

一是深化体系交通领域整合，推动智能信号灯"绿波调节"，推广公交信号优先系统，开展试点区域内执行任务救护车、消防车等特种车辆的"一键护航"。优化出行体验，探索公共交通"一码通乘"，推动定制公交、预约出行、共享单车、汽车分时租赁、停车位错时共享等多样化交通出行服务模式。持续提升全市交通综合治理水平，推动重点站区"一屏统管"。扩大车联网先导区建设范围与规模，探索重点区域"全息路网"，开展创新应用，促进创新发展。

二是推动生态环保领域协同，加强感知统筹，建立生态环保"测管治"一体化协同体系，提升生态环保综合执法效率。提高重污染天气、地质灾害、地震灾害、森林火灾等场景一体化应急管理服务能力，加强水环境管理、水旱灾防御、农业农村管理、公园管理等智慧化应用。鼓励社会企业创新生态环保应用，激活企业绿色技术创新动能。

三是加强规划管理应急联动，摸清城市运行、安全生产、自然灾害等监测基础设施家底，强化城市风险管理，加强应急状态下一体化指挥调度与应急救援处置的能力。推广具有"一杆多用"功能的城市智慧灯杆。基于"时空一张图"推进"多规合一"。探索试点区域基于城市信息模型（CIM）实现规建管运一体联动。构建安居北京住房保障民生服务平台，提升建筑工程监管服务水平，深化住建行业信用体系建设。健全公众参与社会监督机制，利用随手拍、政务维基、社区曝光台等方式快速发现城市管理问题。

四是丰富人文环境智慧应用，推动数字图书馆、数字文化馆、数字博物馆建设，延伸公共文化服务能力进基层，推进公共文化设施运营管理平台建设，推进文化惠民。针对特殊人员开展社会帮扶救助，打造温暖宜居的社区环境。通过"北京通"等政务移动端实现失业保险申领、住房公积金提取、职业资格认定等事项线上线下一体化办理。拓展扶农助农手段，利用电商平台促进农产品直播带货、直销社区。推动开展线上文旅展出、线上体育健康活动和线上演出活动，加强云转播、沉浸式观赛、多场景一脸通行等智能技术应用体验。

五是强化执法智能应用，提升城市执法联动能力，建设城市管理综合执法大数据平台。推动智能化办案，强化跨区域、跨部门执法办案协作。构建科学完备的执法监督管理体系，实现市、区、街（乡镇）层级的执法监督全覆盖。建设智慧法院，开展司法审判、诉讼服务和司法管理等业务，实现网上办理、公开等服务。进一步促进治安防控和基层治理智能化，提升多部门整体协作、突发事件实时预警、警务决策扁平指挥等能力。

六是激发医疗健康领域动能，健全覆盖全人群、全生命周期的健康信息服务体系，支撑以社区智慧家医为抓手、中西医结合的基层信息惠民服务。推动电子病历、医学影像等数据在不同层级医疗卫生机构间的授权使用，探索医学人工智能基层辅助系统的应用。构建"1个互联网诊疗服务监管总平台+N个互联网医疗子平台+1个互联网医院公共服务平台"的互联网医院监管服务体系。

2. 北京市数字城市建设成效

《中国智慧城市发展水平评估报告》显示，北京市智慧城市发展水平位居全国前列，是我国智慧城市建设的领跑者之一①。2023IMD全球智慧城市排名前二十的城市中，北京位居第12名，自2019年全球智慧城市排名首次发布以来，每年都在不断进步。截至2022年10月，北京拥有人工智能核心企业1048家，占全国人工智能企业总量的29%，位列全国第一。在国际人工智能城市排名榜上，北京的排名也从2020年的第七提升到2023年的第五。

海淀区城市大脑涵盖了生态环境、城市交通、城市管理、公共安全、智慧能源等五大领域，应用场景除原有的智慧社区、渣土车治理、交通治理、大气污染防治等，还拓展了垃圾分类、城市能源、无障碍设施智慧服务等一批新场景，总数已达52个。

通州区城市大脑项目于2018年开始建设，随着各部门相关数据的不断汇聚，大数据平台不再局限于城市管理部门内部的工作系统，而是涉及通州区城市管理的各个方面。目前通州区的"城市大脑"已经可以连线交

---

① 《北京社会新生态：全球智慧城市悄然崛起——北京建设全球数字经济标杆城市2023系列报道》，http://www.xinhuanet.com/info/20230627/8b9faba9f36742fdab2d13348fee8507/c.html，最后访问日期：2024年7月30日。

通、环境、环卫、停车、单车、管线、照明、能源、热线等 14 个业务系统，接入 4485 台监控设备（包括视频流量检测器、高点监控、路侧停车监控、公租自行车监控、人行过街视频检测器、违法监控等）、520 台系统信号机、287 辆环卫车辆、6770 盏路灯、377 台路灯箱式变电站、730 处公共自行车站点、62 处公共停车场、42 块停车诱导屏等物联设备。另外，通州 155 平方公里范围内的信号灯全部实现智能化控制，其中已经实现 7 条道路（72 处路口）的干线协调控制和 199 处路口的信号配时自适应（红绿灯的配时根据车流量的变化而实时变化）。通过智慧交通信号控制，自城市副中心建设以来，在车流增加的情况下道路反而更加畅通，平均车速提高 15.6%，城市主干道通行时间缩短 32.5%，停车延误降低 36.2%。

第三部分

数字城市的风险、挑战与未来

尽管数字城市带来了诸多机遇与便利，但其发展之路并非一帆风顺。本部分直面数字城市在隐私泄露、数字安全、数字鸿沟以及伦理道德等方面存在的风险与挑战，从认知、技术、治理和环境四个维度深入剖析了数字城市建设过程中面临的挑战与难题。展望未来，随着技术的不断进步和社会的持续发展，数字城市将呈现更加智能化、人性化的发展趋势。本部分结合当前技术和社会发展趋势，对数字城市的未来进行了大胆而富有远见的预测，提出了相应的建议并做出了展望，为数字城市的可持续发展提供了有益的参考与指导。

第八章 数字城市的风险

——隐私、安全与鸿沟

数字城市已成为现代城市发展不可逆转的趋势，不仅深刻改变了城市的运行模式和居民的生活方式，也带来了前所未有的机遇与挑战。同时，隐私泄露、数字安全，以及日益加剧的数字鸿沟等问题，正逐步成为制约数字城市健康、可持续发展的重要因素。

一 隐私泄露风险不断加剧

（一）数字城市中的隐私泄露风险

毫无疑问，数字城市带来了诸多便利，但便利的背后也潜藏着诸多风险。其中，隐私泄露风险尤为突出，这时刻提醒我们在享受数字城市带来的便利的同时，必须高度重视个人隐私和数据安全。

1. 大数据时代隐私的内涵与外延

在大数据时代，随着技术的发展，传统隐私的内涵和外延都需要被重新定义。在本节中，我们将重点关注传统领域学者对隐私概念的界定以及数字时代隐私内涵的变化。

已有研究中，学者们对隐私概念的界定各有不同。Warren 和 Brandeis 在《哈佛法律评论》上发表的《隐私权》（The Right to Privacy）一文中首次提出了隐私权的概念，认为隐私是一种"免受外界干扰的、独处的"权利（Warren & Brandeis，1890）。Mason 将隐私定义为"控制、收集和使用个人信息的权利"（Mason，1986）。Culnan 则认为隐私是"某人控制其他人接触自己个人信息的能力"（Culnan，1995）。由此可见，隐私作为一个涉及哲学、心理学、社会学和法律领域的概念，很难找到适用于所有领域的普遍定义。

随着互联网与电子商务的发展，隐私的内涵得到了进一步拓展。这种从传统空间到虚拟空间的转变，使得在互联网环境下对隐私概念的完整和准确定义变得更加困难（蒋骁等，2010）。大数据技术重塑了隐私的边界，使得隐私和个人信息之间的界限变得模糊，"个人信息""数据信息""信息隐私""数据隐私"等概念之间的关系变得更加紧密。因此，一些学者认为，我们应更加关注个人信息。按照 Paul 和 Daniel 的观点，个人信息本质上是一种隐私，法律对其加以保护，并界定了其范围（Paul & Daniel，2009）。从信息性隐私到社会性隐私、从自然性隐私到整合性隐私、从传统隐私信息到个人数据信息、从真实世界的信息到真实与虚拟世界信息的多重融合，隐私的性质从原来的权利转变为隐私通货，个体的隐私空间逐渐缩小，未来的个人隐私风险将逐步加剧。

2. 数字城市运行中的隐私泄露

在数字城市运行过程中，由于数据本身的特性及数字城市基础设施的固有属性，隐私泄露的风险不可忽视。为更好地避免隐私泄露，我们需要关注潜在的风险因素。

一是数据自身存在的风险。首先，数字城市在数据的收集、存储和处理方面具有高度集中的特点。通过传感器、摄像头、物联网设备等，数字城市能够实时获取城市运行中的各类数据，包括交通流量、能源消耗情况、环境质量和公共安全状况等。这些数据不仅数量庞大、种类繁多，且覆盖城市生活的方方面面。此外，数字城市通常采用集中化的数据存储和处理方式，这意味着大量数据被集中存储在城市的智能中枢或数据中心，并通过高性能计算机系统和云计算技术进行处理与分析。然而，这种大规模整合存储的方式，使得个人敏感信息和重要数据高度集中，增加了单点故障风险并增强了管理复杂性。一旦发生数据泄露，可能导致巨大的损失。其次，数据流转的路径多样且复杂，涉及多个系统、部门和业务流程。数字城市中的数据在多个环节中流转，涉及多方参与者，增加了数据泄露的风险点。这主要体现在传输安全问题和监管难度两个方面。在数据流转过程中，因部门之间的"数据孤岛"现象普遍存在，以及数据安全和隐私保护面临挑战，实现数据共享与交换的难度较大。尤其是在未加密或安全措施不足的情况下，数据在传输过程中可能遭遇拦截、窃听或篡改，导致隐私数据的泄露。此外，数据流转涉及多个处理点和环节，如数据采集、传输、存储、分析和应用等，每个处理点和环节都可能存在安全隐患。这些隐患可能来自技术漏洞、人为失误或恶意攻击。一旦某个处理点和环节被攻破或出现失误，可能导致数据泄露或被滥用。复杂的数据流转路径意味着，一旦某个处理点和环节发生数据泄露，泄露的信息可能会迅速扩散到整个数据链条中，扩大了隐私泄露的影响范围。

二是数字城市基础设施中软件层面的隐私政策和硬件层面的数字设备带来的外部风险。首先，在隐私政策方面，数字城市项目可能涉及复杂的隐私政策。隐私政策往往冗长，并包含专业术语，使得普通用户难以理解。此外，有些隐私政策可能频繁更新，但未能及时通知用户，导致用户无法及时了解其数据的使用情况，增加了隐私泄露的风险。技术的发展使得数据的收集更为容易，但可能导致数据的过度收集。目前，数字城市的数据安全建设水平较低，增加了数据被非法访问的风险。一些地区的法规和政策可能滞后于技术的发展与应用，无法为数字城市的安全提供有效保障。同时，部分城市的管理者对数据安全重视不足，忽视了对安全措施的投入和更新，不同部门和机构之间的政策协调可能存在问题，导致安全措施的实施受阻。在数字设备方面，无论是服务器、交换机还是传感器，均可能存在设计制造上的缺陷或其他风险。物理环境中的不可控因素，如自然灾害（地震、火灾、洪水等）、人为破坏（恐怖袭击、恶意破坏等）和电力故障等，也可能对硬件设备及其中存储的数据造成损害。如果不及时修复，这将对数字城市的安全带来严重威胁。在数字城市建设中，城市管理者往往选择将软硬件设施的定期维护、升级和安全管理外包给第三方供应商。如果第三方供应商的技术水平不高或存在操作不当、恶意行为，硬件设备的安全性将受到威胁。

（二）隐私泄露的危害

隐私泄露会产生各种各样的危害。本节将从公民、政府和社会三个角度来探讨数字城市中隐私泄露的危害。

1. 对公民精神物质的危害

隐私泄露必然首先作用于隐私信息的拥有者，即公民身上。因此，隐私泄露的首要危害就是造成了公民精神物质的损失，包括损害个人生活的安宁和个人的名誉、经济上遭受损失。

在损害个人生活的安宁和个人的名誉方面，根据我国《民法典》的相关规定，公民的隐私权包括"私人生活安宁"。这指的是自然人的私人生活安定与宁静，免受他人的不当侵扰。具体来说，私人生活安宁涵盖了日常生活安宁、住宅安宁、通信安宁等方面。在数字时代，个人隐私信息的泄露可能影响到个人的生活秩序，使私人的生活空间遭受侵犯；此外，对隐私信息的恶意使用，如造谣、污蔑等，也会侵犯公民的名誉权。

在经济损失方面，虽然隐私泄露不会直接造成经济损失，但是其作为对公民的违法侵害行为的重要组成部分在间接上造成了巨额的经济损失。在恶意勒索、电信诈骗等违法侵害行为之中都存在着隐私泄露的身影，不法分子可能利用个人隐私进行诈骗、身份盗窃等恶意活动，这使得公民在经济上遭受了损失。此外，为了处理这些泄露的隐私信息，公民必然需要付出更多的时间和经济成本，这也是隐私泄露造成的经济损失的重要一环。

2. 对政府公信力的威胁

在数字城市建设中，隐私信息多是由政府收集和使用的，隐私泄露的实质责任主体也是政府。因此，隐私泄露不仅会对个人产生各种危害，也会威胁政府公信力。

一旦发生个人隐私泄露事件，公众对政府的数据管理能力的质疑便会随之而来。人们可能怀疑政府是否具备足够的能力来妥善保护公民的个人信息。这种信任的缺失将直接削弱公众对政府其他服务和政策的信心，导致政府公信力的显著下降。换句话说，隐私泄露事件往往引发广泛的公众关注和讨论，这不仅损害了政府的形象，还可能让公众认为政府管理不善、技术能力不足，甚至怀疑政府存在故意泄露信息的行为。政府形象的受损将使公众对政府的长期看法和态度产生负面影响。

尤尔根·哈贝马斯在《晚期资本主义的合法性问题》中将"合法性危

机"定义为"在贯彻由经济体系所产生的那些指导资本主义制度发展的各项原则时，资本主义已经没有办法继续维持它所不可缺少的来自群众的'忠心'"（转引自傅永军，1999）。在现代语境下，这一概念更多地指政治系统的存在及其命令失去了正当性与合理性，导致社会成员不愿意服从政治系统的命令，不认同政治系统的理念和行为，从而引发社会矛盾、冲突和动荡。

数字城市中的隐私泄露确实可能会对政府的合法性产生严重影响。在数字政府转型过程中，政府与个人之间的信息秩序重构和运作方式的变化，使得个人信息的收集、处理和利用与行政活动紧密相连。如前所述，隐私泄露事件会严重损害政府的形象，公众会因此认为政府管理不善、技术能力不足，进而对政府产生不信任。公众通常将政府的形象与其合法性联系在一起，因此，政府形象的受损会直接削弱其合法性，导致政府面临合法性危机。

3. 对社会信任的挑战

在数字城市中，数据的可追溯能力以及技术层面的"二次利用或开发"使得分散于各部门的政务大数据能够被追溯到个人层面。一旦个人信息以数据形式储存在多方组织的数据库中，个人信息的保护便面临巨大挑战。拥有这些数据库的单位和组织，面对潜在的巨大经济利益，往往难以抗拒对收集到的个人数据进行整合、分析和利用（刘新年等，2013），这极易引发对社会信任的挑战

一方面，数字城市中的各类政务数据可以精确展示个人生活的各个方面。随着大数据和人工智能技术的发展，数据的"二次利用或开发"变得更加容易。政府部门可以通过算法分析和模式识别等手段，挖掘这些数据的潜在价值，将其转化为政府行政的关键信息。然而，这种行为可能削弱公众对数字城市运营者的信任，进而影响整个社会对科技创新和数字化转型的态度。另一方面，数字城市中大数据和人工智能技术的广泛应用，使我们在日常生活中产生的各种"碎片"数据，如导航记录、购物记录等，都能够被存储下来。同时，借助技术手段，这些"碎片"数据可被转化为可被利用的资源。但这种对个人信息数据的整合、分析和利用行为，通常是在民众不知情且未经民众同意的情况下进行的，其合法性和合规性都受

到质疑。更为严重的是，一旦这些经过整合分析后的隐私数据发生泄露，其对民众的危害远大于原始数据的泄露。这使得民众难以信任以数字城市相关部门为主体的数据收集者，进而对全社会的信任体系构成了挑战。

二　对数字安全的需求更为迫切

随着技术的迅猛发展，数字安全的重要性越发凸显。面对复杂多变的数字环境，如何有效保障数字安全，是数字城市在发展过程中不能忽视的问题。

（一）数字安全的定义

1. 理论探讨上的数字安全

数字安全的概念来自计算机领域中的信息安全。信息安全是指保护信息及信息系统免受未经授权的进入、使用、披露、破坏、修改、检视、记录及销毁。而数字安全则将这一概念扩展到所有与数字相关的领域。虽然数字安全尚无一个公认、明确的定义，但已有不少关于数字安全的探讨，这些探讨呈现一定的共性。《2022 全球数字安全报告》指出，数字安全是"指在数字时代与数字化相关的一切安全要素、行为和状态的集合，既包括保障数字经济的安全性，也包括将数字技术用于安全领域"[1]。数字安全涵盖了信息安全、网络安全、数据安全、隐私保护等领域或场景，并可扩展到元宇宙安全、AI 安全等。此外，数字安全还包括利用数字技术保障数字基础设施的物理安全。《数字城市产业研究报告（2023 年）》指出，数字安全包括网络安全、数据安全、基础设施安全、行业规范发展等多个维度[2]。

应当承认，数字安全是一个较为宽泛的概念，它涵盖了数字时代几乎所有与数字相关的安全要素，只要某个领域存在因数字要素而产生的安全

---

[1]　《CSA 发布 ｜ 探索数字安全信任治理新框架》，https://www.c-csa.cn/about/news-detail/i-967.html，最后访问日期：2024 年 7 月 24 日。

[2]　《数字城市产业研究报告（2023 年）》，http://www.caict.ac.cn/kxyj/qwfb/ztbg/202403/t20240319_473999.htm，最后访问日期：2024 年 7 月 24 日。

风险，就可以把它纳入数字安全的范畴当中。

2. 数字城市运行中的数字安全

在数字城市的运行过程中，各种安全问题日益凸显，涉及多个领域并具有广泛的范围。这些安全问题不是抽象意义上的数字安全问题，而是由数据链接各个要素所导致的多维度安全问题。数字城市的运行依赖于高度互联和智能化的系统，这些系统包括基础设施管理、数据处理与传输、网络链接以及应用程序的运行。为了保障电力、交通和通信系统的稳定性，基础设施的数字化和智能化管理必须确保其免受网络攻击和数据篡改。数据安全在城市运行中占据核心地位，确保信息的保密性、完整性和可用性是维持城市管理的关键。作为城市运行的基础，网络安全需要防范各种网络威胁，保障系统的持续稳定运行。此外，各种智能应用程序的安全性直接影响到城市服务的质量和可靠性。在社会安全层面，数字化应急响应系统和智能安防系统的完善对于应对潜在威胁和保障公共安全至关重要。

数字城市的安全问题不仅是理论探讨中的一个重要课题，更是实际运行中必须面对和解决的现实问题。在理论探讨中，数字安全通常根据具体领域进行划分，而政府和相关部门则更关注数字城市实际运行过程中由技术所带来的风险和挑战。基于实际业务的导向，要分析当前技术的使用已经带来或潜在的安全风险，从而提前制定预案，以更合理、更稳妥的方式应对这些问题。

（二）威胁数字安全的因素

不同的威胁者出于不同的动机，根据不同的能力和资源，可能会对数字城市带来不同形式的威胁。毫无疑问，数字城市暴露出广泛的易受攻击面，具有较大的防护难度，这增加了其遭受攻击的概率，进而引发更多的数字安全问题。从威胁动机来看，数字城市面临的数字安全威胁驱动因素可以分为以下几类。

1. 政治因素：长期性、战略性、隐蔽性

每个城市都有其独特的地缘政治定位，数字城市也不例外。一些城市因国家战略方针而兴起，因此具备了重要的地缘政治价值，成为潜在攻击目标。这类攻击通常具有明确的战略目标，其恶意行动和影响往往具有长

期性和战略性。目前，国际形势日益复杂，国家间的竞争暗潮涌动，网络空间攻击行为频繁发生，对国家安全构成严重威胁。由于现阶段国际社会尚未明确将数字安全威胁行为视为武力行为或武装攻击，由某些国家支持的威胁组织更频繁地实施此类攻击行为，以渗透、破坏和策动为目的。面对这些成组织的，甚至由某些国家支持的攻击行为，许多建设数字城市的地方政府缺乏应对安全威胁的能力和资源。

2. 经济因素：现实性威胁

与由政治因素驱动的数字安全威胁相比，由经济因素驱动的威胁更多出现在数字城市之间或城市内部，主要以获取经济利益为目的。从企业到个人，因经济利益驱动而进行的破坏性行为屡见不鲜。例如，企业间的竞争可能导致商业间谍行为和侵犯知识产权的行为，而个人和团体则可能因经济利益驱动进行数据盗窃、网络诈骗等。这些行为严重影响了数字经济的安全发展。现有法律法规和技术监管手段可能不足以应对日益复杂的由经济因素驱动的数字安全威胁，法律更新滞后和技术门槛障碍导致由经济因素驱动的威胁活动屡禁不止。

3. 文化因素：复杂而不可避免

宗教、文化甚至情绪价值都可能成为驱动数字安全威胁的因素。由文化因素驱动的数字安全威胁反映了不同群体对技术接受度的差异，可能导致基于文化偏见的技术排斥或抵制。例如，一些文化或社区因对新技术的疑虑或坚持传统习惯，拒绝接受智能化设施或服务。信息安全的文化差异导致不同文化对信息安全的认知和重视程度不同，部分文化对技术的不信任可能被恶意利用，导致对社会工程的攻击行为。此外，某些威胁行动可能没有明确目的，仅出于情绪。例如，寻求刺激的黑客组织或恐怖组织，它们对数字城市的稳定与安全造成的影响更多是袭扰性的。总体来看，文化差异和情绪价值在数字安全领域中扮演着复杂而重要的角色，使数字城市面临更多的安全挑战。

4. 技术因素：警惕技术双刃剑

数字技术融入数字城市本身就是一种风险。新技术的引入具有双面性，既提升了有关领域的效率并增强了便捷性，也引发了新的安全风险并带来新的挑战。新技术的迅猛发展使得数字城市的系统和基础设施不断更新换代，而新技术往往存在未被充分测试的脆弱性，容易成为攻击目标。技术发展的速度远超安全防护措施的更新速度，导致安全策略滞后于技术进步。新旧系统并存增强了安全管理的复杂性，许多遗留系统无法支持最新的安全协议，整体安全性受到限制。由此可见，数字城市在快速变化的数字安全威胁中面临的挑战是多方面的。应对这些挑战既需要考虑技术本身带来的风险，也需要综合考虑数字城市所处的政治、经济和文化环境，建立完善的安全防护体系，确保数字城市的安全运行。

（三）快速变化的数字安全威胁

数字城市因数字技术的不断融入而兴起，但也因此而加剧了数字安全风险。数字技术融入数字城市有三大趋势。第一，程度越来越深，体现为某一行业或领域的数字化水平越来越高，从初步应用逐渐深入至核心区域。第二，范围越来越广，体现为数字化技术应用的领域越来越多，联结度更高。各行各业因数字技术的应用而联结在一起。第三，依赖性越来越强，体现为数字化技术成体系地融入某一事项，技术需要成体系地更新换代，这不仅会增加经济成本，还会增加安全成本。这三种趋势带来了三种新兴的风险。[①]

1. 深度融合：数字安全风险干扰物理世界运行

数字技术融入数字城市，以 IT（information technology）和 OT/ICS（operational technology/industrial control systems）为典型。IT 主要被用于信息的收集、处理和传输，旨在提高业务流程的效率和决策能力，被广泛应用于商业和管理领域，推动了互联网的蓬勃发展。OT/ICS 则专注于控制和管理物理设备与工业流程，目的是确保生产和运营的安全性、可靠性与效率，主要被用于工业和基础设施领域，推动了工业界的数字化转型。

然而，IT 与 OT/ICS 的融合不是两个独立系统的简单结合，而是技术、系统和数据等多个层面的渗透式融合，主要表现为 IT 向 OT/ICS 的渗透。

---

① 《〈智慧城市数字安全报告（2022 年）〉在第七届世界智能大会"智慧城市数字安全"分论坛上发布》，https://g-city.sass.org.cn/2023/0525/c4951a542845/page.htm，最后访问日期：2024 年 7 月 24 日。

这种融合带来了新的安全挑战：一旦 IT 中的普遍网络攻击渗透到原本缺乏安全设计的 OT/ICS 中，原有的安全隔离被打破，安全防护的边界变得模糊，会带来严重的安全隐患。此外，IT 与 OT/ICS 的融合还将 IT 中的不确定性（如漏洞和安全缺陷）凸显，增强了系统的复杂性，同时也加大了维护和管理的难度。最终，OT/ICS 安全事件的后果可能会从 IT 领域渗透到物理世界，对生产和运营造成破坏性影响，甚至可能直接威胁生命和财产安全。一些攻击可能会导致电网停电、交通瘫痪等严重后果。

2. 广泛融入：单点风险向系统性风险扩散

随着物联网技术的兴起，数字城市的发展达到了新的高度，城市逐渐转变为一个巨大的数字生态系统。然而，万物互联和数据流通在推动城市智能化的同时，也打通了风险扩散的新通道。

首先，事件影响的乘数效应在具有系统属性的数字城市中显得尤为突出。在一个高度互联的数字城市中，单点故障或攻击事件的影响会被放大。例如，一个小型的网络故障可能通过物联网迅速传播，导致大规模的系统中断或功能失效。其次，针对数字城市的系统性攻击可能产生灾难性后果。由于各个系统之间的互联性，攻击者可以通过一个入口点迅速扩大攻击范围，造成严重的后果。最后，物联网技术增强了网络的连接性，攻击者对某个部分的攻击可能会扩散到多个领域。

3. 依赖融入：新旧系统交织产生更广泛的风险

数字城市的依赖性体现为在数字城市中，新旧技术和系统的并存带来了复杂的安全挑战。由于对某类技术或系统的依赖度较高，其更新换代并不容易，而在这一过程中同样会面临显著的安全风险。首先，新技术存在脆弱性。新兴的数字技术及其所依赖的算法软件，往往具有难以规避的脆弱性。这些技术在应用初期，可能尚未经过充分的安全验证和测试，过早或盲目地投入使用容易引发安全风险。其次，新旧系统的并存带来了安全挑战。新系统与旧系统的同时存在，使得安全策略的一致性难以实现。旧系统可能无法支持新的安全协议，而新系统则可能需要兼容旧系统的数据和操作。这种混合环境增强了安全管理的复杂性和不确定性。最后，不同安全等级体系的联结导致了安全的"木桶效应"。数字城市中的不同系统和设备可能具有不同的安全等级。系统的整体安全性往往受制于最弱的环节。如果一个低安全等级的系统被攻破，可能会影响到与之相联结的高安全等级系统，从而扩大安全风险的影响范围。

三　数字鸿沟难以弥合

（一）数字时代的数字鸿沟

1. 数字鸿沟的缘起

数字鸿沟概念最初由美国国家远程通信和信息管理局（NTIA）于1999年在名为《在网络中落伍：定义数字鸿沟》的报告中提出。数字鸿沟传统意义上指的是"信息穷人"与"信息富人"之间在信息技术使用机会上的差异，其关注点主要在于"接入"方面，也被称为第一道数字鸿沟，学者 Van Dijk 将"接入"的概念细分为精神、物质、技术和使用机会四个维度。

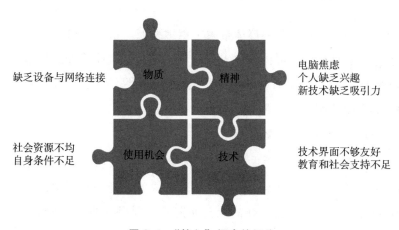

图 8-1　"接入"概念的细分

资料来源：Van Dijk, 2012。

随着信息技术的不断发展和互联网的逐渐成熟，数字鸿沟现象具有了更多元化的含义，除了数字接入鸿沟外，还延伸出了数字使用鸿沟与数字结果鸿沟。

数字鸿沟的核心不仅仅在于获取数字信息，更重要的是有效使用信息技术。受受教育水平和年龄等因素的影响，不同公民在对数字技能的认知、应用和使用效果上存在显著差异，由此产生了数字使用鸿沟。高学历人群能够通过信息技术最大化地发挥其在工作、学习和社会参与等方面的资本和资源优势，而低学历人群则更倾向于将互联网用于娱乐，忽略了互联网接入所带来的巨大潜力（Van Dijk, 2012）。在国家层面，积极、充分且富有创造性地使用信息技术，甚至已经成为未来不同国家和地区之间拉开差距的新源头（王美、随晓筱，2014）。

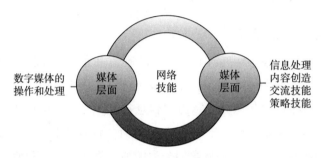

图 8-2　网络技能的划分标准

资料来源：Van Dijk, 2012。

数字经济的发展为优势群体带来了更多资源与机会，但加剧了缺乏互联网信息可及性的弱势群体在收入、教育、医疗、就业等方面的多维贫困（何宗樾等，2020），从而形成了多维度的数字结果鸿沟，如教育鸿沟、知识鸿沟、医疗鸿沟等。

2. 数字城市中的数字鸿沟

Noh 认为在数字环境中，由数字技术差距、信息和设备获取方面的差距造成的问题与工业化社会中由经济差距造成的问题一样严重，数字城市中的这些差距很可能会引起新的社会冲突或加剧现有冲突（Noh, 2016），这使得数字时代的政府治理必须对数字鸿沟多加关注。

数字城市中的数字鸿沟可以被理解为在城市数字化进程中，不同群体在获取和利用数字资源方面存在的差异。尤其是数字城市在建设过程中引入了大量数字基础设施，但是由于年龄、受教育水平、地区经济发展水平等的差异，并不是所有人群、所有地域都能平等地享受这些数字基础设施带来的服务，这就造成了同一个城市内及不同城市之间的数字鸿沟。赵继娣等认为，数字城市中存在纵向和横向两种数字鸿沟：横向数字鸿沟便是指前述群体和地域之间的数字鸿沟；而纵向数字鸿沟产生于大数据时代，纵向信息优势在众多领域被悄无声息地放大，大数据虽然散布在整个数字空间，从理论上讲任何人都可以对这些数据加以分析和利用，但实际上只有政府和大型科技企业才有资源、技术和能力去分析与利用它们（赵继娣等，2022）。

（二）数字鸿沟的危害

如前所述，数字城市必然产生众多数字鸿沟，本节主要从社会层面的不平等、地区层面的不平等和政治层面的不平等三个角度来论述数字鸿沟产生的危害。

1. 加剧社会层面的不平等

数字鸿沟可能加剧社会层面的不平等，使得已经处于不利地位的群体更难获得教育和经济机会。数字城市使得数字鸿沟问题更加严重，使得人们在社会层面的不平等加剧，这主要体现在信息获取不均、技能差异和代际差异上。

在信息获取不均方面，数字鸿沟导致社会各阶层之间的信息资源分布不均。信息富裕者能够更快地获取知识和机会，而信息贫困者则被边缘化。技术接入的不平等是信息获取不均的重要原因。由于经济、社会和地理等多种因素的影响，许多人无法获得稳定的网络接入或拥有必要的数字设备，这使他们在信息获取方面处于劣势，无法及时、准确地获得所需的信息，从而在社会上处于不利地位。尤其是在数字城市中，信息不仅是一种重要的社会资源，还是城市服务的重要组成部分。一些群体无法获取高质量的信息资源，或无法有效地搜索、筛选和理解信息，这导致他们在决策、学习和就业等方面处于不利地位，甚至可能无法享受到某些数字城市提供的服务，从而在生活质量上出现不平等。

在技能差异方面，数字城市中的各项服务日益数字化和智能化，虽然这些服务带来了便利，但也要求用户具备更高的数字技能水平。通常而言，受过良好教育的人更有可能掌握先进的数字技能，也更有可能学习新兴的相关技能；相比之下，受教育水平较低的人可能缺乏必要的知识来掌握现有的数字技能，更难跟上未来数字城市的发展潮流，因此，他们难以有效利用数字技术来获取信息、交流和学习。数字技能的掌握程度在不同社会群体之间存在差异，这种差异直接影响了个人在教育和就业等方面的竞争力，进一步加剧了现有的数字鸿沟。随着技术的不断发展，低受教育水平群体更难有机会掌握数字城市所需的相关技能。数字城市的各类系统需要基本的技能才能使用，但老年人、低受教育水平者等群体未必会掌握这些技能，可能无法享受相关服务，使得本就处于社会弱势地位的人群更难融入数字化社会、享受数字化带来的便利和机会，从而进一步强化了他们的社会弱势地位。

在代际差异方面，年青一代通常更熟悉数字技术，而老年人可能因为数字技能不足而在社会生活中遇到障碍，这加剧了代际不平等。年长一代在成长过程中并未接触过如此丰富的数字技术，他们在使用电子设备时可能感到十分困难。技术适应和使用能力的差异是代际鸿沟的一个突出表现。老年人因受教育情况和生理因素，缺乏对现代科技的适应力，在获取和使用数字技术方面与年轻人存在显著差距。由于缺乏数字技能和经验，他们可能无法有效利用数字技术获取所需信息，尤其是在当前数字城市建设对老年人关注不足的情况下，这种数字技能的不足进一步限制了他们在数字城市中的活动和社会参与。结果是，老一辈人可能无法充分享受到数字技术带来的社会红利，数字城市的便利与他们无关，甚至可能为他们带来更多障碍，这可能导致他们在社会资源分配上处于不利地位。

2. 加剧地区层面的不平等

数字城市的建设水平在地区之间存在显著的差异，这种差异不仅影响了居民的生活质量，还限制了整个社会的经济发展和社会进步。数字技术的不均衡分布可能导致经济发展的不平衡，使一些地区落后于其他地区。地区层面的不平等主要体现在基础设施和经济发展水平上。例如，段杰冉等利用国际电信联盟定义的信息通信技术发展指数（IDI）进行测量，发现中国城市的数字鸿沟存在空间极化效应，省会城市的数字化建设水平明显高于非省会城市，东部地区的数字化建设水平明显高于中西部地区（段杰冉等，2024）。

在基础设施差异方面，数字城市建设高度依赖于完备的数字基础设施，这是建设数字城市的前提条件。先发地区已经建立了较为完善的数字基础设施，并且拥有更多的资金和经验来推动未来的发展。相反，后发地区不仅缺乏现成的基础设施，在未来的建设方面也显得乏力。发达地区的基础设施往往相对完善，这些地区拥有高速稳定的互联网接入、先进的移动通信网络以及完备的数据中心等设施，为当地的数字城市建设提供了良好的数字化环境。相比之下，欠发达地区或偏远地区的基础设施建设往往滞后，网络覆盖不全、速度较慢，甚至存在无网络覆盖的"盲区"。尤其是在智能化需求日益增长的背景下，这种地域性的基础设施差异限制了欠发达地区城市的综合治理能力，以及居民获取和使用数字技术的能力的发展，加深了数字鸿沟。

在经济发展水平差异方面，经济发展水平的差异必然影响城市建设的方方面面，显然也包括数字城市建设。值得注意的是，经济发展水平的差异会影响数字城市的建设，数字城市建设的差异也会进一步扩大经济发展水平的差距。在经济相对发达的地区，由于资金充足、市场需求旺盛，数字化发展通常更为迅速。这些地区能够投入更多资源用于建设和完善数字基础设施，推动数字城市的创新发展。相比之下，欠发达地区的数字化发展则相对滞后，缺乏必要的资金和技术支持，导致数字鸿沟的加深。此外，数字城市对城市经济发展有着推动作用，因此，数字城市发展的地区差异将进一步影响地区间的经济发展能力，从而使得经济发展水平的差距进一步扩大。

3. 加剧政治层面的不平等

政治层面的不平等是城市治理中不可回避的问题，而数字城市的建设可能进一步加剧这一不平等。数字鸿沟削弱了个人参与社会活动的能力，尤其是在政治参与和社区服务方面，这可能导致某些群体的声音在社会决策中被忽视，从而加剧政治层面的不平等，主要体现为政策制定的偏差和社区边缘化。

在政策制定的偏差方面，公共议程的制定往往受到政府所能获得的信息的影响。数字城市使得城市管理者更加依赖数字化系统来获取信息，这些系统所收集的数据可能成为政策制定的主要依据。然而，这种依赖可能导致政策制定的偏差，因为数字层面的弱势群体更容易被忽视，导致政治层面的不平等的加剧。政治决策者可能更倾向于满足那些在数字空间中更为活跃的群体的需求，而忽略那些对数字技术接触较少的群体。在数字城市中，政策制定同样依赖于数字技术收集的各项信息，但这些信息的来源广泛性受到数字鸿沟的威胁。数字领域中更活跃的群体可能使更多有利于他们的信息进入政府的公共议程，而那些较少接触数字技术的群体的呼声可能被忽略，最终导致政策制定的偏差。

在社区边缘化方面，类似于政策制定的偏差，由于受信息获取的偏差和利益群体的影响，政府政策可能更倾向于资源充足的发达地区或城市中心区域，导致资源分配不均，进一步加剧社区边缘化现象。数字城市中的信息鸿沟使得部分社区在资源获取和发展机会等方面处于劣势。社区边缘化的危害在于，数字技术的不平等分布可能导致某些社区被边缘化，使得人们的需求和声音不被重视。与政策制定的偏差相类似，在一些政治体系中，决策者可能更倾向于关注那些已经具备数字化能力的群体或地区，而忽视那些处于数字化底层的群体或地区。这可能导致政策制定和执行过程中对边缘化社区缺乏充分的考虑与支持，进一步加剧政治层面的不平等。此外，对边缘化社区的忽视还可能导致这些地区的数字化建设进一步滞后，使其陷入恶性循环之中。

第九章　数字城市的挑战
——认知、技术、治理与环境

数字城市已成为推动城市现代化转型的重要引擎，其建设与发展水平不仅关乎城市的运营效率与居民的生活质量，更是国家竞争力的重要体现。然而，数字城市的构建并非一蹴而就，它面临着来自认知、技术、治理及环境多方面的复杂挑战。本章旨在全面剖析这些挑战，以期为数字城市的可持续发展提供理论支撑与实践指导。

一　认知层面：对数字城市建设发展的认知不足

习近平总书记在十八届中央政治局第三十六次集体学习时强调要做大做强数字经济、拓展经济发展新空间。[①] 2022 年 4 月 19 日，习近平总书记主持召开中央全面深化改革委员会第二十五次会议，强调要全面贯彻网络强国战略，把数字技术广泛应用于政府管理服务，推动政府数字化、智能化运行，为推进国家治理体系和治理能力现代化提供有力支撑。[②] 与此同时，国家也出台系列政策文件，为推进数字城市建设指明了前进方向，提供了根本遵循。[③] 但是，在当下，部分城市依然存在对数字城市建设发展

---

① 《习近平：不断做强做优做大我国数字经济》，http://www.xinhuanet.com/politics/2022-01/15/c_1128265816.htm，最后访问日期：2024 年 10 月 16 日。

② 《习近平主持召开中央全面深化改革委员会第二十五次会议》，https://www.gov.cn/xinwen/2022-04/19/content_5686128.htm，最后访问日期：2024 年 10 月 16 日。

③ 《提升数字认知赋能城市发展——奋力打造数字城市建设的"保定样板"》，http://www.cfgw.net.cn/xb/content/2023-06/19/content_25049365.html，最后访问日期：2024 年 7 月 27 日。

认知不足的问题。

（一）对核心理念认知不足

1. 对内涵缺乏深入理解

部分政府将数字城市建设片面地理解为"技术升级"和"信息数字化"，导致许多建设内容仅仅是将"线下"转移到"线上"，从而忽视了数字城市建设对创新发展和效率提升的实际需求。这种片面理解难以实现真正意义上的"创新"建设。

数字城市建设要求通过先进的信息化手段来支撑城市的规划、建设、运营、管理及应急响应，进而有效提升政府管理和服务水平，以及提高城市管理效率。作为一项以"人"为核心的建设工程，数字城市的建设者需要认识到，"创新"不仅仅是形式上的"变化"，更在于使用上的"优化"。这种使用上的"优化"要求能够让群众理解、感知并直观体验到改进。因此，如何在技术更新迭代的基础上，实现服务、治理与效率的全面优化，成为数字城市建设中的一大挑战。

2. 对目标存在政绩导向误区

部分城市对数字城市建设的目标认识不清，将其视作政绩工程，过度追求技术提升而忽视现实需求。这种目标意识可能导致数字城市建设中的"短视"行为，进而造成资源错配与浪费，不利于数字城市的可持续发展。

要推动数字治理更加高效，避免错误目标意识，需要增强数字城市建设相关主体对正确目标的认知。在数字城市建设中，必须理解其对城市发展的根本性影响，并深刻认识到数字城市建设对于"提高治理能力、更好为人民服务、推进国家治理体系和治理能力现代化"的重要作用。数字城市建设不仅要强基、惠民、善政、兴业，还要避免过度功利性导致的资源浪费和短期行为。如何在建设过程中深化对数字城市目标的理解，防止其走向过度功利化，仍需各地政府持续关注和努力。

（二）对技术升级发展的认知不足

1. 技术与治理之间的适配

当前，数字技术的发展与治理实践之间尚未完全实现深度耦合和全面适配。随着数字城市建设的推进，隐私泄露的风险日益加剧，政府亟须增强对数据系统性风险、数据流转风险等方面的认知。在《2023 年国务院政府工作报告》的"加强和创新社会治理"部分明确提出，当下需要"加强网络、数据安全和个人信息保护"。[①] 政府必须树立对隐私泄露风险的清醒认识，认识到其威胁的无处不在。无论是政府部门在审核和监管中的疏漏、数据脱敏处理的不足，还是平台本身的安全漏洞，抑或社会公众对数据的不当使用，都可能导致隐私数据的泄露、数据被重新识别、数据丢失或篡改，以及数据滥用等一系列风险（袁静等，2024）。因此，政府需切实加强隐私保护工作，健全和完善数据安全机制，以应对数字城市建设中可能面临的各类隐私和数据安全挑战。

2. 便捷生活、技术导向与以人为本之间的平衡

数字技术的发展极大地提升了人们的生活便捷性，但这种便捷背后也隐藏着数字弱势群体的问题。如何在推进技术导向的同时，建设以人为本的数字城市，需要引起高度重视。在中国的数字城市建设过程中，数字鸿沟依然存在，不仅体现在代际、弱势群体与其他群体之间，还存在于城乡之间。这些挑战要求政府对数字鸿沟的问题需有清醒的认识，并在智慧城市建设中重视弥合这些鸿沟。习近平总书记指出，弥合数字鸿沟必须坚持发展优先，采取有效措施提升全民的数字技能和素养，帮助弱势群体融入数字化浪潮。[②] 政府应当深刻认识当前数字鸿沟带来的挑战，并积极应对，避免政策规划不当而导致的数字鸿沟进一步加剧。应推进城乡要素的双向自由流动，同时为弥合代际鸿沟和赋能弱势群体提供相应的政策支持，从而形成推动信息流动、促进共同发展的共识。

（三）对治理结构优化的认知不足

数字城市建设中，可以通过数字孪生技术整合地理信息数据、物联网数据等，构建"数据汇集"的数字城市，推动"一图治理，智能决策"城

---

① 《政府工作报告——2023 年 3 月 5 日在第十四届全国人民代表大会第一次会议上》，https://www.gov.cn/zhuanti/2023lhzfgzbg/，最后访问日期：2024 年 10 月 15 日。
② 《习近平出席二十国集团领导人第十七次峰会并发表重要讲话》，https://www.gov.cn/xinwen/2022-11/15/content_5727070.htm，最后访问日期：2024 年 10 月 15 日。

市治理新模式。但当下，政府对城市大脑建设的认知一般以建设整体市级层面为主，而科学高效的城市大脑建设既需要包括纵向意义上"市级、区级、街道、社区、个人"数据的相互结合，也需要横向城市智慧大脑的建设发展，如卫生、文化、旅游、交通等不同场景中的数据汇集，再由纵向和横向相互联系结合，作出科学决策。然而，构建数据共享、互通和便利的共享平台在数字政府建设中面临着诸多亟待解决的现实问题（鲁盼、岳向华，2024）。

1. 部门间协同认知

在数字城市建设过程中，政府对于部门间的协同共治认知不足，部门间的数据共享仍需进一步加强。当前，数字城市的建设往往集中在单个或多个场景的数字化和智能化上，而在政府层面、社会层面以及从街道、社区到个人的各层级之间实现数据的融合应用依然存在较大困难。许多政府部门在数字城市建设中各自拥有独立的数据系统，但缺乏一个高效的数据整合系统，导致信息孤岛问题依旧存在，同时也造成了资源的重复建设和数字资源的浪费。为了解决这一问题，政府需要坚持统建共享的原则，构建一个集约融通的建设格局。具体而言，政府应当统筹数据中心、云服务、数据流通与治理、数据应用和数据安全等关键环节，协同设计大数据中心的总体架构和发展路径，构建高效的数据协作体系，以实现数据的高效汇集。

2. 整合平台建设认知

数据的开放与共享需要一个有效的平台链接，但"如何建设这一平台"成为数字城市建设的一大挑战。首先，由于我国政府部门的组织架构以层级管理为主，资源共享相关制度的建立在很大程度上受到行政机关之间业务兼容性、层级组织结构和领导权威以及职能协调等关键因素的影响（Fan et al.，2014：120~128）。其次，作为一种新兴的权力分配方式，数据资源的分配也需要政府部门之间的相互协调，明确数据使用权和所有权的边界，这增加了整合平台建设的复杂性。打通数字要素资源流通渠道，建设高效的数据资源共享平台存在一定的困难，政府间的数据权力边界划分和数据共享机制的建立面临诸多挑战。

3. 多元主体参与认知

数字技术为多元主体参与社会治理提供了新的平台和渠道，重构了社会治理结构。然而，目前多元主体对参与数字城市建设的共识尚未形成，运转有序的治理机制和有效的沟通渠道尚未建立，这导致各主体之间以及与数据共享之间的耦合存在不足。数据作为一种重要资源，需要与人们的行动密切结合，通过汇集大量数据，形成相应的结论并指导实际行动。然而，当前数字城市建设中，共治共享的氛围尚未形成，集体行动意识不足，亟须政府加强引导，推动多元主体积极参与，共同推动数字城市建设的健康发展。

二 技术层面：数字"新基建"基础不牢，技术应用能力不足

国家发展改革委指出，新型基础设施建设（简称"新基建"）主要包括 5G 基站建设、特高压、城际高速铁路和城市轨道交通、新能源汽车充电桩、大数据中心、人工智能、工业互联网七大领域。[①] 这些领域涉及诸多产业链，是以新发展理念为引领、以技术创新为驱动、以信息网络为基础，面向高质量发展需求，提供数字转型、智能升级、融合创新等服务的基础设施体系，在数字城市建设中具有重要作用。根据新华网报道，我国移动通信已从"4G 并跑"到"5G 引领"，实现了"县县通 5G、村村通宽带"；同时，初步建成由卫星遥感、卫星通信广播、北斗导航定位三大系统构成的国家民用空间基础设施体系。此外，在布局建设的 77 个国家重大科技基础设施中，已有 32 个建成并投入运行，部分设施已跻身全球第一方阵。[②]《2022 年国务院政府工作报告》提及，当下需要逐步构建全国一体化大数据中心体系，促进产业数字化转型，发展智慧城市，加快发展工业互联网，培育壮大集成电路、人工智能等数字产业，提升关键软硬件技术

---

① 《【世经研究】国家发改委首次明确新基建概念范围》，https://www.sohu.com/a/3908 33315_530801，最后访问日期：2024 年 10 月 15 日。
② 《【解读"十四五"】从"4G 并跑"到"5G 引领"——中国通信发展正当时》，最后访问日期：2024 年 10 月 15 日。

的创新和供给能力。① 然而，在数字城市的建设中，仍然存在数字"新基建"基础不牢、技术应用能力不足的挑战，这些问题需要被重视并有效加以应对。

（一）基础设施建设亟待发展

以 5G、数据中心、城市大脑等为代表的数字基础设施成为新的基础设施底座，在改变传统城市治理基础设施结构的基础上促进了当代新型数字城市的建设。2018 年国务院发布的《关于建立更加有效的区域协调发展新机制的意见》提出"努力实现基本公共服务均等化、基础设施通达程度比较均衡和人民基本生活保障水平大体相当"的目标。② "新基建"不仅具有传统基建所共有的先行性、基础性、准公共物品性等特征，同时还具有快速迭代、泛在支撑、融合创新、智能引领等特点，具有不同于传统基建的独特发展规律。这些特性也给"新基建"带来挑战（王晓冬等，2021：51~57）。

1. "新基建"发展水平不平衡、不充分

一方面，"新基建"发展的区域不平衡问题较为突出。中国"新基建"的发展水平在不同地区间存在显著差异，东部地区远高于中部、西部和东北地区（张佩等，2023：209~220）。从自然条件的角度来看，"新基建"赖以存在的物质基础及其发展的根本依据是其所处的自然环境，因此，需要结合各地区的现实需求，合理统筹"新基建"在特定区域的类型、成本预算、技术等级需求以及空间分布。然而，由于经济发展水平的差异，东西部地区之间在"新基建"起点上存在一定差距，这种差距导致了"新基建"的不平衡性。

另一方面，"新基建"仍不够完善。一些城市的基础设施体系尚未跟上数字城市发展的需求，限制了数字城市建设的深度和广度。例如，5G 网络覆盖和大数据中心建设等方面的发展水平会直接影响数字城市建

---

① 《政府工作报告——2022 年 3 月 5 日在第十三届全国人民代表大会第五次会议上》，http://
politics. people. cn/n1/2022/0312/c1001-32373435. html，最后访问日期：2024 年 10
月 15 日。

② 《中共中央国务院关于建立更加有效的区域协调发展新机制的意见》，https://www. gov. cn/
gongbao/content/2018/content_5350042. htm，最后访问日期：2024 年 7 月 27 日。

设的进展。目前，我国"新基建"正处于成长期，在研发、市场运营等方面经验尚不足，尤其是在应对万物互联互通场景时，仍存在较高的风险（张佩、王姣娥、马丽，2022）。此外，与传统基建相比，"新基建"技术还不够稳定，存在更新迭代快、存续周期短的问题（王晓冬等，2021）。为了推动"新基建"，需要深入挖掘城市的潜在需求，增强政府的功能定位，并提高投资效率和效益。目前，"新基建"的技术发展支撑与数字城市发展的需求相比仍显不足，亟须进一步推动技术进步，使其更好地满足当前需求，不仅要"建设完"，更要"建设好"。

2. "新基建"标准化的挑战

现阶段，我国"新基建"标准化面临许多挑战。首先，"新基建"是跨学科、跨领域、跨行业和多技术融合的复杂系统工程，涉及标准化对象多、领域广、综合性强，标准化工作面临统筹协调难、有效供给能力弱、应用推广体系不完善等问题。其次，"新基建"相关领域标准虽已具备一定基础，但与工程结合弱、跨领域融合度低，难以满足"新基建"的需求。最后，单一化的标准也与地区间的异质性相矛盾，面临因地制宜设定标准的挑战。这说明"新基建"的现有标准已经难以满足当下的跨领域合作、融合的趋势。

上述问题表明，目前"新基建"本身的标准化难度较大，且已有的相关领域标准尚无法满足"新基建"发展的现状需求。国家发展研究中心的报告指出，标准化服务对于支撑"新基建"的高质量发展具有关键作用张群等，2022。这不仅对于正在形成的新一轮科技革命与产业变革具有重要意义，同时，制定术语定义、参考架构等标准，也有助于统一行业共识，为"新基建"的顶层设计提供参考，并为各方在业务规划、方案设计和项目实施中提供重要依据，从而奠定一体化协同发展的技术基础。面对跨领域、跨行业、跨区域的基础设施建设需求，政府需要在以下三个维度同时发力：一是"新基建"工程维度，确保项目从设计到实施的标准化和一致性；二是"新基建"科技支撑维度，强化技术创新和研发能力，以支撑标准化进程；三是"新基建"价值链维度，推动各环节的协同发展和标准化，形成完整的生态链。这些标准化建设与协调发展的问题，已成为推动数字城市建设过程中亟待解决的挑战之一。

（二）技术应用能力不足

1. 技术应用：难以满足真实需求

在数字城市的建设中，如数字政府等网站的人工智能服务仍然存在诸多问题。例如，部分技术的应用仅停留在表面，只进行简单的技术搬运，而非经过深度思考的实际应用。要实现数字城市的良好建设，必须进一步推动技术应用的效率与深度，充分发挥技术的最大价值，以满足数字城市发展的现实需求，然而，目前技术应用不够深入、重复建设等问题亟待解决。

同时，盲目投资建设的问题及其带来的供给过剩风险也是不可忽视的。在部分地方，由于存在"喜新厌旧"的问题以及追求政绩的投资冲动，这种情况容易导致类似光伏产业的发展泡沫，增加地方财政压力和债务风险。要推动数字城市的可持续发展，必须在供给与需求之间找到平衡，以现实及真实需求为导向推动技术的应用，才能真正服务于数字城市建设，最终惠及人民群众。

2. 应用创新：路径依赖、创新动力不足

考虑到技术创新所需的成本和风险，目前政府在技术使用上仍较为依赖传统技术和现有方式，或借鉴其他地方的数字城市建设经验，这导致在数字城市建设中往往缺乏足够的创新动力。然而，不同场景对相同技术的创新应用可以显著提升数字城市的建设水平，因此，在有限的资源与激励下，如何推动数字技术的应用创新已成为提升数字城市建设水平的一个重要挑战。

近年来，数字技术应用创新的重要性逐渐得到重视。2023 年底，全国人工智能应用场景创新挑战赛总决赛暨全国人工智能应用场景创新峰会在广东东莞举行，活动以"场景驱动·数智强国"为主题，通过"以赛助研、以赛促评、以赛定标、以赛引才、以赛创业、以赛招商、以赛办展"等多种方式推动技术应用创新。[①] 这一活动反映了国家对技术应用创新的高度重视，有助于推动各地在数字城市建设中响应创新号召，打破对旧技

---

① 《学会动态｜全国人工智能应用场景创新峰会在东莞松山湖圆满落幕》，https://mp.weixin. qq.com/s/GYGJLdMan1qK3X-uLNFkXg，最后访问日期：2024 年 10 月 15 日。

术的路径依赖，提升技术创新能力。然而，尽管国家层面在鼓励技术应用创新上已迈出重要步伐，但在数字城市建设的具体过程中，创新的动力和推广力度仍然不足。要进一步促进数字城市的发展，必须加强对技术应用的把控，强化创新应用意识，以确保数字技术能够在实际应用中发挥出最大的价值，推动数字城市建设的持续进步。

3. 风险把控：技术应用风险管控挑战

在技术应用的过程中，必须严密把控技术本身可能带来的安全风险。当前，大数据整合和数据挖掘等新兴技术在数字城市建设中的广泛应用，虽然推动了城市管理的智能化，但也带来了潜在的风险。技术应用与管控如果不当，可能进一步加剧数据泄露风险和数字治理风险。这些风险不容忽视。

如前文所述，随着数字城市中技术融合的深度、广度和依赖度不断增强，数字技术带来的不确定性以及风险从单点向多面的扩散问题日益突出。此外，新旧系统在交替更新的过程中，也面临着新的挑战。政府在城市管理中对每一份数据的收集都增加了相应的风险，例如在人脸识别技术的应用中，深度伪造（或称深度"换脸"）技术可能被不法分子利用，导致居民信息被恶意操控。同样，在区块链技术的应用中，也可能面临信息泄露或法律管理方面的风险。这些潜在风险不仅扩大了管理设计的范围，也加深了管理内容的复杂性。因此，在应用技术的同时，必须同步强化配套的风险管理。具体而言，需要对数据的传输、分析等环节进行严格监管，加强制度建设，防止技术滥用和数据滥用。同时，还应积极总结以往的经验，严密管控当前的风险，并做好对未来挑战的预测和应对准备，以确保数字城市的安全和可持续发展。

三　治理层面：数字城市治理体系不完善

数字城市治理体系是指能使数字资源及其流动与公开得到规范管理的一个完整的管理体系，而科学的数字治理体系需要政府具有较合理的统筹规划、严谨的数据安全保护体系、规范的法律以及多方共治等能力。政府需要在数字城市建设的过程中做好制度性的安排，以"新基建"发展、数字化平台建设等方面为统领，促进规划"一盘棋"、建设"一体化"、数据

"一本账"。当前数字城市治理仍存在不完善之处，需不断推动数字城市治理体系、治理能力的发展。

（一）数字城市建设的组织体系不完善

2021年3月发布的《北京市"十四五"时期智慧城市发展行动纲要》指出，要统筹推进"民、企、政"融合协调发展。该纲要强调，政府需要"建立全市感知终端'一套台账'，推进智慧杆塔等感知底座组网建设，加速感知网络覆盖，建设全市统一的感知管理服务平台"，做好管理者，对全局进行把控。同时，探索"政府投资为引导、企业投资为主体、金融机构积极支持的投融资模式"，推动政企合作，以及需要"聚焦高频难点民生问题，增强科技赋能，提升公共服务质量和民生保障能力，创造'智慧生活新体验'"，推动智慧城市建设为民服务。①

当下的治理结构可以被理解成一个分析光谱，其一端为"多元"，象征治理机构尚未达到深度适配与整合；另一端为"整合"，象征着治理结构的整合完成度较高（邓兴瑞等，2024：35~42）。由此，数字城市的建设需要完善的多方共治与有机协调的组织体系。但同时，在民主政治、协商政治不断发展的当下，如何有效安排数字城市治理的共同协作、完善数字城市建设的组织体系成为挑战。

1. 传统科层体制的制约

在数字城市建设过程中，信息技术的发展与广泛应用打破了传统官僚组织的广度（幅度）和深度（层次）之间的平衡。具体来说，同一层级上的信息节点数量增加，上级节点能够同时与更多的下级节点交换信息，而组织中的中间层级的节点则逐渐减少（王印红、朱玉洁，2020），这导致政府组织结构的扁平化趋势。在习近平新时代中国特色社会主义思想的指导下，当前的政府建设过程，政府职能转变要以简政放权为核心，着力提升数字政府建设水平。政府依托各级政务的线上线下融合，充分下放权力与授权，构建一体化的政务服务平台，减少管理层级，提高政府服务水

---

① 《北京市大数据工作推进小组关于印发〈北京市"十四五"时期智慧城市发展行动纲要〉的通知》，https://www.beijing.gov.cn/zhengce/zhengcefagui/202103/t20210323_2317136.html，最后访问日期：2024年7月27日。

平，力图形成上下联通的政务服务体系。然而，这一过程中仍然面临着传统科层体制所带来的新问题与挑战。

在传统科层体制中，政出多门、信息壁垒和重复建设等问题，严重阻碍了数字化建设中上下联通的实现，以及高效的信息传输。许多地方政府仍延续着传统科层制中条块分割的组织形态和层级化、分散化的治理结构，这导致跨部门的沟通与协作严重不足（吕同舟，2017）。有学者指出，扁平化治理网络、分权、对基层雇员的赋权、电子政府、一站式服务、多部门协作、围绕服务对象与目标的组织与项目建构、参与式行政、减少行政层级、消除官僚主义等都是相互关联的（敬乂嘉，2010：105~111）。因此，数字城市建设在顺应数字时代的扁平化趋势时，依然面临多样性与复杂性的挑战。这些问题要求我们在推进数字城市建设的过程中，不仅要创新技术应用，还需进一步优化组织结构，克服传统科层体制的制约，实现真正高效、联通的数字化治理。

2. 公私部门的合作障碍

企业在数字城市的建设中为政府所提供的专业化技术以及在数字化平台、"城市大脑"建设中发挥着关键作用，也体现着政企合作对于推动我国数字城市建设可持续发展具有重要意义。但是，我国公共服务提供具有明显的政府主导色彩（王法硕、王翔，2016），政府与企业的合作中仍维持着项目式合作模式。同时，政府与企业间也存在一定的组织文化和利益取向差异，对合作形成思想观念以及目标追求上的阻碍。

政府需要推动政府和科技企业构建联合创新的新模式建设，即《政企联合创新助推数字中国建设》一文所提出的"政府为数字科技企业创新保驾护航，为其技术创新与技术应用提供资金、制度、政策和平台等资源；数字科技企业利用其技术优势积极反哺政府治理，为政府治理数字化、智能化和现代化提供技术支撑，进而形成双向赋能的创新伙伴关系"（转引自骆飞、门理想，2024），在给企业提供支持的同时，也需要做好对企业的监督管理工作，对政府权力的边界进行把控。

3. 公众的参与困境

在数字服务背景下，政府与公民之间不再是单向的、固定的、被动的、静态的和信息不对称的关系，而是双向的、互动的关系（张成福、谢侃侃，2020）。我国数字城市建设要求"坚持人民至上，深化全过程人民民主制度，尊重人民群众的想法，维护和促进社会公平正义，实现全体人民共同富裕，将推动包容性数字城市'人本导向'理念的发展，主张将人放在城市发展的第一位，追求的是人民群众的幸福安康，而不是城市的过度先进化"（张茂英、王义德，2023：48～54）。

社会发展的市场化带来社会利益的多元化。同时，随着经济的发展，人民群众对物质和精神生活的需求不断提升，对公共服务质量的要求也越来越高，参与公共治理的意愿逐渐上升（孟天广，2021）。然而，与这些变化相比，当下数字政府建设中的公众参与设计仍存在改进空间。例如，在公民建言献策的渠道建设上仍显不足，政府回应有待加强，对数字化公民意见反馈渠道的宣传力度也不够。同时，由于数字管理的权力集中于政府，政府方面需进一步加强这方面的公开透明性。为了在数字城市建设体系中更好地协同群众，政府应在目标上更加注重人本主义的发展，构建政民互动协同的治理模式，确保城市治理目标与群众的真实诉求相匹配，进而提高数字城市治理的有效性、普及性以及惠及群众的程度，真正实现以人为本的数字治理。

（二）数据要素的制度体系缺失

1. 数据统筹规划

在数据共享上，科学完善的数字城市治理体系要求具有开放共享的数据资源体系。当下，在数字城市的建设中，不同部门不同领域间数据集约化程度较低，数据共享与协同共治仍然存在壁垒。数字城市建设需要政府有合理的规划管理安排，推动数字要素集约化建设，统筹规划各部门在数字城市建设中的职责。

信息及数据共享程度较弱、沟通协商机制尚未健全和完整的现实情况也导致城市管理者在信息获取和行动方面缺乏敏捷性，难以就城市突发事件及重大风险制定系统性、前瞻性的风险防控方案（张群等，2022）。如何实现分散数据的集约管理，加强数据协同合作是数字城市建设的又一挑战。

在数据流通上，实现数据流通是发挥数据治理价值的重要途径，当下，智慧城市治理体系中数据流通环节的建设亟待思考。亿欧智库发布的《2023 中国数据要素生态研究报告》在"中国数据要素市场未来发展趋势"一章中认为，数据流通设计需要多环节的技术协同，现阶段数据流通技术体系尚未完全成熟，存在数据泄露、越权滥用等数据安全问题，且不能完全满足实际场景下的落地应用需求。[①] 数字城市建设需要在数据流通的过程中保障数据安全以及考虑数据使用权的规范问题，才能让数据"汇集"起来、"流动"起来，最后得以被"利用"起来。

2. 数据安全保护

习近平总书记强调，网络安全和信息化是一体之两翼、驱动之双轮，必须统一谋划、统一部署、统一推进、统一实施。数据安全与数字建设是环环相扣、相伴相生的两个部分。[②] 在万物互联、数智依赖与体系扩展的新型环境下，数字城市建设对隐私信息保护安排需要进一步加强与完善，在促进数据集约的过程中也需要从城市整体数据的安全保护、政企合作数据的安全保护和公民信息的安全保护三个层次对城市数据进行保护。

在城市整体数据的安全保护层面。数字城市建设需要收集整体城市数据。在城市综合治理中，数据来源点多面广，数据存储与处理高度集中，一旦智能硬件设备和网络的漏洞被不法分子利用，很可能直接导致城市运行陷入瘫痪（毛丽娟等，2024：95～106）。因此，加强对城市整体数据安全的保护是维护城市安全乃至国家安全的重要一环与重要挑战。首先，数据源多元。从城市整体数据的角度出发，数据来源多，统筹困难。从数据来源的角度出发，城市管理数据包括物联网、摄像头等政府官方设施，也包括协作企业等。从数据类型的角度出发，城市管理数据包括综合政务、经济管理、国土资源、能源、工业、交通、邮政、信息产业等方面。由此，城市管理数据来源多样、类型多样，多元化、多样化的数据给城市管理数据保护带来重要挑战。其次，数据量庞大。多元的信息来源不仅带来统筹上的挑战，也带来了海量的数据管理需求。数字城市建设需要大量的

---

① 亿欧智库 |《2023 中国数据要素生态研究报告》，https://www.iyiou.com/research/202403201297，最后访问日期：2024 年 10 月 16 日。

② 《习近平眼中网络安全和信息化的辩证关系》，https://www.cac.gov.cn/2016-09/21/c_1119593352.htm，最后访问日期：2024 年 10 月 16 日。

数据采集，不仅包括政府、企业，也包括个人信息隐私，同时，随着当下人口不断增长、信息化不断发展，如何应对庞大的数据库，如何保护城市整体的数据隐私安全给数据城市建设带来困难。最后，数据传输和处理环节复杂。除了多元的数据源和海量的数据之外，部分数据在收集后也需要传输与处理才能得以应用在数字城市管理中。但是，数据的传输与处理也面临挑战：其一多维度、多尺度数据采集不一致，同时，受多源数据获取方式的影响，数据准确性难以保障，也加大了数据安全监管的难度；其二数据传输稳定性不足，海量数据的存储与处理能力欠缺，对数据保护也提出更进一步的要求。作为数字城市建设的重要一环，数据传输与数据处理相关安排建设应加强，在各个传输与处理环节中做好数据安全保护系统的完善。

在政企合作数据的安全保护层面。政企合作是数字城市建设发展的重要方式，以"企业供给技术、政府提供资金"的方式进行。越来越多的地方政府设立大数据管理职能部门，对数字政府建设政企合作提供政策制度、标准规范、资金技术、绩效评估等支持，不同地域、规模、所有制企业大量参与数字政府建设相关项目（谭颜波，2023：62~69）。政企合作中的数据隐私管理成为这一过程中的挑战。在技术层面，政府需要避免过度依赖关键技术企业、单个领域内的主导性企业，通过优化政府规制以稳定掌握重要资源；在服务监管层面，政府需要加强对数字化服务的监管和评估，提高服务安全水平，建立合理的监管制度和约束机制，确保企业在数字政府建设中遵守法规和规范；在数据安全层面，需要对企业加强管控，控制企业对数据的使用权，加强对企业数据使用的监督。以上方面都需要政府制定相关政策得以实现，需要政府思考如何以科学、有效的方式加强对数据安全的管控。

在公民信息的安全保护层面。数字城市的建设也会给公民带来新的信息安全隐患。伴随着城市安全治理现代化的深入发展，城市运行系统、管理模式日益复杂，不可避免地造成涉及公民隐私的数据信息资源高度集中、多方共享（许皓，2022：88~90）。城市管理中对居民信息的集中管理伴随着信息隐私保护的需求，做好公民的信息保护需要政府在数字城市建设过程中加强制度建设、技术支撑，避免个人的数据泄露和隐私泄露的问题出现。

（三）法律体系不完善

1. 既有法律法规需不断完善

伴随技术应用领域的拓展、新的数字治理问题的出现，要求既有法律不断完善，使得其能够对数字治理新局面形成规范和约束。当前，《中华人民共和国网络安全法》《中华人民共和国数据安全法》《中华人民共和国个人信息保护法》已经对数字时代的信息安全与数字伦理问题进行了一定的规制。由于现有技术本身所具有的迭代性、创新性高，发展的速度快的特点，且同一技术不断在不同场域中得到不同的使用，新的问题不断涌现。因此，技术的发展与应用领域的不断拓展都需要法律系统及时完善，从而对新的现象与需求形成规范和约束，以促进数字城市建设过程稳定性、规范性的提升。

2. 法律的制定滞后于新技术的出现和应用

数字城市建设对法律的挑战不仅局限于旧技术中新问题的出现，更有新技术的出现带来新的立法管理需求。在技术蓬勃发展的时代，法律更新的速度不及技术迭代的速度，新技术的出现给数字城市治理法律体系带来新的挑战。习近平总书记指出，"数字技术正以新理念、新业态、新模式全面融入人类经济、政治、文化、社会、生态文明建设各领域和全过程，给人类生产生活带来广泛而深刻的影响"。[①] 与此同时，数字主权与安全、数据权属、算法歧视、网络犯罪等问题日渐凸显，新数字技术的出现及其在多领域的应用与发展使得数字领域的立法面临着动态性、多变性的挑战。

四　环境层面：国际环境不稳定性增强

2015 年，联合国发布《2030 年可持续发展议程》，确立了 17 个全球

---

① 《激发数字经济活力——让数字技术应用造福人民》，https://www.gov.cn/xinwen/2021-10/19/content_5643509.htm，最后访问日期：2024 年 10 月 16 日。

可持续发展目标，其中包含了"建设包容、安全、有抵御灾害能力和可持续的城市和人类住区"这一目标。① 在全球数字化背景的裹挟之下，数据成为一项重要的市场化要素，而数字城市建设也成为一个全球范围内的重要议题，而不稳定的国际环境也给数字城市建设带来数据安全与数据隐私问题、技术合作风险以及国家间的数字鸿沟弥合难题等挑战。

（一）全球产业链供应链不稳定性增强

在全球化与地缘政治交织的 21 世纪，地缘政治结构的变化成为阻碍城市发展的重要因素。国际关系的动态变化与全球政治经济架构的不确定性不断放大（匡文波、曹萩儿，2024）。当前，地缘政治冲突呈现结构化、整体化、长期化的趋势，这使得数字城市建设面临更为复杂的挑战。随着中国对外开放和"走出去"战略的深入，中国的安全利益开始广泛外溢，与外界的安全互动也在不断加强，这使得中国的安全环境呈现全球化的发展趋势（陆俊元，2010）。与此同时，逆全球化趋势在国际上愈演愈烈，国际规则因此受到挑战。例如，英国脱欧、贸易保护主义对自由贸易的冲击、全球治理中单边主义对多边主义的取代，以及全球供应链的被动断裂和主动脱钩的倾向日益增强（周嘉昕，2024：20~27）。这些趋势加剧了全球产业链和供应链的不稳定性，不利于为数字城市建设营造一个稳定的国际环境。

1. 全球化阻碍增多

受新一轮科技革命和产业变革、大国博弈、逆全球化趋势、新冠疫情全球大流行等多重因素的影响，全球供应链出现了明显的收缩趋势，形成了区域化多中心的格局，核心企业的全球供应链掌控能力进一步增强。同时，全球供应链的组织方式和规则正在加速向数字化、柔性化、绿色化转型（付保宗等，2022）。其中，新冠疫情在逆全球化背景下成为催化剂，促使各国纷纷采取保护性措施，以保障供应链的稳定与安全，进一步缩短了产业供应链。这一变化带来了全球经济的深度衰退，同时也导致全球经

---

① 《联合国发布 2030 可持续发展战略目标及行动议程》，http://www.casisd.cn/zcsm/gwzc/201610/t20161017_4678193.html，最后访问日期：2024 年 10 月 16 日。

济复苏过程中的结构性分化，加剧了原有的深层次问题。此外，随着中国国内要素成本，特别是劳动力成本的显著上升，再加上中美贸易摩擦带来的关税成本增加，以及国内本土企业崛起导致外商投资企业市场份额的缩小，中国面临着产业外移的压力。美国为维护其在全球经济中的主导地位，遏制中国的快速崛起，并边缘化中国在全球经济体系中的地位，联合欧盟、日本提出了多次世界贸易组织（WTO）改革声明，其中就有要求中国放弃发展中国家的"特殊和差别待遇"，承担超越发展阶段的国际义务的主流，并在产业补贴、知识产权保护、强制性技术转让、国有企业、网络安全、市场开放等领域提出一系列要求（王一鸣，2020：1~13）。在上述背景下，贸易保护主义、绿色壁垒、贸易制裁等现象使得产业链和供应链的本土化、区域化、碎片化趋势更加明显。美国等经济体的这一系列反全球化的贸易措施不仅冲击了全球一体化和区域一体化的进程，也给我国的数字城市经济体系的建设以及数字城市整体规划设计带来了严峻挑战。

2. 产业链供应链逆全球化趋势明显

数字城市建设过程中，产业升级和国内供应链的扩大也逐步实现区域性的"产消一体化"，带来了全球产业分工布局重塑。以东亚市场为例，TikTok 旗下的全球移动营销平台 TikTok for Business 在其发布的《2024 全球消费趋势白皮书（东南亚篇）》中指出，东南亚地区的人口体量庞大且市场庞大，2023 年，东南亚消费市场的零售额达到了 1.1 万亿美元，证明其已成为一个全球不可忽视的高增长经济体。[①] 亚洲新兴消费市场的快速增长以及其经济的发展使国家内部的产业供应链扩大，区域"产消一体化"得到发展，他们对中间商的依赖性相应减少，从而使得供应链呈现出本土化趋势。同时，欧美国家产业发展也存在明显的逆全球化倾向，如美国政府推出制造业回流政策，通过立法、鼓励投资、减税降费等一系列政策支持如半导体、光伏、芯片等的制造业回流，减少对外部的依赖与技术的外流，从而对全球产业链格局产生影响。中国制造业在全球价值链分工体系中面临着"低端锁定"困境，在产业升级与攀升过程中受到发达国家

---

① 《TikTokforBusiness-2024 全球消费趋势白皮书——东南亚》，https://business.sohu.com/a/796920477_121615308，最后访问日期：2024 年 10 月 16 日。

和先进跨国集团的价值链纵向挤压（黄光灿等，2019）。原材料供应受限、中间产品短缺、关键技术研发受阻等逆全球化带来的挑战，将对数字城市的经济韧性造成冲击，影响其发展。在全球产业链碎片化、全球供应链不稳定的背景之下，如何加快中国在产业链关键核心环节的建设也成为当下的重要问题。这需要加快建设我国在价值链高端技术环节的建设，推动我国从全球价值链中低端环节向中高端环节转型攀升，从而在产业端对数字城市建设形成有力支撑，促进数字城市发展中的要素流动全球化。

（二）科技围堵等外部风险

对国外先进数字技术的学习有利于数字城市建设水平的提升，当下，不稳定的国际环境阻碍了对高新技术的学习以及国际经验的合作与交流，国家间的零和博弈、产业技术竞争带来了技术"卡脖子"的封锁，以及国际合作的风险与数字鸿沟的问题，给数字城市发展带来了技术层面上的挑战。

1. 技术："卡脖子"

当前，中美之间在科技创新领域的战略竞争越发激烈，特别是美国对中国重点产业和战略性新兴产业实施的全面技术封锁与遏制策略，暴露出中国在关键核心技术创新领域的自主能力不足以及发展中的困境（张杰，2020）。

在信息时代，技术不仅是发展的工具，更成为国家间竞争的重要手段。自2018年以来，美国商务部对包括华为、中兴在内的44家中国军工类企业和领先的数字技术企业实施制裁与封锁，出台实体管制清单，限制中国重点高校在部分学科领域的国际学术交流与合作，并将新一轮工业革命中的系列数字与智能技术列入出口管制清单，阻断对中国关键核心技术的供给。这些措施使我国在部分产业中面临的技术"卡脖子"问题日益严峻（阳镇等，2022）。这种技术瓶颈是我国应对全面技术封锁与遏制时必须解决的关键问题，也是"十四五"时期我国迈向创新型国家前列所面临的重大挑战之一（陈劲等，2020）。

国际上的技术封锁不仅限于光刻机等重大设备，还涉及芯片、应用软件、操作系统等生产应用环节的多个关键领域。因此，我国需要在"大技术、小切口"上积极应对，既要防止重要设备的技术封锁，也要加强产业链中关键技术环节的完善。有学者指出，攻克"卡脖子"关键核心技术仍面临几个主要问题：第一，顶层设计和战略规划的统筹性和精准性不足；第二，制度政策供给的集成度和联动性不足；第三，央企的创新引领能力和民企的自主创新能力不足（陈劲、朱子钦，2020）。目前，我国正处于构建国内大循环为主体、国内国际双循环相互促进的新发展格局的关键阶段。面对这一挑战，我国数字城市建设必须"摆脱依赖性，加强自主性"，采取促进政企合作、鼓励自主研发、加大人才支持培养力度等措施，提升在关键技术和关键环节的自主研发能力。同时，还需确保数字技术与城市的现实需求有效对接，促进高效智慧城市的形成。制定科学的制度以应对这些问题与挑战，是当前数字城市建设亟须考虑的重点工作。

2. 国家间："合作风险"与数字鸿沟

一方面，在当前全球化与地缘政治交织的背景下，国际环境的不稳定性对国家合作带来了显著的风险，特别是在技术合作与交流领域。数字城市建设离不开国家之间的技术合作，这种合作可以通过签署智慧城市合作协议，共同推进智慧交通、智能能源、智慧环保等项目来实现，也可以通过政府间或企业间的技术交流实现共赢。然而，随着国际环境的不确定性增加，技术合作也面临着挑战。国家之间的不稳定关系可能导致智慧城市建设合作项目的中断或推迟，跨国企业之间的技术合作则可能伴随着数据泄露和隐私安全的风险。在这种背景下，我国数字城市建设需要构建起以安全为核心的顶层思维，强调"数字中国"的安全观。通过在制度建设、"新基建"、数字产业发展、数据安全治理等方面的多向发力，提升自身技术创新水平和自主研发能力，从而更好地应对国际环境带来的挑战。

另一方面，国家间的数字鸿沟也是数字城市建设面临的重大挑战之一。全球数字化进程的不平衡，导致了不同国家在信息技术的掌握、应用和推广上存在显著差距，形成了全球范围内的"数字鸿沟"。发达国家利用自身在信息技术和知识上的优势，进一步巩固竞争优势，而许多发展中国家则面临信息贫困的问题，处于"数字鸿沟"的另一端。这种数字鸿沟不仅影响了全球数字城市建设的均衡发展，也给发展中国家融入全球数字经济体系带来了障碍。弥合这一鸿沟、防止信息贫困的扩大、提升发展中国家的数字竞争力，成为数字城市建设的新要求。在《习近平谈治国理政》第二卷中，习近平总书记强调了全球化发展中应解决的关键问题，包括发展失衡、治理困境、数字鸿沟和分配差距等。他提出要建设开放、包容、普惠、平衡、共赢的经济全球化，[①] 这为我国在应对全球数字鸿沟挑战时提供了战略指引。我国在推动数字化发展的过程中，应秉持全球化的战略眼光，积极参与全球数字合作，通过推动开放包容的全球化数字发展，来缩小国际数字鸿沟，助力全球范围内的平衡发展。

（三）伦理、文化和社会规范的系统性冲击

数字技术丰富、便捷了人们的生活，带来的文明的进步，但一些伦理、文化也悄然发生变化，当中隐藏的风险不容忽视。数字城市的建设和运行不仅对技术和管理提出了高要求，也对社会伦理、文化产生了深远的影响，同时对现有的法律伦理规范体系的更新提出新的要求，带来新的挑战。若没有处理得当，一些社会伦理和文化上的变革可能会引发新的安全风险，产生更为深远的、社会性的广泛影响（田旭明，2022）。

1. 社会变革与伦理冲击

在经济正义上，要警惕数字资本的风险。在现代经济领域，广大在线用户在各大平台上免费贡献数据，这些数据被公司和平台收集、汇总，经过处理后可以产生新的价值，并用于挖掘新的利益。但是，数字资本的形成带来了两方面的"不正义"。首先，对于贡献数据的用户而言，虽然他们是数据的生产者，但没有能力，也没有相应的依据与公司平台协商数据的使用权或分配权。这种权利不对称导致用户在数字经济中处于弱势地位，他们的权益难以得到保障，数据隐私也面临巨大风险。其次，对于其他企业而言，拥有雄厚数字资本的企业因其垄断性可能带来市场竞争的不公平现象。这些企业凭借其对海量数据的掌控，在市场中具有无可比拟的信息优势，从而获取更大的利润空间。这不仅压制了其他企业的发展空间，也使得市场竞争变得不公平，形成了新的垄断格局。

---

① 《习近平谈治国理政》（第二卷），https://www.12371.cn/special/xxzd/dzs/dej/，最后访问日期：2024 年 10 月 16 日。

在社会正义上，要关注人际关系的异化。数字空间中的人际交往将面对面的互动转变为依靠数字虚拟身份的、身体不在场的匿名互动，带来责任感的缺失，导致虚拟社会的信任危机延伸至现实社会，易引发人际信任感和共同体感的缺失。更令人担忧的是，在数字空间中，数字虚拟身份不断被强化认同，个体的自我塑造和自我确证的能力被拔高，造成现实身份与虚拟身份的断裂。长此以往，容易导致人与人的交往过分关注数据、以数据"论英雄"的现象比比皆是，过去那种人际固有的伦理道德评价标准可能会被数据和机器的标准取代，出现数字化和符号化的伤害。

在劳动正义上，不能忽视劳动伦理的被侵蚀。首先，平台经济的兴起，例如网约车、外卖等行业，使得劳动者变成了平台的"零工"，他们的劳动保障不足，工作不稳定，且收入水平低，劳动者的权益得不到有效保障。由于缺乏正式的雇佣关系，这些劳动者往往无法享受社会保险、医疗保险等基本福利，工作和收入都不稳定。其次，数字平台通过算法和大数据对劳动者进行严格控制和管理。这些算法不仅决定了劳动者的工作任务和报酬，还通过评分系统和评价机制不断调整劳动者的行为。最后，数字平台经济中的劳动者缺乏有效的工会组织和集体谈判能力，如在当下的外卖配送、网约车、电商物流等领域中，劳动者往往以个体身份与平台签订合作协议或劳务合同，因此在数字平台经济中，劳动者较为分散，在面临工伤、失业、疾病等风险时，在可能无法获得稳定的社保待遇的情况下，他们也难以形成有效的集体力量来有效维护自身的劳动者权益。

2. 文化冲击与价值观变革

数字化转型正在迅速改变人们的思维和行为方式，对传统文化和价值观产生了深远的影响。随着数字技术的普及和应用，社会各个层面都在经历巨大的变革。这不仅体现在人们的日常生活中，也在深刻地影响着社会的文化结构和价值体系。

一方面，现代技术的迅猛发展和普及，对传统文化的价值观、习俗和信仰带来了巨大的冲击。传统文化需要适应数字时代的新形势，但这种适应并非总是顺利的。一些习俗在数字时代可能逐渐淡化，年轻一代更倾向于接受和使用数字化的生活方式，导致传统文化的传承和发展面临挑战。这种冲击不仅威胁到文化的延续，还可能影响社会的稳定和谐。数字技术的全球化使得不同文化之间的交流更加频繁，但也带来了文化入侵的风险。某些国家或组织可能利用数字技术对其他国家的文化进行渗透和操控，传播有利于己方的信息，从而影响对方国家的社会和政治稳定。通过社交媒体和其他数字平台，这些外来文化和信息能够迅速传播，对本地文化和价值观形成强烈冲击，甚至可能导致文化同化和文化消亡。

另一方面，数字化消费方式的普及，可能加剧社会对消费主义的推崇，淡化对传统价值观的认同。数字城市的便利服务和个性化体验极大地改变了人们的消费习惯和满足感。智能化和个性化的消费体验不断满足人们的即时需求，但也可能导致人们对物质享受的依赖增强，忽视精神层面的追求和满足。数字化消费的便利性和即时性，使得人们更容易陷入无节制的消费行为，导致资源浪费和环境负担增加。例如，在线购物平台的兴起，使得购买商品变得极为方便，人们不再需要亲自前往实体店，而是通过几次点击就能完成交易。这种便利性虽然提升了生活质量，但也促进了过度消费和冲动消费，许多人购买了超出实际需求的商品，造成了资源的浪费和对环境的破坏。

3. 法律法规制定与监管的滞后

在数字技术迅猛发展的背景下，现有的法律和伦理框架往往难以跟上技术进步的步伐，导致在处理相关问题时缺乏有效的指导和保护。这种滞后性不仅影响法律的适用性，也对社会的稳定和公正构成威胁。

当前，我国面对国际环境变化在数字立法上具有滞后性，国际环境的快速变化、法律变革优化的严谨性与较长的流程之间存在矛盾。数字技术的发展速度远超法律法规的制定和更新速度，这使得许多新兴技术和应用处于法律监管的灰色地带。一些技术涉及隐私保护、数据安全和决策透明等问题，但现有的法律框架难以全面覆盖这些新兴领域的需求。如今多方倡导的区块链技术也存在一些潜在的风险，区块链技术去中心化的特性，使得传统的法律监管方式难以适用，这导致在金融交易、智能合约和加密货币等方面的监管存在巨大空白。这些技术的发展远远超出现有法律的覆盖范围，使得相关问题的解决缺乏有效的法律依据，进一步加剧了法律滞后的问题。

与此同时，数字城市中的技术系统复杂多样，监管部门需要具备高水平的技术能力和资源来应对这些挑战。技术本身的隐秘性和复杂性以及当下国际环境的快速变化与复杂性，使得监管活动的实施面临巨大困难。一些数字平台和企业利用复杂的算法和数据分析手段，对用户行为进行深度挖掘和精准营销，这些技术操作往往隐藏在后台，使得相关的监管活动难以有效实施。

　　总之，数字技术在带来便利和推动文明进步的同时，也引发了伦理和文化上的巨大冲击，隐藏着不可忽视的风险。一方面，数字城市建设能够带来新型人际关系网络，推动数字经济建设；而另一方面，新事物与新风险并立，数字城市不仅对数据管理技术革新提出了新要求，更在不断重塑着社会的价值观念与伦理法则，产生着广泛而深远的影响。因此，必须重视数字时代的伦理和文化问题，确保技术进步与社会和谐同步推进，法律制度与治理革新共同发展。

第十章　数字城市建设的未来

数字城市正引领未来城市发展方向，数字城市建设朝着高速、融合、安全、智能的多元化方向演进，为城市居民提供更加便捷、智能的服务。面对数字城市的快速发展，我们有必要深入思考其背后的价值逻辑和结构变革，共同期待其进步与繁荣。

一　数字城市建设的趋势

（一）朝着高速、融合、安全、智能的多元化方向演进

近年来，国家围绕网络强国战略、大数据战略等做出一系列重大部署，陆续出台了《中华人民共和国国民经济和社会发展第十四个五年规划和 2035 年远景目标纲要》、《"十四五"国家信息化规划》和《数字中国建设整体布局规划》等国家顶层规划政策，提出了夯实数字中国建设基础和优化升级数字基础设施的目标。

当下，中国信息技术革命浪潮风起云涌，互联网、大数据、云计算、人工智能、区块链等技术不断发展，毫无疑问，未来网络基础设施也会朝着高速、融合、安全、智能的多元化方向演进。中国今后会立足自身市场规模、价格成本等优势，首先大力发展前景广阔、技术成熟、社会经济效益预期高的新型数字基础设施，打好物质基础；然后统筹高校、科研院所、企业等强化重点关键基础技术攻关，争取重大原创科技成果和自主知识产权，尽快将数字基础设施转化为推动社会经济发展的内在动力。此外，为实现以点带面的战略效果，保持战略主动地位，中国未来必定会加强对集成电路、核心电子元器件、新一代移动通信及装备材料等关键领域

的研发，以扩大算力基础设施的覆盖范围，同时加强以企业为主导的产学研深度融合，探索和建设前沿信息基础设施等项目（中国联通研究院，2022）。目前，万兆光网蓄势待发，算力基础设施朝着融合和智能的方向发展，智能计算中心正成为建设热点，这一切现象均预示着数字城市设施端的建设趋势——高速、融合、安全、智能。

（二）向多方协同、全域整合的趋势发展

各地政府正不断推动数字城市线上网络端的多方协同、全域整合。建设城市运行管理服务平台，是贯彻落实习近平总书记重要指示批示精神和党中央、国务院决策部署的重要举措，是提升城市精细化管理水平和风险防控能力的重要途径。为指导各地科学规范、高效有序推进城市运管服平台建设和应用工作，住房城乡建设部、国家标准化管理委员会组织编制了《城市运行管理服务平台标准体系建设指南》。

当下，一站式、综合型智慧服务正在成为发展共识，新技术革命不断催生各地政府数字服务线上端呈现新模式。《河南省城市基础设施生命线安全工程建设三年行动方案（2023—2025 年）》提出，要建成省、市级城市运行管理服务平台，在城市运行管理服务平台上建设城市生命线安全运行监测系统，实现对城市生命线安全运行状况的监测分析、统筹协调、指挥监督和综合评价，推动城市生命线安全运行"一网统管"。广西壮族自治区结合城市管理实际需要，加快推动城市运行管理服务平台建设，日常运行机制日益完善，运用信息化手段管理城市取得阶段性成果。目前，平台已接入自建房排查、智慧社区管理、物业管理、扬尘治理等行业应用系统，并与 12345 政务服务便民热线、城管综合执法系统、园林数字化系统等互联互通、数据共享和双向流转应用。湖北省枣阳市先后开发建设"城区内涝调度处置平台""化工工业园区安全风险智能化管控平台""产业经济一张网""智慧电梯"等应用场景，逐步构建"观管防处+平战结合"的城市运行管理服务体系，实现了城市运行态势的全量展现、实时掌控、智能预警（杨述明，2024）。未来，各地政府还将继续通过整合线上端应用场景并不断丰富应用场景的方式，有效推动多方协同，不断提高数字服务质量和监管效率，赋能数字经济高质量发展，为社会高质量发展提供强

大动力。

（三）走多元化、一体化运营服务体系新道路

近年来，各地不断推动数字城市服务提供的多元化和一体化。2022 年 3 月，国家发展改革委在《"十四五"数字经济发展规划》中提出，要提高"互联网+政务服务"效能，提升社会服务数字化普惠水平，以持续提升公共服务数字化水平。党的二十大报告提出，要"加快发展数字经济，促进数字经济和实体经济深度融合"。这些部署为数字技术支撑城市公共服务指明了方向。

构建多元化、一体化运营服务体系成为各地标配。例如，不少地区在大力推动智慧城市政府和社会资本合作（PPP），发展城市公共服务社会组织。未来，为了提升数字城市的生态性、持续性和效益性，各地将继续创新政企合作机制，政府大力鼓励社会力量、民营企业、专家智库等多元主体共同参与数字城市运营，进而形成优势互补、百花齐放的运营服务生态。一些数字技术还将进一步深入城市生活，不断扩展应用场景，融入智慧城市建设，提升城市公共服务效率，对民生保障的多元领域进行赋能。

总而言之，数字技术赋能城市公共服务将不断发展，各地当下展现出的数字技术改变城市公共服务的生动实践，在就业公共服务、基础教育、公共卫生和养老公共服务等多元领域取得成效，一些创新与探索也为未来数字城市服务端建设提供了思路和启发，预示着数字城市服务端的发展方向。

二　数字城市建设的建议

（一）数字城市价值变革

1. 理解"以人为本"助力可持续发展的理念

数字城市建设是对城市与人之间关系的重新思考与建构，一座城市打造协同交互的"智能体"的过程，也是持续优化"以人为本"治理模式的过程。陕西中际国际城市发展研究院认为，数字城市实质上是城市人地关

系系统的数字化，它体现"人"的主导地位，通过城市信息化更好地把握城市系统的运动状态和规律，对城市人地关系进行调控，实现系统优化，使城市成为有利于人类生存与可持续发展的空间。[①] 无论是经济发展成果更好惠及人民，还是社会生活更加便捷高效，抑或是政府治理更加透明精准，数字城市都顺应了人民追求美好生活的根本需要，实现了"发展为人民"。

2. 加强数字城市顶层设计

加强顶层设计是建设数字城市的有力保障。顶层设计应从全域视角出发，建立和完善跨区域的协同治理体制机制，加强中央政府统筹协调，强化地方政府主导规划，调动社会机构、企业、公众多方参与，进而构建起"国家引导、政府主导、多元主体参与"的跨区域多层级数字城市建设框架。国家应加强数字城市立法、规划和计划，有效统筹全社会要素与资源，实现资源充分流通，提高数据的开放性。同时，数字化建设相对滞后的城市可通过强化顶层设计与制度激励，将政策推行与城市实践强力结合，有效推动后发城市数字化建设跨越式发展（卿珏、张杰，2024）。

数字城市的整体解决方案并非技术应用和设施的简单叠加，而是在一体化顶层设计指导下，充分考虑各层次、各领域要素的共建共享（熊翔宇、郑建明，2017）。数字城市建设需要明确重点内容，厘清各重点内容之间的逻辑关系，使各主体遵循设计，独立、有序地开展工作。具体而言，数字城市顶层设计应该具有方向确定性、系统关联性和框架导向性特征（陈德权、王欢、温祖卿，2017）。方向确定性强调数字城市顶层设计应该着眼于城市发展全局，自上而下厘清城市内部各系统及其相互关系，在建设开展之前便对城市未来发展趋向有一个整体性把握。系统关联性强调数字城市并不是要从根本上颠覆城市战略规划，而是推进城市战略规划落实和突出智慧设计。框架导向性强调数字城市顶层设计是一种框架设计，并不是实施细则，也不是操作手册，而是要用最明确的规则、最少的约束和最简洁的文字构建出一个完整而歧义少的指导体系。

[①] 《揭开数字城市与智慧城市之间的迷雾》，https://www.sohu.com/a/115738716_385313，最后访问日期：2024年7月24日。

总而言之，数字城市建设的战略目标是提升人民的城市生活质量，进而增强人民的安全感和幸福感（许庆瑞、吴志岩、陈力田，2012）。此外，在规划层面，加强数字城市顶层设计还应考虑政府、企业、居民等不同角色的意见及建议。① 大数据不仅是一场技术革命，还是一场观念的变革。当下数字城市建设缺乏总体发展战略规划，跨市及跨省域协调联动机制缺失，缺乏有力的统筹协调体系。而大数据环境下的数字城市建设，最核心的要点便是统一观念，这有利于整合与协调区域内数字城市建设相关资源，推动数据与信息在区域内的流动和共享。

（二）数字城市结构变革

1. 完善数字城市"新基建"

习近平总书记指出，要"加快新型基础设施建设，加强战略布局，加快建设高速泛在、天地一体、云网融合、智能敏捷、绿色低碳、安全可控的智能化综合性数字信息基础设施，打通经济社会发展的信息'大动脉'"。② 数字城市建设离不开数字基础设施的支撑，加强数字城市建设需要重视完善"新基建"。

在政策层面，应做好顶层规划设计，指导"新基建"未来发展。通过制定战略规划，明确推进数字城市"新基建"的发展方向和重点，既需要从总体上把握"新基建"发展的建设思路和实施方案，也需要体现地区的经济文化特色（葛蕾蕾、佟婳、侯为刚，2017）；既需要坚持集约高效、经济实用的原则，也需要遵循智能绿色、安全可靠、可持续发展的要求。政府应及时出台有关"新基建"发展的相关政策，促进技术研发、安全保护、产学研融合，从各方面给予数字城市"新基建"政策保障。

在技术层面，应加大基础研究投入力度，加快关键技术研发进程。政府应加大对"新基建"基础研究的投入力度，大力培养相关专业人才，加

---

① 《智慧城市顶层设计指南》，http://www.cbdio.com/BigData/2018-07/30/content_5781036.htm，最后访问日期：2024年7月24日。

② 《习近平在中共中央政治局第三十四次集体学习时强调 把握数字经济发展趋势和规律 推动我国数字经济健康发展》，http://www.qstheory.cn/yaowen/2021-10/19/c_1127974061.htm，最后访问日期：2024年10月14日。

强专业领域人才队伍建设，积极推动智能网络、信息接收站等基础设施建设，为全面推进"新基建"落地提供切实的基础保障。同时加快智能芯片、操作系统等关键核心技术的开发研制，加大对相关企业的支持力度，在关键核心领域摆脱对西方发达国家的技术依赖，努力构建符合我国国情的数字城市"新基建"智能技术体系。

在管理层面，应保障信息安全，构建协调机制。政府、企业应加强对数字城市"新基建"的有效管理，针对网络和信息安全问题，加强构建网络安全技术防控体系，设置数据安全防护网，实现对"新基建"数据的安全保障，有效防范化解信息泄露的风险。同时，加快构建多方协调机制，政府部门之间协同共治，地区之间优势互补，促进数字城市"新基建"资源分配布局更加合理，实现数字资源更高效的利用。

在应用层面，应加快推进技术开发，积极推动成果转化。技术开发主要包括网络技术、数据技术和智能技术三方面（郑跃平等，2021），应在网络技术方面积极拓宽在线服务渠道，搭建多元融合的服务平台，实现线上线下服务相结合；在数据技术方面结合现实发展的需要完善数据管理体制和配套制度，推动数据共享和开放应用；在智能技术方面制定数据智能化发展的长期规划，积极促进相关领域开发应用智能化技术，有效实现技术的协同效应，释放数据价值。

2. 促进数字经济发展

推动我国数字经济更好更快发展，能够助力国家抢占新一轮的国际竞争制高点。要加快工业互联网规模化应用，推动金融、物流等生产性服务业和商贸、文旅、康养等生活性服务业数字化转型，提升"上云用数赋智"水平，深化数字化转型促进中心建设。此外，激发数据要素潜能、释放数据要素价值更是推动数字经济高质量发展的重大举措。具体来看，可采取以下措施促进数字经济发展。

第一，发展重点产业，发挥牵引作用。技术创新是数字经济的内核和推动其发展的驱动力。随着数字经济的发展，数字技术强力的支撑作用将不断凸显。《中华人民共和国国民经济和社会发展第十四个五年规划和2035年远景目标纲要》将云计算、大数据、物联网、工业互联网、区块链、人工智能、虚拟现实和增强现实七大产业作为数字经济的重点产业，进一步明晰了发展路径，勾勒出一幅数字经济发展的崭新蓝图。① 未来，我国将聚焦基础技术和关键领域的攻关与创新，继续推动数字产业化，为数字经济发展提供信息支撑力和牵引力。

第二，拓展数字化场景，加快应用融合。产业数字化是数字经济的一大组成部分，强调数字技术与实体产业的深度融合。2019 年，工信部提出"5G+工业互联网"512 工程，即聚焦 10 个重点行业，培育 20 大典型工业应用场景，通过数字技术赋能传统制造业数字化、网络化、智能化转型升级，实现智能制造。② 当前，数字技术已形成较为完整的数据供应链和数据产业体系。未来，我国将继续提高数字经济在工业、农业、服务业三大产业的渗透率，拓展和延伸数字技术的应用场景，为产业发展提质增效。

第三，构建数字经济治理体系。构建和完善"技术+共治"的数字经济治理体系对数字经济的健康可持续发展具有重大意义，这一体系的"新"主要体现在治理技术、模式和理念三个方面。在治理技术方面，强调运用互联网技术和信息化手段治理数字产业，以数字技术赋能政府治理体系和治理能力现代化，降低治理成本、提高治理效能。在治理模式方面，积极探索政府、市场、社会、企业等多主体共治的多元化、立体化治理模式，兼顾多方利益，推动数字经济治理协同化。在治理理念方面，树立创新、公平、共享、有效的数字经济治理理念。此外，治理数字经济还要形成全球视野，为全球范围内的数字经济治理贡献中国经验和中国智慧。

3. 健全数字政府制度

数字政府是政府数字化转型的结果，它代表着一种新的城市治理模式和服务典范的变迁。《数字中国建设整体布局规划》强调，数字政府建设的目标主要有两个：实现国家治理体系和治理能力现代化、实现数据资源与信息的互通和共享。

第一，构建网络信息系统，建立统一的治理机构。通过大数据、云计

---

① 《"十四五"数字经济蓝图：圈定七大重点产业，各地加快拥抱数字时代》，https://finance.sina.com.cn/tech/2021-03-19/doc-ikkntiam5128427.shtml，最后访问日期：2024 年 7 月 24 日。

② 《关于加快推动制造服务业高质量发展的意见》，http://www.gov.cn/zhengce/zhengceku/2021-03/23/content_5595161.htm，最后访问日期：2024 年 7 月 24 日。

算等方式构建网络信息系统，对数据进行整合和分析，实现统筹规划、部门联动和信息共享，进而提升数字城市治理的精细化、智能化和专业化水平。针对各城市在数字治理过程中出现的政府内部各个部门权责交叉、职责不清等问题，需要建立统一的治理机构，破除条块行政体制结构内部的制度壁垒，实现高效治理。同时，设置专门的大数据治理机构不仅要体现一般意义上的政府组织机构的基本职能，还要承担统筹推进信息化建设、数字经济发展、数字政府建设等职责（赵豫生、林少敏、郑少狲，2020）。

第二，着力构建数据交换机制，实现数据有效流转。数字城市治理需要在明晰数据所有权的前提下"愿意、敢于、善于"运用海量数据，建立数据共享交换机制，做好数据共享管理、规范数据交换流程，确保数据使用方法在依法合规、保障安全的基础上，实现数据的有效流转和多向赋能，提升数字城市治理效果。

第三，构建数字化的科学决策和社会治理机制。数字城市建设需要构建科学决策和社会治理机制，加强社会治理模式创新，畅通人民群众参与数字治理的渠道，使人民群众参与各项建设，提高公共服务供给与民众治理需求的匹配度，提升数字城市治理服务的效率和精准度。此外，数字城市治理还需要解决好数字化系统、数字化技术、数据的传播和组织方式等问题，积极搭建数字治理云平台，实现资源合理配置，促进数字城市发展协同共治。

4. 打造生活美好的数字社会

按照《数字中国建设整体布局规划》和"十四五"规划关于推进数字社会建设的重点任务安排，《数字社会2024年工作要点》围绕促进数字公共服务普惠化、推进数字社会治理精准化、深化智慧城市建设、推动数字城乡融合发展、着力构筑美好数字生活5个方面部署重点任务。推动打造生活美好的数字社会，需要大量数字化人才及广大公众的参与，要积极整合各方力量，通过教育培训、帮扶及政策性措施等，全面提升社会的数字素养。

第一，推动实施互联互通战略，建立数字社区云平台。数字社区云平台是社区管理的一种全新方式，是新形势下社会管理创新的一种新模式，是指充分利用物联网、云计算、大数据等新一代信息技术的集成应用。数字社区云平台应以社区群众的幸福感为出发点，以提升社区服务品质为核心，为公民提供安全、舒适、便利的现代化、智慧化生活环境。

第二，培养群体意识，以社会力量构建数字网络支持体系。应改善数字社会治理的宏观社会环境，构建社会理论，强化公民的参与意识与管理者的责任感。而数字技术有助于提升政府部门信息化管理水平，完善政务公开、社会监督和公民参与机制，进而增强公民对社会治理的参与意识，优化社会治理环境，促进多元主体的协同合作。可在发展数字技术的同时关注社会力量的培养。

第三，健全评估机制，定期评估数字技术赋能社会效果。城市规划更多体现技术价值，借鉴发达国家的城市治理经验，未来可将评估机制深度融入城市发展规划之中（钱诚，2023）。建设数字友好型城市，在北京、上海、杭州和深圳等数字经济发展基础较好的地区开展数字公共服务试点，打造一批数字公共服务标杆城市。构建责任清晰、多元参与、依法监管的数字化公共服务质量治理和促进体系，及时跟踪评估公共服务数字化改造的实施效果，动态优化城市公共服务数字化评价体系。聚焦公共卫生、社会安全、应急管理等领域，实现重大突发公共事件的数字化快速响应和联动处置。

5. 构建坚实的数字安全保障机制

数字政府建设是信息化发展的新阶段，不但面对各类传统网络安全的威胁，还因数字政府的技术和业务特性，面临更大的风险挑战。近年来，我国不断加强网络安全、数据安全法规制度建设，已经建立起比较健全的制度体系，如网络安全方面的等级保护制度、关键信息基础设施安全保护制度，以及数据安全方面的数据分类分级制度、数据出境安全管理制度等。这为数字政府网络安全工作提供了落地抓手。未来，构建坚实的数字安全保障机制是数字城市发展的必经之路。

第一，加快数据隐私保护前沿技术研发。加快研发前沿的数据隐私保护技术，不断探索数据处理各个阶段能够抵御隐私泄露风险的安全保护手段，包括用于数据存储与发布阶段的传统数据保护技术（如数据脱敏、数据加密、限制发布技术等），用于数据分析与使用阶段的访问控制保护技术（如角色权限访问控制与规则引擎技术），以及有效保障数据隐私安全的专门手段［隐私风险评估、"从设计着手隐私保护（Privacy by Design，PbD）技术实践原则"］与前沿技术（如雾计算、数据沙箱、区块链等）。因此，数字城市隐私安全需要大力研发嵌入数据过程的特定前沿技术来满足城市大数据背景下对个体隐私保护的需求。目前，华为已经建立硬件隔离的安全系统 TEE、端云通道加密传输、云空间存储加密系统、独家四重检测体系等应对隐私风险。

第二，健全数据管理机制。数字城市需要增强数据安全认知观念，重视数据作为数字时代生产要素的重要性地位，牢牢把握数据动态特征，树立以数据为中心的安全保护理念。健全数据管理机制，需从数据科学技术与互联网技术视角切入。一方面，从数据科学技术着手，完善城市数据的数据分类、风险分级、数据分布机制，从数据生命周期视角与"从设计着手隐私保护技术实践原则"出发推动城市数据管理转向情景式风险管理；另一方面，以互联网技术为视角，针对大数据生命周期中存在的数据风险点，以技术工具流程式排查城市数据存在的风险，为保证数字城市数据隐私安全加强硬件环境与软件系统体系建设，建立城市大数据系统化数据安全管理体系。

第三，加强算法人文关怀。算法伦理入侵及由算法伦理引发的功利主义危机是数字社会中的一个重要问题。算法为了增强运行的准确性和分析结果的科学性，还会尽可能监控个体和社会的运行，窥探个体和社会的隐私，最终引发普遍的个体隐私焦虑。因此，提升数字社会建设质量和水平，消解算法安全风险给数字社会运行带来的技术风险，需要加强算法人文关怀，解决算法伦理入侵给人类社会运行带来的诸多伦理问题。这需要强化算法模型中的人类道德伦理，在算法逻辑体系构建和源代码编制过程中赋予算法人类道德伦理，以克服算法的工具理性缺陷，发挥价值理性在算法运行中的主导作用，防止算法在运行过程中出现结构性的伦理缺陷。在研发算法时要从人的视角和立场出发，强化算法研发和使用过程中"人的在场"效应，将"以人为本"作为算法研发和使用的底线，使算法成为维护人的尊严、保护个体自由以及增进人类整体福祉的工具，而不是单纯追求算法运行效率和精准度的实验场（张龙辉，2024）。

三　数字城市的未来展望

（一）数字孪生与元宇宙

数字孪生是一个超现实的前瞻性概念，是物理产品数字化所形成的一个或多个关联的数字映射系统，也称数字镜像、数字化映射。

城市作为最复杂的人造系统，在技术上实现真实状态的实时跟踪几乎不可能，而数字孪生技术为数字城市提供了技术支持，即构建与城市物理世界一一对应、相互映射、协同交互的复杂的"数字孪生城市"。

在当前的数字孪生一体化平台的发展中，大数据技术的应用使得我们能够深入挖掘、模拟和分析城市运行的机制，从而主动预测和识别潜在的问题。尽管这一平台能够基于实际物理数据预测未来的变化，但它在面对未来复杂环境时，对多变场景的评估能力仍显不足。现有的建模与仿真方法也面临着灵活性有限、配置复杂和易出错的挑战，这些因素共同制约了高置信度数字孪生模型的构建。

展望未来，随着更高级传感技术和数据采集技术的引入，实时获取物理系统数据的效率和准确性将得到显著提升。利用人工智能和机器学习等前沿技术，数字孪生模型的构建过程将更加优化，大幅减少人力成本和时间消耗。通过精进模型算法和扩充模型参数，模拟结果的精度和可靠性将得到进一步增强。同时，强化数据质量管理和验证，将有效减少数据不确定性对模拟结果的影响，进而提升数字孪生模型的整体性能和可信度。

除此之外，未来在 AI+3D 建模等集成技术的加持下，大幅度提升"数字孪生城市"建设速度，搭建城市可视化平台，使得万物互联由 2D 转变为 3D 及至 4D 实景，实现跨越人类视觉发展的一大步。

而元宇宙技术是数字孪生技术的进一步发展，元宇宙是人类运用数字技术构建的、由现实世界映射或超越现实世界的、可与现实世界交互的虚拟世界。人们通过终端连接以"数字化身"在虚拟城市中开启真实的感官沉浸体验和交互，包括社交、娱乐和创造等内容。元宇宙的出现为未来的数字城市建设开启了新的大门。

元宇宙时代的智慧城市应在数字孪生、5G/6G、大数据、云计算、区块链、机器视觉的基础上，依托虚拟现实（Virtual Reality，VR）、增强现实（Augmented Reality，AR）、混合现实（Mixed Reality，MR）、扩展现实（Extended Reality，XR）及替代现实（Substitutional Reality，SR）等关键技术实现。其技术的实现主要通过脑机接口和体感设备的应用，形成一种以人为主体、能与现实进行感官体验和交互的虚拟空间。

元宇宙将逐步从两个精准映射的平行世界发展为与人类现实生活紧密结合、虚实相融最后扩展到现实世界之外的虚拟空间。它通过精准数据辅助现实中的智慧城市建设，并使个人能够直接参与虚拟城市的构建与治理，这将颠覆传统的城市发展和治理方式，实现"协同共治"和"整体智治"，创造出智慧城市的新远景（李玉梅等，2024）。

（二）人工智能时代

人工智能是通往未来数字城市建设的桥梁。随着智能感知技术的发展，人类已经进入一个一切皆可能"量化"的时代，因为有数据就能进行计算，未来的社会将是一个"计算型社会"。城市是一个多元、复合、动态的生命体，更是经济、商业和生活的载体。人工智能和城市大模型的使命就是学习、理解和研判我们的城市体。

未来数字城市通过 AI 与物联网的融合发展，实现数据分析和预测，帮助物联网系统预测未来的趋势和变化；通过 AI 与大数据、大模型的结合，建构 AI 大模型，实现对大数据的智能化、高效化和协同化运用。这些举措为未来数字城市的建设快速而精准地构筑更加智能的坚实底座，帮助政策制定者和城市管理者理解与预测城市人口变化规律、土地利用需求变化、能源消耗趋势等复杂的城市动态，为人们提供更加智能化和个性化的服务，进一步改善人们的生产和生活方式（张新长等，2024）。

目前，全世界的城市大脑都还不具有真正意义上的人工智能的主动思考能力。随着城市人工智能基础设施（无人驾驶、AI 医疗、AI 车间等）的推广使用，城市大脑才具备主动思考能力。彼时，城市治理将迈入全新的阶段，真正实现城市"活的大脑"；人工智能将成为各领域的核心话题，数字政府将迎来彻底的转型与升级，城市行政人员和管理人员数量也许会达到工业革命以来的最低值，构建合作、协同型的社会治理模式将成为探索的重要方向；数字经济将面临革命，新的商业模式和服务模式将被催生，推动传统行业的转型升级和社会经济结构的变革；人与人工智能的关系讨论将成为最重要的议题，社会形态将更加复杂多元，如何在新技术环境下完善人与人互动的规则及制度建设，以及构建人与机器的互动规则和治理方式将是未来社会治理要解决的重要问题。未来的数字城市是人工智能的城市，我们将彻底迎来人工智能时代，个体与组织活动高度依赖于人工智能，掀起新一轮数字革命。

（三）数字共同体与数字空间治理

随着数字技术的飞速发展，我们见证了一个前所未有的现象——数字空间的崛起。这个由数据和代码构建的新领域，不再仅仅是现实社会空间的一个附加或映射，而是逐渐成为一个独立的、有其自身发展逻辑和规则的空间。数字空间与现实空间的关系正在发生根本性变化，它们开始并行发展，甚至在某些方面超越现实世界的发展速度和规模。随着数字科技的进步，人类将迈入一个全新的时代，在三维的物理世界基础上进入数字空间，踏入四维空间的领域。

在数字空间中，身份认同的概念正在经历重塑。传统的由地理、文化、社会结构等因素定义的身份边界正在变得模糊，取而代之的是一个更加扁平化的结构。这种结构允许个体在虚拟世界中自由地构建和重塑自己的身份，而这些身份的构建和重塑又反过来影响虚拟社会乃至现实社会的结构和互动方式。

数字共同体的概念应运而生，它不再仅仅是一个抽象的概念，随着技术的不断发展，它将逐渐变成一个可见、可感、可交互的实体。这个共同体将逐渐渗透到现实空间中，影响我们的日常生活、社交互动乃至价值观念。因此，未来的数字城市治理将面临更为复杂的环境，不仅要考虑物理空间的规划和管理，还要考虑数字空间中身份认同的构建和治理，以及这两个空间之间的相互作用和融合。

数字孪生技术和元宇宙技术的发展进一步加剧了这一趋势。在元宇宙网络空间中，人们的数字化劳动和交往呈现去中心化的特点。这种去中心化依赖于元宇宙独特的生产和交往环境，要求人们在其中建立和确认自己的主体身份。这种身份不再是传统互联网中的二维符号，而是以 3D 虚拟身体的形式存在，这使个体在不同的虚拟空间中能够以更真实、更具沉浸感的方式构建自我身份。元宇宙中的生产、劳动和交往活动推动了无数新的数字空间的诞生。

随着数字共同体的逐渐形成和发展，以及数字空间的不断扩大，因身份多元和交互自由而产生的全新数字经济业态将进一步出现和壮大，更多的群体将参与政治和社会活动，城市规划和治理将不得不面对一个四维空间交织的新时代。在这个新时代中，如何平衡不同空间的规则，如何确保公正和秩序，如何保护个人隐私和数据安全，如何推动多主体参与的协同治理和发展，如何树立数字空间共同体发展理念，都是未来数字城市建设的重大课题。

未来的数字城市或许会跨越现实世界和数字世界生活空间系统、人文关系系统的障碍，与虚拟的数字空间进行联动，创造出属于两个世界的生存系统，如数字经济系统、数字社会系统、数字政府系统等。数字城市的范围将进一步扩大，迎来全新的数字空间时代。

（四）从技术回归到人

自 2009 年国际商业机器公司首次提出"数字地球"概念以来，智慧城市的发展主要依靠数字技术的推动，孕育出诸如城市大脑、智慧城市、数字孪生等典型应用模式，进而演变为物感城市模式。然而，物感城市模式主要聚焦感知和理解城市的物理空间，对于深入洞察市民的丰富主观世界和城市社会空间显得力不从心。它难以精确捕捉到市民的偏好、诉求和价值观念，更难以感知到市民的获得感、幸福感和安全感，未能真正触达市民内心的需求和期待（孟天广、严宇，2023）。

在未来数字城市的建设蓝图中，我们必须将价值观作为指导灯塔，深思我们欲塑造何种风貌的数字城市，而非仅仅关注我们手中握有哪些高端技术。一个缺乏价值观引导的数字城市，或许拥有更高的智能化水平，但并不保证能提升城市的整体品质和魅力。

科技的核心价值在于为人类社会提供增值服务，让人民能够感受到实实在在的好处。在这一进程中，科技不应该是主导社会结构的设计者，而应更多聚焦服务个体，帮助每个人都能实现自我增值。未来的数字城市和智慧城市建设，不仅要体现以人为核心的发展导向，还应当体现人民在城市建设与发展中的主体地位。其建设目标应当是赋能个人，不仅仅是使城市整体"智慧化"，更要促进每个市民的"智慧化"。每个人的价值汇聚起来，便是整个社会的价值所在。

目前，数字城市中的技术应用还停留在复杂性阶段的前期（龙瀛等，2023），其更多是工具性质的，尚未超越人类的理解和控制范畴。然而，随着技术的不断进步，未来可能会出现人类社会难以掌控的技术。因此，在构建未来的数字城市时，我们不能让技术成为主宰。技术及其背后的机器应该作为人类的辅助工具，而不是控制者，我们必须确保技术始终处于人类的掌握之中。

未来的数字城市将不仅仅是物理环境空间的数字化，其治理范围将更加广泛，治理对象将更为复杂，治理的思路也需要从以技术为中心回归到以人为中心。如何适应人性、服务于人性，将成为未来数字城市建设最为核心的命题。未来的数字城市建设追求的是一个既能反映高科技智能又能体现人文关怀和社会价值的数字化城市，一个能够让每个人都感到自豪和舒适的数字家园。

参考文献

鲍静、范梓腾、贾开，2020，《数字政府治理形态研究：概念辨析与层次框架》，《电子政务》第 11 期。

鲍静、贾开，2019，《数字治理体系和治理能力现代化研究：原则、框架与要素》，《政治学研究》第 3 期。

陈德权、王欢、温祖卿，2017，《我国智慧城市建设中的顶层设计问题研究》，《电子政务》第 10 期。

陈劲、阳镇、朱子钦，2020，《"十四五"时期"卡脖子"技术的破解：识别框架、战略转向与突破路径》，《改革》第 12 期。

陈劲、朱子钦，2020，《关键核心技术"卡脖子"问题突破路径研究》，《创新科技》第 7 期。

程萌萌、夏文菁、王嘉舟、郑颖、张剑平，2015，《〈全球媒体和信息素养评估框架〉（UNESCO）解读及其启示》，《远程教育杂志》第 1 期。

戴长征、鲍静，2017，《数字政府治理——基于社会形态演变进程的考察》，《中国行政管理》第 9 期。

邓兴瑞、张芙蓉、许镇、岳清瑞、王宇翔、韩国权、施钟淇，2024，《数字孪生在城市安全中的应用研究综述》，《工业建筑》第 2 期。

邓喆、孟庆国，2016，《自媒体的议程设置：公共政策形成的新路径》，《公共管理学报》第 2 期。

段杰冉、张丽君、秦耀辰、张慧馨、田梦男、王静帆，2024，《中国城市数字鸿沟时空分异及其影响因素》，《世界地理研究》第 2 期。

付保宗、余新创、刘振中、徐建伟、于潇宇，2022，《新形势下全球供应链调整趋势及对我国供应链运行的影响》，《科学发展》第 6 期。

傅永军，1999，《哈贝马斯晚期资本主义危机理论述评》，《哲学研究》第2期。

高翔，2023，《决策权集中与行政科层化：数字时代的政府组织变革》，《广西师范大学学报》（哲学社会科学版）第1期。

葛蕾蕾、佟姗、侯为刚，2017，《国内智慧城市建设的现状及发展策略》，《行政管理改革》第7期。

关爽，2021，《数字技术驱动社会治理共同体建构的逻辑机理与风险治理》，《浙江工商大学学报》第4期。

韩啸、汤志伟，2022，《数字政府创造公共价值的驱动因素与作用机制研究》，《电子政务》第2期。

何圣东、杨大鹏，2018，《数字政府建设的内涵及路径——基于浙江"最多跑一次"改革的经验分析》，《浙江学刊》第5期。

何宗樾、张勋、万广华，2020，《数字金融、数字鸿沟与多维贫困》，《统计研究》第10期。

胡鞍钢、周绍杰，2002，《新的全球贫富差距：日益扩大的"数字鸿沟"》，《中国社会科学》第3期。

胡厚翠，2022，《数字经济驱动经济高质量发展的实现路径——以合肥市为例》，《陕西行政学院学报》第4期。

黄光灿、王珏、马莉莉，2019，《全球价值链视角下中国制造业升级研究——基于全产业链构建》，《广东社会科学》第1期。

黄璜，2020，《数字政府：政策、特征与概念》，《治理研究》第3期。

黄璜、谢思娴、姚清晨、曾渝、张权、云美丽、张唯一，2022，《数字化赋能治理协同：数字政府建设的"下一步行动"》，《电子政务》第4期。

姜晓萍，2014，《国家治理现代化进程中的社会治理体制创新》，《中国行政管理》第2期。

蒋敏娟、黄璜，2020，《数字政府：概念界说、价值蕴含与治理框架——基于西方国家的文献与经验》，《当代世界与社会主义》第3期。

蒋骁、仲秋雁、季绍波，2010，《网络隐私的概念、研究进展及趋势》，

《情报科学》第2期。

金瑶、张毅，2023，《数字政府空间的协同价值共创：识别与实现》，《合肥工业大学学报》（社会科学版）第6期。

敬乂嘉，2010，《政府扁平化：通向后科层制的改革与挑战》，《中国行政管理》第10期。

匡文波、曹荻儿，2024，《全球智能传播：国际信息传播新范式》，《对外传播》第6期。

李会东，2022，《云计算信息技术与智慧城市可持续发展》，《中国建设信息化》第6期。

李齐，2018，《信息社会简约高效基层管理体制的构建》，《中国行政管理》第7期。

李世奇，2022，《政府创新政策的溢出效应研究》，上海社会科学院出版社。

李玉梅、王嫣、许晗、高鹤鹏，2024，《元宇宙赋能智慧城市建设：理论机制、问题检视与治理举措》，《电子政务》第8期。

刘凤、杜宁宁，2020，《数字社会转型背景下城市基层治理逻辑变革研究》，《湖北民族大学学报》（哲学社会科学版）第4期。

刘祺，2022，《从数智赋能到跨界创新：数字政府的治理逻辑与路径》，《新视野》第3期。

刘新年、王晓民、任博，2013，《大数据时代下，如何保护隐私权》，《新华月报》第18期。

刘洋、董久钰、魏江，2020，《数字创新管理：理论框架与未来研究》，《管理世界》第7期。

刘志阳、赵陈芳、邱振宇，2023，《突发公共事件下的数字社会创新机制与模式——基于资源编排理论的视角》，《管理工程学报》第6期。

龙瀛、李伟健、张恩嘉、王鹏，2023，《未来城市的冷热思考——张宇星、刘泓志、沈振江、吕斌、周榕、尹稚、武廷海访谈纪实》，《城市与区域规划研究》第1期。

鲁盼、岳向华，2024，《构建政务数据共享平台：价值内涵、现实问题与优化路径》，《湘南学院学报》第2期。

陆俊元，2010，《中国安全环境结构：一个地缘政治分析框架》，《人文地理》第2期。

吕同舟，2017，《政府职能转变的理论逻辑与过程逻辑——基于国家治理现代化的思考》，《国家行政学院学报》第5期。

骆飞、门理想，2024，《治理结构与技术嵌入：解构数字治理中政企合作模式的新视角》，《电子政务》第5期。

马长发、贾鼎、李嘉、朱文浩，2020，《以人为核心的"城市能力"论——中国新型城镇化研究新思维》，《城市发展研究》第12期。

马亮，2021，《数据驱动与以民为本的政府绩效管理——基于北京市"接诉即办"的案例研究》，《新视野》第2期。

毛丽娟、夏杰长、刘睿仪，2024，《数字技术与城市韧性耦合——基于我国285个城市的实证分析》，《河海大学学报》（哲学社会科学版）第2期。

孟天广，2021，《政府数字化转型的要素、机制与路径——兼论"技术赋能"与"技术赋权"的双向驱动》，《治理研究》第1期。

孟天广、严宇，2023，《"人感+物感"：智慧城市治理的中国模式》，《当代贵州》第46期。

聂爱云、靳云云，2022，《数字政府回应提升政府信任的动力机制研究——以江西省政务服务"好差评"制度为例》，《行政与法》第10期。

彭艳秋，2023，《合肥："芯屏汽合+急终生智"跑出黑马速度》，《中共合肥市委党校学报》第1期。

祁志伟，2024，《数据驱动的数字政府：治理限度与时代因应》，《行政与法》第3期。

钱诚，2023，《数字技术赋能城市公共服务的探索与实践》，《发展研究》第4期。

秦红岭，2009，《论城市规划中的"以人为本"》，《理论月刊》第9期。

秦平，2015，《政府创新具有示范作用》，《法制日报》4月17日，第7版。

卿珏、张杰，2024，《粤港澳大湾区智慧城市建设：基于香港、广州、深圳的经验分析及启示》，《商业经济》第1期。

司一夫，2021，《政府数字变革的探索与思考》，《软件和集成电路》第5期。

宋玉，2021，《政策扩散视角下的大数据驱动社会治理创新》，《社会科学动态》第 12 期。

谭颜波，2023，《论数字政府建设政企合作的关系重塑——基于 H 市的案例分析》，《山东行政学院学报》第 2 期。

田旭明，2022，《数字社会的主要伦理风险及其应对》，《中州学刊》第 2 期。

王晨，2022，《基于公共价值的城市数字治理：理论阐释与实践路径》，《理论学刊》第 4 期。

王法硕、王翔，2016，《大数据时代公共服务智慧化供给研究——以"科普中国+百度"战略合作为例》，《情报杂志》第 8 期。

王静、吕腾龙，2019，《中共十九届四中全会在京举行》，《人民日报》11 月 1 日，第 1 版。

王美、随晓筱，2014，《新数字鸿沟：信息技术促进教育公平的新挑战》，《现代远程教育研究》第 4 期。

王名、蔡志鸿、王春婷，2014，《社会共治：多元主体共同治理的实践探索与制度创新》，《中国行政管理》第 12 期。

王浦劬，2014，《国家治理、政府治理和社会治理的含义及其相互关系》，《国家行政学院学报》第 3 期。

王伟玲，2019，《加快实施数字政府战略：现实困境与破解路径》，《电子政务》第 12 期。

王晓冬、关忠诚、董超，2021，《新型基础设施建设的内在规律、面临风险与规避策略研究》，《电子政务》第 4 期。

王轩，2023，《数字社会治理：价值变革、治理风险及其应对》，《理论探索》第 4 期。

王一鸣，2020，《百年大变局、高质量发展与构建新发展格局》，《管理世界》第 12 期。

王印红、朱玉洁，2020，《基层政府"逆扁平化"组织扩张的多重逻辑——基于"管区制度"的案例研究》，《公共管理学报》第 4 期。

吴功宜、吴英编著，2021，《计算机网络》（第 5 版），清华大学出版社。

吴建南、马亮、苏婷、杨宇谦，2011，《政府创新的类型与特征——基于

"中国地方政府创新奖"获奖项目的多案例研究》，《公共管理学报》第 1 期。

肖俊洪，2006，《数字素养》，《中国远程教育》第 5 期。

熊东旭、成凯，2023，《新发展理念视角下数字政府建设的推进路径——新加坡数字政府建设的启示》，《南京工程学院学报》（社会科学版）第 1 期。

熊翔宇、郑建明，2017，《国外智慧城市研究述评及其启示》，《新世纪图书馆》第 12 期。

徐晓林、刘勇，2006，《数字治理对城市政府善治的影响研究》，《公共管理学报》第 3 期。

许皓，2022，《数字政府建设中政企合作的责任分担机制研究》，《现代商贸工业》第 1 期。

许庆瑞、吴志岩、陈力田，2012，《智慧城市的愿景与架构》，《管理工程学报》第 4 期。

阳镇、陈劲、李纪珍，2022，《数字经济时代下的全球价值链：趋势、风险与应对》，《经济学家》第 2 期。

杨平、胡婷婷，2024，《现实与数字相融通的社会治理共同体论析》，《江汉大学学报》（社会科学版）第 2 期。

杨述明，2024，《枣阳市"一网统管"驱动"数字枣阳"体系化建构》，《数字经济》第 4 期。

杨文溥，2022，《数字经济促进高质量发展：生产效率提升与消费扩容》，《上海财经大学学报》第 1 期。

袁静、周欣丽、臧国全、张凯亮，2024，《政府开放数据隐私风险研究：现状、特征及展望》，《图书情报知识》第 4 期。

曾渝、黄璜，2021，《数字化协同治理模式研究》，《中国行政管理》第 12 期。

翟翌、刘杰，2024，《全过程人民民主与数字政府建设的交叉与共进》，《北京联合大学学报》（人文社会科学版）第 1 期。

张成福、谢侃侃，2020，《数字化时代的政府转型与数字政府》，《行政论坛》第 6 期。

张桦，2024，《智慧城市、智能城市、数字城市和数字孪生城市的概念辨析与演变逻辑》，《新疆社科论坛》第 1 期。

张吉豫，2022，《构建多元共治的算法治理体系》，《法律科学》（西北政法大学学报）第 1 期。

张杰，2020，《中国关键核心技术创新的机制体制障碍与改革突破方向》，《南通大学学报》（社会科学版）第 4 期。

张燎、李文钊，2023，《智慧城市治理的美国镜鉴》，《人民论坛》第 3 期。

张龙辉，2024，《数字社会建设中的算法安全风险及其化解策略》，《东北师大学报》（哲学社会科学版）第 2 期。

张茂英、王义德，2023，《共同富裕视角下的包容性数字城市：一种新的城市治理模式》，《城市学刊》第 6 期。

张鸣，2023，《基层智治大脑重塑政府决策的机理研究——基于信息能力的决策过程框架的分析》第 8 期。

张佩、王姣娥、马丽，2022，《新基建助推区域协调发展的作用机制及优化对策》，《区域经济评论》第 5 期。

张佩、王姣娥、肖凡，2023，《中国新基建发展的时空演变及驱动因素》，《地理科学进展》第 2 期。

张群、张红卫、鲍薇、尹卓、王为中，2022，《标准化服务支撑新基建高质量发展》，《中国发展观察》第 10 期。

张蔚文、金晗、冷嘉欣，2020，《智慧城市建设如何助力社会治理现代化？——新冠疫情考验下的杭州"城市大脑"》，《浙江大学学报》（人文社会科学版）第 4 期。

张晓、鲍静，2018，《数字政府即平台：英国政府数字化转型战略研究及其启示》，《中国行政管理》第 3 期。

张新长、华淑贞、齐霁、阮永俭，2024，《新型智慧城市建设与展望：基于 AI 的大数据、大模型与大算力》，《地球信息科学学报》第 4 期。

张余，2020，《数字经济促进产业融合的机理研究》，《北方经济》第 9 期。

章燕华、王力平，2020，《国外政府数字化转型战略研究及启示》，《电子政务》第 11 期。

赵继娣、曲如杰、王蕾、丁智强，2022，《城市数字化转型中的社会风险演化及防范对策研究》，《电子政务》第 6 期。

赵娟、孟天广，2021，《数字政府的纵向治理逻辑：分层体系与协同治理》，《学海》第 2 期。

赵豫生、林少敏、郑少翀，2020，《大数据治理机构职能及其评价指标体系构建研究》，《中国行政管理》第 7 期。

郑跃平、梁灿鑫、连雨路、曹贤齐，2021，《地方政府部门数字化转型的现状与问题——基于城市层面政务热线的实证研究》，《电子政务》第 2 期。

中国联通研究院，2022，《数字基础设施建设的中国经验》，《现代金融导刊》第 7 期。

周嘉昕，2024，《"全球化""反全球化""逆全球化"概念再考察》，《南京社会科学》第 4 期。

周林兴、周丽，2019，《政府数据开放中的隐私信息治理研究》，《图书馆学研究》第 12 期。

周文彰，2020，《数字政府和国家治理现代化》，《行政管理改革》第 2 期。

Culnan, M. 1995. "Consumer Awareness of Name Removal Procedures: Implications for Direct Marketing." *Journal of Direct Marketing* 9 (2): 10-19.

Fan, J., Zhang P., and Yen D. C. 2014. "G2G Information Sharing Among Government Agencies." *Information & Management* 51 (1): 120-128.

Jarrahi, M. H. 2018. "Artificial Intelligence and the Future of Work: Human-AI Symbiosis in Organizational Decision Making." *Business Horizons* 61 (4): 577-586.

Mason, R. O. 1986. "Four Ethical Issues of the Information Age." *MIS Quarterly* 10 (1): 5-12.

Noh, Y. 2016. "A Comparative Study of Public Libraries' Contribution to Digital Inclusion in Korea and the United States." *Journal of Librarianship and Information Science* 51 (1): 59-77.

Schwartz, Paul M. & Daniel J. Solove. 2009. *Information Privacy Law (Third Edition)*. Netherland: Wolters Kluwer.

Van Dijk, J. 2002. "A Framework for Digital Divide Research." *Electronic*

Journal of Communication 12（1）：2.

Van Dijk，J. A. G. M. 2012. "The Evolution of the Digital Divide：The Digital Divide Turns to Inequalit of Skills and Usage." in Bus，J.，M. Crompton & M. Hildebrandt（eds.）. *Digital Enlightenment Yearbook.* Amsterdam：IOS Press.

Warren，S. & Brandeis L. 1890. "The Right to Privacy." *Harvard Law Review* 4（5）：193-220.

Zhou，Ji，Li Peigen，Zhou Yanhong，Wang Baicun，Zang Jiyuan，and Meng Liu. 2018. "Toward New-Generation Intelligent Manufacturing." *Engineering* 4（1）：11-20.

图书在版编目（CIP）数据

公共治理的数字化转型 . 2023：数字城市的兴起、
发展与未来／郑跃平等著 . --北京：社会科学文献出
版社，2024.10. --ISBN 978-7-5228-4493-0

Ⅰ . D63-39

中国国家版本馆 CIP 数据核字第 202442SQ27 号

公共治理的数字化转型（2023）
　　——数字城市的兴起、发展与未来

著　　者／郑跃平等

出 版 人／冀祥德
责任编辑／胡庆英
文稿编辑／孟宁宁　庄士龙　李　薇　李会肖　孙　瑜
责任印制／王京美

出　　版／社会科学文献出版社 · 群学分社（010）59367002
　　　　　　地址：北京市北三环中路甲 29 号院华龙大厦　邮编：100029
　　　　　　网址：www.ssap.com.cn
发　　行／社会科学文献出版社（010）59367028
印　　装／三河市东方印刷有限公司

规　　格／开　本：787mm × 1092mm　1/16
　　　　　　印　张：14.5　字　数：227 千字
版　　次／2024 年 10 月第 1 版　2024 年 10 月第 1 次印刷
书　　号／ISBN 978-7-5228-4493-0
定　　价／98.00 元

读者服务电话：4008918866